CENGAGE
Learning™

"十二五"国家重点图书出版规划项目

当代财经管理名著译库
工商管理经典译丛

FOUNDATIONS IN STRATEGIC MANAGEMENT

Jeffrey S.Harrison Caron H.St.John

Sixth Edition

战略管理
原理与案例

第6版

（美）杰弗里·哈里森　　卡伦·H. 圣约翰　　著

陈继祥　胡文华　王志文　译

东北财经大学出版社
Dongbei University of Finance & Economics Press

大连

辽宁省版权局著作权合同登记号：图字06-2013-296号

图书在版编目（CIP）数据

战略管理：原理与案例：第6版 / （美）哈里森（Harrision, J.S.）等著；陈继祥等译.
—大连：东北财经大学出版社，2016.1
（工商管理经典译丛）
ISBN 978 - 7 - 5654 - 2135 - 8

Ⅰ.战… Ⅱ.①哈… ②陈… Ⅲ.企业管理－战略管理 Ⅳ.F272

中国版本图书馆CIP数据核字（2015）第255150号

东北财经大学出版社出版发行

大连市黑石礁尖山街217号 邮政编码 116025

教学支持：（0411）84710309

营 销 部：（0411）84710711

总 编 室：（0411）84710523

网 址：http://www.dufep.cn

读者信箱：dufep@dufe.edu.cn

大连永盛印业有限公司印刷

幅面尺寸：185mm×260mm 字数：248千字 印张：10 3/4
2016年1月第1版 2016年1月第1次印刷
责任编辑：刘东威 刘 佳 责任校对：孙 萍
封面设计：冀贵收 版式设计：钟福建
定价：39.00元

译者序

战略管理是20世纪70年代兴起的经营者之学，它涉及企业所有的重要活动，并不断地被赋予新的时代内涵，管理大师们的相关论著也是汗牛充栋。哈里森教授的这本《战略管理：原理与案例》以轻快的笔触将传统和现实有机地结合起来，对当前该领域的核心主题和热点问题均有所论述，使读者能够在较短的时间内掌握战略管理的精华内容和最新进展。该书不仅很好地概括了经典的战略管理过程，而且还结合企业资源、交易费用、代理理论、战略联盟等新理念，对战略管理领域的问题进行了深入而全面的探讨。书中还结合经济全球化、电子商务、新经济的发展趋势，对全球化背景下的企业战略进行了研究。《战略管理：原理与案例》着眼于培养学生的洞察力，提供了不少真实而深刻的案例。读者可根据自身的要求挑选教学项目，进行互动式的模拟仿真或体验练习，接受良好的训练。

由于本书内容简洁扼要，涉及理论面广博，时间跨度大，有关公司资料翔实，因而给本书的翻译校对带来一些困难。翻译过程中面临英文原词的多义性，有时较难找到与之十分匹配的中文词汇，故而不得不主观地选择一个较为妥帖的翻译方式，希望能真实地反映作者光辉的学术思想。

相较于之前的版本，第6版的修订比重较大。不仅增添了一些包括企业绩效、战略领导、企业家精神等更具时代意义的理论，也对部分理论的框架进行了更为系统的调整，如事业层战略和竞争策略等。同时，第6版更新了书中所涉及的全部案例，使本书更加贴合现实，紧扣时代脉搏。

参加第6版翻译工作的主要有上海交通大学现代企业管理研究中心主任、教授、博士生导师陈继祥，大连理工大学外国语学院胡文华，沈阳师范大学国际商学院王志文，大连理工大学外国语学院任瑞妮、马泽军也参与了部分章节的翻译。在此也向东北财经大学出版社和支持本书翻译出版的同事表示感谢。由于译者的水平有限，在术语的理解与表达两个环节难免有疏漏之处，恳请读者和专家不吝指正。

陈继祥　胡文华　王志文

前　言

课程规划

　　《战略管理：原理与案例》一书在不影响读者认知的情况下，简洁、明了地讨论了该领域的核心主题和当前的热点。全书文风轻松活泼，篇幅也仅有8章。虽然只有标准教材的一半篇幅，但是它涵盖了所有主要的战略管理主题，囊括了现代和古典理论，提炼了该领域代表性学者的观点，将当前的分歧、观点和实例有机地编纂在一起。《战略管理：原理与案例》提供了战略管理最核心的内容，并且读者可根据自身特殊的课程需要选择一些项目，如增加阅读材料、进行模拟仿真、选取所需案例、进行体验练习，总之，所有一切可按照你的教学风格和目标对象量身定做。

　　除了其他方面，三个理论基础影响了该书的格调：

　　1.传统的战略管理过程模型。这一方法主要基于产业组织经济学和该领域先驱的经典著作的应用。

　　2.基于资源的战略管理模型。强调获取能够形成持续竞争优势的资源并对之进行管理。

　　3.利益相关者理论。强调组织是关系网络的中心，其间形成了互利互惠的关系。对这些关系以及利益相关者网络本身的有效管理，能够强化竞争绩效。利益相关者理论本身也具有伦理基础，这为基于经济的理论提供了平衡。

目前的议题

　　我们深入、全面地讨论了目前相关的议题及其最新进展，包括全球互联性、经济周期、超优势竞争、合作战略和社交网络、重构、企业首创和企业家精神、企业管治、商业道德和可持续性。得益于环境分析、组织分析、战略思考、战略领导、战略方向、战略制定和战略实施等较为传统的理论研究的帮助，这些领域的最新进展和我们所关注的战略管理的焦点相关联，即以长期的战略规划开创未来的这类组织的战略及战略决策。服务业和技术导向业务的话题也贯穿于全书的实例、概念、假设和结论中。

学术基础扎实，兼具全球视野

　　《战略管理：原理与案例》特别关注战略管理的基本原理，并用传统的方法去研究现时的组织。第1章涉及战略管理过程和战略思考。第2章讨论外部环境，包括宏观环境和任务环境。第3章涉及能形成竞争优势的内部环境和内部资源。第4章涵盖了战略方向和战略领导各要素。第5章讨论事业部层面的战略。公司层面的战略归到第6章。第7章关注执行问题，包括组织文化、职能战略、组织结构及培育首创精神和企业家精神的创造与融合。第8章论述战略控制和战略重构。全球战略的重点问题通过国际观念、应用和实例加以阐述，并贯穿全书各章。

致教师

正如我们间接提到的，战略管理的教师正面临一个重大挑战，就是将他们所掌握的资料变成一门顶级课程。我们对这一挑战很有心得，并相信我们已写出了对此有独特帮助的教材。本教材包含案例、练习、模拟训练和研究项目等内容广泛的补充材料。我们还提供与本教材相配套的标准教学资源，包括试题库和幻灯片。

附有试题库的教师手册，包括课堂即时讨论的问题和一些测试题。

幻灯片，超过150页的幻灯片可以作为课堂内容的补充，下载请登录网站：http://harrison.swcollege.com.

致学生

这门课中的决策工具和所有组织层次都相关，包括开始职业生涯的初始职位和你自身职业生涯的规划。在你学会诸如将产业和组织分析结合在一起等战略管理的技巧之前，未必要求你有长期的工作经验，这些技巧对各种类型的组织都适用，包括小企业和非营利企业。此外，本书所包含的内容将会帮助你理解、欣赏和评判当前的趋势以及所有高超的技巧对企业未来的重要性。

不管你担任何种职位或从事何种行业，学习战略管理将有助于在日趋复杂和日渐全球化的企业环境下更好地进行事先谋划和通盘处理重要问题。我们鼓励你在职业和事业规划的决定中使用战略管理的理念。许多同学告诉我们，他们对战略管理的理解给招聘者留下了深刻的印象，这使招聘者在面试中能够问一些敏感性问题。

致谢

我们要感谢Thomson/South-Western出版公司各位出色员工的辛勤劳动，以及许多审读者、学生和同事为本书的完善做出的贡献。我们还要感谢家人始终如一的支持，正是这份支持使得本书的完稿成为可能。

感谢Marie的无限热情和永无止境的支持——杰夫。

献给我的女儿Ashley和Kimberly——卡伦。

目 录

第 1 章

战略管理过程

什么是战略管理
- ▶ 外部和内部环境分析
- ▶ 战略领导和战略方向
- ▶ 事业部战略和公司战略的制定
- ▶ 战略执行与控制
- ▶ 战略重构

战略发展的选择观
- ▶ 产业组织经济学
- ▶ 企业资源基础观
- ▶ 利益相关者观点
- ▶ 一种综合的方法

全球动荡环境下的战略思维
要点总结
注释

战略聚焦

战略重点
全食食品超市

约翰·麦基是全食食品超市的首席执行官，他和他的女友于1978年开设了素食商店，其房屋结构为老式维多利亚建筑，地点位于得克萨斯州的奥斯汀市，但约翰·麦基想象不出他今天将要做什么。全食食品现有300多家连锁超市以及56 000多名员工，他们也被称为团队成员。

全食公司的核心可以简单概述为利益相关者哲学。

我们的"底线"从根本上取决于我们能够满足所有利益相关者的能力。我们的目标是使顾客的需求和期望保持平衡，团队成员、股东、供应商、社区环境等同时将为我们创造价值或总体福利。由于集体利益的逐渐增长，我们将对其利益相关者创造更多的利润分红。我们的核心价值反映出集体主义的责任感，并且这也是我们公司的灵魂所在。[1]

这种哲学是由销售高质量产品、愉悦顾客、支持团队成员等一系列核心价值观所支撑，从而实现幸福感以及卓越感，通过关注社区以及周边环境，打造并创建与供应商长期双赢的合作关系。此外，通过教育方式改善健康。

全食公司已经非常成功地做到了对团队成员的爱护。事实上，该公司已连续14年被《财富》杂志列为最值得为其工作的公司。其团队成员在该商店购物会享受很大折扣，并且他们也会有各种各样的福利。他们每三年进行一次投票表决，福利包括按摩疗法、瑜伽和语言课程等。相对于大多数公司会保守机密信息，如每个团队成员的工资，全食食品超市是一家非常开放、坦诚的公司。该公司的经理和高管都是由同事组织的评判小组筛选而出，地区经理是按市政府选拔方式筛选出来的。

虽然自从2007年底开始出现"大萧条"，但公司的财务仍然蓬勃发展，营业收入不断增长，每股收益也在增长。收入除了2009年持平，一直在连年增长。全食公司在这样做的同时也在其店内提供健康饮食教育，开设一种新型儿童全食基金会并致力于促进孩子的营养搭配，开设健康俱乐部，并支持和提供有关发展中国家穷人的小额贷款服务项目，帮助他们摆脱贫困。该公司还推行一种新式评级标准，从而识别生产者对动物福利的改善并且将其信息发给顾客。此外，公司品牌家居产品以环境影响为依据。[2]

最成功的组织能够获取或管理那些能够提供竞争优势的资源和能力。而且，它们还能够管理更大范围的外部顾客——股东，并令其满意。上层管理人员在此过程中扮演着关键的角色，因为他们领导了战略的发展并且监督其执行。从全食公司的实例中，我们可以看出这家公司是以价值为取向、并由一位有远见的领袖约翰·麦基所主导，并且他已经成功地指引公司渡过经济非常困难的时期。通过评估一家公司的竞争形势，获取和管理资源以及开发和执行战略相关的过程，就是所谓的战略管理的一部分。

1.1　什么是战略管理

战略管理是一个过程，其间组织通过对内部和外部环境的分析和学习，建立战略方向、制定有助于实现目标的战略并且执行这些战略，所有的努力都是为了满足关键的组织利益相关者。图表1-1描述了一个简单的战略管理过程，模型不是固定不变的，这里简要地表明了构建战略管理中心议题的有用次序。对一个进行正式战略规划过程的企业来讲，这些活动很可能按照模型表明的次序进行。在某些情况下，这些活动也可能以其他次序或同时进行。此外，在战略管理过程中，图表1-1中的虚线箭头标明组织返回到早先的活动。

图表1-1　　　　　　　　　　　　　战略管理过程

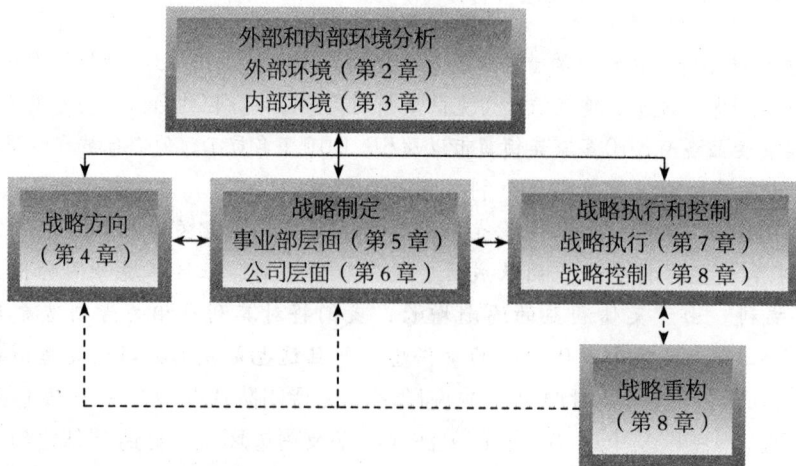

1.1.1　外部和内部环境分析

第2章讨论外部环境分析，包括决定态势、威胁、机会和为战略方向提供基础的宏观环境与任务环境的评估。宏观环境由诸如社会文化的、技术的、政治的、经济的态势等国内和全球的环境力量构成。宏观环境形成了企业和其任务环境存在的背景。*任务环境由外部利益相关者构成。外部利益相关者是组织外部受组织的显著影响或对组织有较大影响的集团和个人。*[3]外部利益相关者的例子有：顾客、供应商、竞争者、政府机构和管理者、其他与组织利益相关的外部集团。图表1-2表明了潜在的对组织极为重要的利益相关者和力量。所有外部利益相关者应该在国内和国际两个层面上进行分析。在所有的国家中，企业运行其中，企业经理必须与政府机构、竞争者、行动者团体打交道，并管理处于国家社会文化、政治/法律、经济和技术背景下的组织。因此，图表1-2包含了全球和国内维度。

图表1-2

组织及其环境

宏观环境

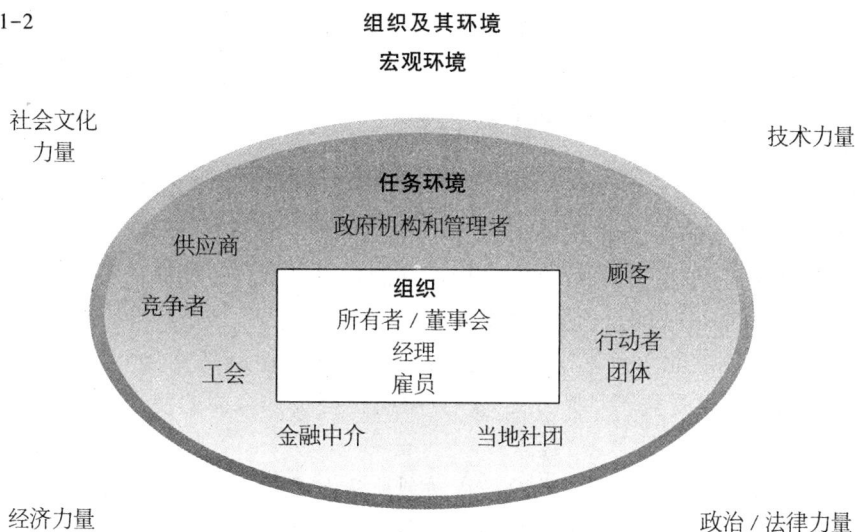

内部利益相关者，包括经理、雇员和所有者及其代理人（即董事会），与组织的产出有着利益关系。一个全面改进的内部分析包括了对所有组织资源和能力的更广泛的评估，以确定组织竞争的优势、劣势和机会，识别需要改进的威协。内部分析是第3章的内容。

来源于内部和外部分析的结果通常和SWOT分析法结合在一起，SWOT分析法是建立在优势、劣势、机会和威胁之上的。[4]*优势是能够导致竞争优势的企业的资源和能力。劣势是企业必备但却没有的资源和能力，它们将导致竞争劣势。机会是在宏观环境和任务环境中的条件，该条件能够使企业运用组织优势，克服组织劣势，和/或化解环境威胁。威胁是阻碍组织竞争和取得利益相关者满意成就的宏观环境和任务环境中的条件。*组织的管理者视这一分析为备选战的制定。一般的观点是战略的制定必须利用内部优势和来自外部环境的机会去克服内部劣势或化解外部环境的威胁。

正如图表1-1下方箭头所表明的，内部和外部环境的分析奠定了组织所有其他战略管理任务的基础。例如，战略方向（见下一小节的讨论）是将关键的组织利益相关者与现实环境相结合的结果。

1.1.2　战略领导和战略方向

战略领导者对公司战略和功绩有深远的影响。[5]例如，彭明盛作为美国国际商用机器公司（IBM）的首席执行官，通过着重改革快速增长的领域，如分析和超级计算以及国际经济增长使美国国际商用机器公司（IBM）再次复兴。[6]他憧憬IBM未来会在利用更智能技术以帮助节约能源和时间方面大有作为。他经常提到更智慧星球"智慧灌输实际上是世界的运作方式：系统和流程使实体产品得以开发、制造、买卖、交付；服务得以实现；一切来自人类的金钱转移到石油、水和电子移动技术，数以亿计的人们以这种方式工作和生活[7]"。例如，一组有70名科学家和工程师组成的IBM团队已工作5年，并研发了公司内称为"流"的计算技术。这项技术可用于公司分析刚接收的数据，而不用等到传入数据库中。

战略领导者最重要的职责之一是创建战略方向。战略方向是关于持久的目标和组织的宗旨。它包含企业的定义、公司经营程序、公司对未来的设想以及公司目标。作为实际问题，如果没有组织道德观讨论，那么将无法讨论目标。伦理是判断人们行为是否端正的标准。*商业道德伦理*是关于生意中的道德义务，针对个体、团体（如利益相关者）以及社会整体。通常情况下，一个组织依据其价值取向讨论道德观。组织*价值观*的定义是：在做决策时什么是关键的以及什么是被奖赏和强化的。举例来说，组织可以促进价值观如诚实、服务、努力工作、品质以及对利益相关者负责等。这些价值观也被全食公司所支持，在本章开端可查阅，其专注于公司为利益相关者做些什么。

战略方向关系到组织长期的大小目标。在更为基本的水平上，战略方向定义了组织存在和运作的大目标，可能在某种程度上包括在*使命陈述*中。与短期目标和战略不同，使命是组织内计划过程的长久部分。使命通常描述了组织运作的领域或行业。例如，谷歌依据其在信息流动中所扮演的角色来定义其使命："Google的使命是整合全球范围内的信息，使人人皆可访问并从中受益。"[8]制药巨头默克集团推行更加全面的使命宣言，既有业务定义和组织价值观：

我们的管理层和员工争取创业成功。成功创业从人开始。我们的目标是经营全球业务从而对消费者产生益处，我们有市场合作伙伴和自己的社区。

通过高效研究与开发、生产与销售化学特性药品，我们想扩大我们客户的规模。为达到这个目标，我们凝聚我们的努力并在业务领域通过我们产品的优良品质、系统和服务获取竞争优势。我们的目标是建立长期业务关系，而不仅仅是短期成功。

在这些原则基础上，我们作为一个独立运作、以利润为导向的企业，我们期望彼此从中获得高绩效，并获得相应回报。我们希望为我们投资者获取一种可接受的资本收益。

我们注重和管理各国文化差异和国家利益。对于我们的公司和社区，我们努力取得正面的认可。默克公司特别重视对其安全负责。我们也有义务尊重环境。

我们将彼此诚恳、积极地互相交易。我们内部和外部区域以开放沟通作为基本的先决条件，并互相理解，因而用我们所做有意义的事来实现共同目标。我们不受限于商务或国家间的边界。所有员工无论男女，都有平等机会发展自己的职业生涯。

我们通过共同倡议、创造力和责任感将对公司成功创业作出自己的一份贡献。[9]

订立一个好的战略管理方向会给经理和员工一个好的指导，他们在很大程度上对战略的执行负责，一则读起来很简单、宗旨性的座右铭"在默克公司，按我们自己说的做，然后在此基础上评估自己"[10]有助于与组织交互作用的外部利益相关者更好地理解组织。它还会指导公司确定其核心价值和中心目的。鉴于战略方向是组织的战略计划过程的重要组成因素之一，我们将在第4章对此作详细讨论。

1.1.3 事业部战略和公司战略的制定

战略是试图推动组织实现短期目标并最终实现根本目标的行动规划。战略通常被分成三类——公司战略、事业部战略、职能战略，如图表1-3所示。

图表1-3　　　　　　　　　　　**多业务组织中的战略形成**

```
                        公司层面
                       （领域界定）
              ┌──────────────────────────┐
          事业部 1                      事业部 2
    （领域发展方向／导引）          （领域发展方向／导引）
    ┌──────┬──────────┐          ┌──────────┐
  营销    财务        运营        研究      人力资源
            （职能层面：执行和实施）
```

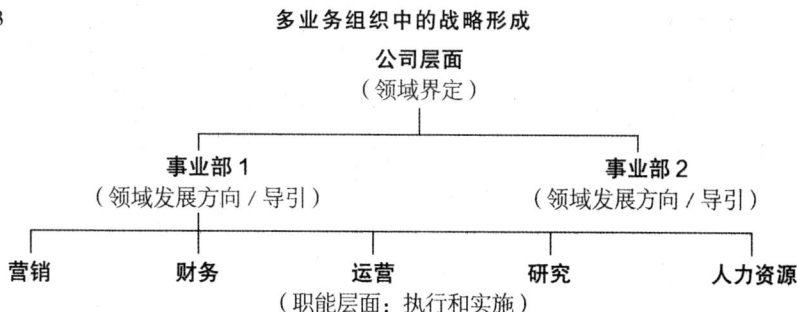

第5章讨论事业部战略的制定，涉及相关领域的发展方向及其操控，或事业部如何在选定的领域内参与竞争。公司战略的制定是第6章的议题，主要是指界定范围或选择组织将要参与竞争的业务领域。尽管一些企业，如西南航空，只有一项基本的业务，但仍然有使组织多元化的企业。例如，通用电气从事不同的业务并为不同的顾客群体服务。职能战略的制定包含诸如营销、运营、财务、研究应该怎样相互协作以实现事业部层面的战略。因此，职能战略是与战略的执行关系最密切的，这一点将在第7章讨论。

另一个区别三种战略的方法是确定制定决策的组织水平。通常来说，公司战略决策是由组织高层的 CEO 和/或董事会作出的，尽管这些人可能从其他层次的经理那里获取信息。如果一个组织只有一个领域的业务，那么事业部战略决策很可能由同样的人做出。在许多领域实行多元化的公司，不同领域代表不同的运作部门或业务行业。在这些情况下，事业部战略决策由部门的领导或事业部的经理做出。职能决策是由职能经理做出，它代表了诸如运作、财务、人事、会计、研发或信息系统等组织领域。

1.1.4 战略执行与控制

战略制定导致组织及其职能、业务单元及部门的行动计划。另一方面，战略执行代表了旨在实施计划的决策和行动的模式。战略执行（第7章）阐述了组织为获得战略结果时所创建的职能战略、系统、结构和过程。

职能战略勾勒了将事业部层面和公司层面战略转变为行动时所必须执行的功能。如果不将计划转变成具体的行动，那么公司的一切将照旧。组织系统是用来培训和激励员工、有助于计划的展开、增加组织价值，并收集、分析、传递信息的。结构反映了人与工作如何组织起来的方式，包括报告关系和形成工作小组、团队及部门。过程，如标准化操作步骤，是用来形成组织之间的一致性和提高效率的。随着时间的推移，当组织寻求新战略时，战略执行也许要求这些因素中的某些因素发生变化。良好的控制对组织的成功至关重要。第8章的主题是*战略控制*，当必要的时候，指引战略方向、战略或实施计划调整的过程。经理们会收集新的信息，这些信息会引导他们对环境进行重新评估。他们也许认为组织使命不合时宜，或组织的战略不能导致期望的结果。另外，战略控制系统会告诉经理们环境的假设、使命和战略仍然适用，但是战略并没有得到很好的执行。这时，执行过程必须进行调整。

如前所述，战略管理过程通常与先前讨论所暗示的序列或线性规划不同。随着获得新的信息和进行新的评估，需要不断对假设、方向、战略和过程进行调整，战略管理过程的各项活动通常也同时随之形成。

1.1.5 战略重构

在组织生命的一些节点，增长将变得较缓慢，从而导致某些利益相关者开始感到不满。例如，美国汽车制造商都面临着来自外国汽车制造商的严峻挑战。在2007年末，外国汽车的顾客日渐增多，加入工会的工人因频繁的工厂关闭与薪资和收益的减少而担忧，股东回报也少得可怜。金融公司也发现自己处于困难之中，这两种行业的许多公司需要进行重组。即使在没有经济大危机的情况下，无论什么原因，大多数大型和较小组织最终都觉得需要对战略及执行方式重新进行评估。第8章讨论的*重构*，主要包括对组织做的成功事情的重新强调，以及能够使组织重生并加强其竞争地位的各种策略。目前，常用的重构策略包括将公司资产重新归集到一系列有限的活动、收缩规模、按照《联邦破产法》第11章进行重组、进行杠杆收购，以及变革组织结构等。

战略管理过程现在已经描述过了，我们将建立本书剩余部分的理论基础。然后把我们的注意力转向企业迅速进入全球舞台这一趋势。

1.2 战略发展的选择观

战略管理糅合了反映企业诸多职能领域的各种观点。这种多元化的原因是理论者和实践者未能就指导该领域的理论标准达成一致。当然，一些观点比其他观点更为人们所接受。例如，我们已经介绍过广为流传的公式化的战略分析技术，即SWOT分析（优势、劣势、机会和威胁）。下面几部分包含主要理论和观点的简要解释，这些理论和观点构成了我们战略管理过程模型的基础。这些理论总结在图表1-4中。其他重要的理论被编入最适于应用它们的章节之中。

图表1-4 　　　　　　　　　　　　　影响战略管理的主要视角

产业组织经济学　在某种程度上，公司之间的竞争情况体现在公司业绩上。行业绩效是指行业的结构特点和公司行为。经理可通过制定符合行业特点的战略或提升行业竞争力来提高公司绩效

资源基础观　一个组织是一系列资源的综合体。最重要的管理职能是获得和管理有价值的、独特的以及不可替代的资源，组织具有可持续竞争优势从而获得良好的财务业绩

利益相关者管理　公司管理利益相关者并创造相关价值系统。管理者的主要作用是促进与利益相关者的互利关系，引领竞争优势。公司善待利益相关者并创造更多价值，从而提升财务业绩

1.2.1 产业组织经济学

早期这一领域的发展现称为战略管理，外部环境被认为是战略成功的主要决定因素。[11]环境决定论认为，好的管理取决于战略在特定时刻最恰当地与环境、技术和人力相匹配，并且能够得到贯彻执行。[12]从这一观点出发，最成功的组织一定是最能够适应既有力量的组织。

产业组织经济学领域是研究引导一些行业比其他行业更有利可图的因素，为早期的战略管理学者提供了丰富的理论。产业组织经济学角度通常被称为结构-行为-绩效模型。基本观点是绩效依靠公司行为和产业结构。[13]产业结构可定义为决定市场竞争力的因素，

比如需求条件、供给条件、技术以及新公司进入壁垒。[14]

多年来，产业组织经济学视角在战略管理领域做出了巨大贡献，特别在了解行业环境和企业如何应对外部力量方面。因此，第2章有关外部环境引用了大量这类文献。然而，环境决定论不再被认为是绝对的甚至制定战略的重要指南。在批判地回顾了环境决定主义观点之后，一位著名的学者说道：

从过去的分析可以得到一个最基本的结论：企业的战略是不可预测的，也是不可预先定好的。经理制定的战略不能被假设为是他们所处环境这一决定力量的产物，战略概念的本质假定能够采取行动的人试图将企业与竞争者区分开来。[15]研究也支持这一想法，公司绩效部分取决于所处行业的特点，但这些特点不是绩效的主要决定因素。[16]采纳的概念由设定的原则来补充，它假设组织没有服从环境决定论——它们可在某种程度通过战略行动塑造环境。[17]然而，没有必要完全拒绝决定论，组织认为应适应其所在的环境或采纳更现代的观点，即通过制定战略可改变它们的环境。在现实中，运行最好的组织同时会尽力在适应的过程中修正战略，去影响企业所要控制的环境，适应于那些无法控制或影响成本太高的环境。

1.2.2 企业资源基础观

近年，另一个战略管理发展的观点已广为人们所接受。它被称为*企业资源基础观*，它根源于最早的战略管理理论家的著作。[18]按照这种观点，组织是一个资源束，这些资源可分为不同类别：（1）资金资源，包括企业所能筹集到的所有现金资源；（2）物质资源，如工厂、设备、区位和原材料的获取；（3）涉及企业内部技术、背景和个人培训的人力资源；（4）知识和学习资源，它有助于企业革新和保持竞争优势；（5）一般的组织资源，包括对具体组织而言比较独特的各类要素。一般组织资源的例子包括正式记载的结构、管理技巧、内部计划系统、组织内部发现的知识和有助于产生知识的系统，组织文化、组织声誉和组织内部的关系以及与外部利益相关者之间的关系。[19]

如果企业拥有的资源允许企业利用其产生的机会或化解威胁；如果只有一小部分企业拥有它；如果组织意识到资源的价值并加以利用；如果它不容易模仿，无论是直接模仿或是用另一种资源替代，那么这种资源就会形成*可持续竞争优势*。[20]可持续竞争优势是竞争对手很难模仿的优势，因此能在较长时间内产生高于平均水平的组织绩效。[21]例如，丰田公司开发并维护其高性能的知识分享网络，与供应商和利益相关者共同分享，极大地提高了效率和创新水平。[22]许多战略管理学者坚信能够有效获得和发展组织资源是一些组织比另一些组织更成功的最重要原因。[23]大量的研究证明，拥有有价值的、稀缺的、无替代品且难以被竞争者模仿的资源的公司拥有较好的财务绩效。[24]基于资源观念形成的内部分析将在第3章分析。

1.2.3 利益相关者观点

战略管理的利益相关者观点是从与组织具有密切利益关系的内外部群体的角度来认识组织的。应该按照组织实现的目的和目标的方式来管理这些利益相关者，当然这些目的与目标是由关键的利益相关者的愿望决定的。找出利益相关者分析和利益相关者管理之间的差别是很有好处的。*利益相关者分析*是指识别和优先考虑关键的利益相关者，评估他们的需求，从他们那里收集思想观点，将这些知识融合到战略管理过程当中去，如战略管理方向的确立和战略的制定及执行。组织可利用它们从利益相关者那里收集来的信息来发展、修订其战略方向、战略制定和执行。组织也可用从利益相关者那里得来的信息，预测国内外利益相关者对计划执行的反应。

另一方面，*利益相关者管理*包括沟通、谈判、签约和管理利益相关者之间的关系，激发他们按照有利于组织利益和其他相关者的方式行动。在实际中，与利益相关者分析和管理相联系的过程是交叉重叠的。例如，一个企业也许会就一项新的服务用调查表收集顾客需求信息和传递信息。

一个尝试从利益相关者角度回答的问题是，上市公司需要在取悦利益相关者这件事上投入多大的精力。公司管理者会更加注重那些拥有公司关键资源的股东以及那些能够通过政治等强制性手段影响公司商业结果的利益相关者。[25]另一方面，根据公平原则，公司应更加注重那些可以给公司贡献出最大价值的利益相关者的需求。[26]拥有高度优先权的"主要"利益相关者是公平原则的最大受益者，他们同时也是公司所需资源的拥有者。这些人的地位一般取决于他们所在公司以及产业的状况。这些人包括利益相关者、员工、管理人员、客户、供应商以及社会团体。例如，在有工会组织的行业中，工会就是主要的利益相关者。

许多成功的组织业已认识到与外部利益相关者采取合作的战略会形成全球化经济中的竞争优势。[27]其创造的一些优势价值体现在图表1-5中。这种管理方式有时被称为"对利益相关者的管理"。管理利益相关者意味着投入更多资源以满足利益相关者需求，从而使他们参与公司的生产活动。[28]这种管理意味着给公司带来更大成本。例如，企业提供更高工资和员工福利、回馈经营地所在的社区，并且为客户提供优质产品或卓越服务，价格也可能比其他收费略低。

图表1-5   **管理利益相关者和价值创造**

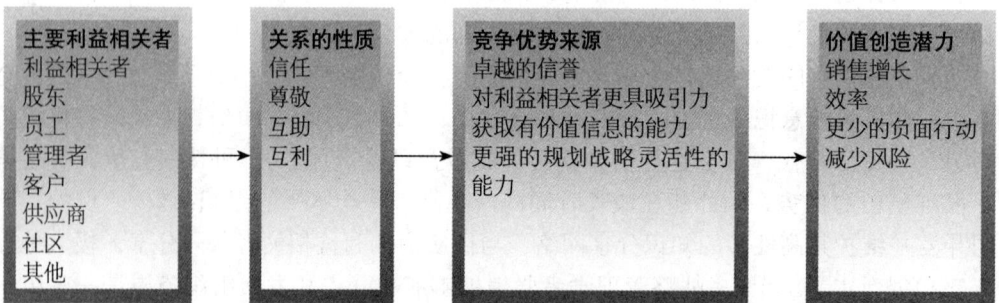

主要利益相关者	**关系的性质**	**竞争优势来源**	**价值创造潜力**
利益相关者 股东 员工 管理者 客户 供应商 社区 其他	信任 尊敬 互助 互利	卓越的信誉 对利益相关者更具吸引力 获取有价值信息的能力 更强的规划战略灵活性的能力	销售增长 效率 更少的负面行动 减少风险

管理利益相关者经济可行的原因是它会引导利益相关者行为，从而帮助公司相比其他方面创造更多价值。这种哲学反映在全食公司的例子上。从这一章开始"通过发展形成大'蛋糕'，我们为所有利益相关者创造更多收益。"[29]善待利益相关者，他们也会反哺公司。[30]这类行为的例子包括顾客通过购买更多产品或员工更加努力来表现他们的忠诚。此外，有潜力的技能娴熟的员工可能更容易投奔最好的雇主。[31]同时，当以利益相关者为导向的公司有需求时，社区领导更愿意与其合作，这可能意味着批准工厂扩张或提供税收减免。公司管理利益相关者也会享有良好声誉，从而吸引更多的潜在利益相关者，有更多的生意达成，获得更好的资源。由于公司面临更多、更好的商业机会可供其选择，因此战略灵活性增加了。[32]

共同的利益也会激励利益相关者透露有价值的信息，公司可用它创造更多价值。例如，供应商可能愿意为公司提供一种新技术的信息，如果它相信在某些方面将分享这一技术所创造的价值，这些信息可刺激创新，帮助公司更好地规划未来。利益相关者的合作和创新也可提高公司运营效率。最后，创建和执行合同的有关费用将最小化，因为在高度信任的基础上，双方会履行协议。[33]

信任是必不可少的，从而开启所有这些价值，创造效益。[34]敏感和潜在的利益相关者将只针对值得信赖的公司提供有价值信息。同样，可信度、互惠行为与相关好处可增加对利益相关者的吸引力。此外，一个值得信赖的公司声誉可避免价值破坏的后果，如法律诉讼、不利监管、消费者抵制、攻击、罢工和负面新闻等。[35]避免负面涉众反应可减少费用以及面临的商业风险。[36]

由于全球竞争和技术复杂性增加，企业比以往任何时候更依赖利益相关者对其的信任。然而，依照伦理学学者的理论，利益相关者认为企业有贿赂的行为、其排放物导致疾病或其产品有欺诈嫌疑，久而久之，企业失去利益相关者对其的信任，同时需要对上述不良行为负责。[37]

那么底线是什么？跟管理利益相关者的收益超出了额外的费用有关吗？研究证据支持这一观点，管理利益相关者的公司有较高的财务表现。[38]利益相关者理论并不建议公司的这种浪费行为。对于一些特别的利益相关者，经理应审慎决定花费多长时间、投入多少关注度以及分配多少其他资源。投入过多价值于利益相关者，可导致公司无法维持主要的生产和创新过程。例如，通用汽车因其工资和福利太高（由于一种强大联盟）遇到麻烦，公司多年忽视创新，导致在价格上对消费者没有太大吸引力，因而在业务上停滞不前。

1.2.4 一种综合的方法

在很大程度上，本书所立足的战略管理过程模型是基于书中各章节描述的各个理论和概念的。这些理论和概念的视角是互补的，而非相互对立的。例如，产业组织经济学对经济和工业驱动力有很好的监测，其对制定决策至关重要。在其他理论视角中，此作用阐释得却不详尽。利益相关者理论和资源基础观是互补的，因为一个组织依赖于利益相关者及其所获取并发展的资源。[39]因此，公司要想获得成功，需要与利益相关者保持良好的关系，这些关系亦可以成为某种竞争优势。例如，与金融中介机构保持良好关系的公司将更快地获得所需资金。同时，与供应商保持良好关系可以帮助其获得更优厚的合同条件并更多地分享信息。综上所述，本书将为读者提供将多种理论视角整合成一系列综合的战略规划的机会。

现在你已经了解了战略规划过程以及其建立、依附的各种理论基础。然而，战略规划过程有时会变得僵化，缺乏想象力。例如，一些公司会直接提供需要经理填写的战略规划模板。显而易见，在当下日益动荡的商业环境中，诸如此类不能够适时调整变化的企业制度无法促成企业的成功。因此，下一节的主题——战略思维可帮助公司避免产生制度上的禁锢。

1.3 全球动荡环境下的战略思维

世界市场正变得越来越全球化。全球化意味着由于商品、服务、知识、金融资本的跨国流动，国家之间越来越多的相互依赖关系。[40]全球相互依赖性使商业环境更加复杂，使商业规划难以实施。由于各国经济的关联性、经济波动更使规划难度加大。[41]经济危机打击经济的关联性尤为明显。例如，2011年大地震袭击日本，导致其领先的汽车行业出现混乱。地震后几个月，主要汽车制造商尼桑、丰田、本田运营能力仍较低。同时，也影响其他公司从日本购买汽车零件。许多公司不得不从别处寻找供应商。[42]战争、恐怖主义和政治动荡亦影响全球经济状况。

全球经济关联性也加剧了行业间的竞争。因为某一公司必须应对来自其他国家同行业的竞争。超强竞争理论通常用来描述企业之间的激烈竞争。[43]高速的技术创新促成超强的竞争，因为技术创新使当下的产品和服务很快过时。[44]对于创新性的需求，比尔·盖茨曾说过"微软离破产永远只有2年"①，这句话的意思就是竞争者随时会开发出新一代操作系统来取代Windows。[45]

由于全球互联性，在21世纪，经济动荡、超强竞争理论、革新成为引发竞争的最重要因素。公司努力尝试找到成功的新产品、新服务、创建新方法或运营的新方法。一般来说，创业是一种过程，通过个人、团体或企业来捕捉创造新价值的机会。[46]它包含识别或创建一种机会，调动必要的资源来捕捉它，然后管理这些资源带来的新风险。创业可能在公司内部发生，然后从企业中独立出来。在这本书中，我们更对公司创业类型感兴趣。这种类型的创业有时称为战略创业或企业家精神。苹果电脑因iPod而重新焕发生机；宜家家具首次在家具零售行业通过折扣价格出售大量高质量家具，让客户把它带回家。在这本书中，创新和创业精神是常见的主题。此部分在第3章学习，知识创造和促进创新与企业家精神部分在第7章学习。

战略思维这一术语被用于描述战略管理的创造性方面。[47]在一个僵化的战略规划过程中没有战略思维的容身之地。例如，一些公司要求其管理者建立非常详细的规划并一以贯之，而且不允许出现任何偏差。另一些公司会对管理者的失败严加处罚，这导致管理者不敢尝试新的想法。而有效的战略规划过程会将创造性和战略思维两者有机结合起来。

有关战略思维的含义及其具体要求众说纷纭。然而，其某些特征与思考的性质相关，即战略思维应该在战略规划过程中鼓励创新。[48]这些特征是聚焦于战略意图、长期视角、对过去和现在的考量、综合的系统观、把握预料之外的机会的能力，以及科学方法。[49]

（1）聚焦于战略意图。

有些人认为创造过程完全是偶然的、非正式的。然而，战略思维并不是偶然的过程。它基于组织的愿景，即组织要走向哪里。愿景有时也被称为战略意图。[50]战略思维可以激发一些有助于组织实现其愿景的想法。

（2）长期视角。

有些管理者过于关注短期的运营细节，几乎没有时间关注公司的长期发展方向。诚然，效率常常要求他们关注细节，但管理者也必须从日常的问题处理中走出来，去关注未来。

（3）对过去和现在的考量。

即使战略思维是长期导向的，它也要求人们汲取过去和现在的经验教训。[51]如果一个

---

① 英文原文如此。盖茨的原话是"微软离破产永远只有18个月"——译者注。

组织能够总结过去的经验教训，它就学会了如何避免重犯相同错误而去做正确的事情。这与组织学习观点相一致，战略可以从一连串的决策中显现出来。一些看起来合理的想法可能未收到效果，这是因为资源不足或时间不够。

（4）系统观。

在系统观中，组织处于利益相关者网络的中心，而且组织网络存在于社会文化、经济、技术、政治/法律环境的背景下。战略思维要求构想出整个网络，设想公司行为是如何通过系统施加影响的，以及系统又是如何通过公司行为施加影响的。这个方法有助于形成备选战略方案，进行思虑周密的评价，对包括顾客、竞争者、政府规制者在内的外部利益相关者对公司将要采取的行为作出的反应进行预判。

（5）把握机会的能力。

管理者有时会遇到预料之外的机会，它将会推进公司将要采取的战略。战略规划过程应当具有足够的弹性，以便管理者能够在机会出现时把握住。

（6）科学方法。

科学方法涉及假设检验，公司通过创造过程产生一些想法，并在实践中加以检验。当公司建立起重要标准，继而将想法与这些标准及对外部环境和公司资源的评价相对照时，检验就发生于分析过程中。最终，公司必须愿意实践这些想法，使其贯穿于分析阶段并真正地加以尝试。随着新产品的引进，市场常常在有限的资源配置方面得到检验。而且，新技术仅用于公司的特定领域。公司随后收集数据，以评估想法的成效。如果一个想法收到了成效，它就会得到更广泛的应用。

战略思维启发了创业者亚力克斯·诺夫斯基和乔·斯派泽开办一家网上商店PetFlow，它有一半客户采用送货上门的方式，因为女性不喜欢从商店拎着沉重的宠物食品袋子回家。[52]这样的想法和创意同样应用在大型企业，如英国维京集团有限公司，不断尝试新想法而开展工作。[53]维京公司目前提供各种各样的产品和服务，包括航空公司、音乐商店、火车、手机服务、酒店、赛车和气球飞行，通过分公司维珍银河公司可接受预订。[54]例如，维京集团有限公司营造了一种支持战略思维的氛围。

战略思维一再闪现，比如员工和管理者的想法有助于组织更接近愿景。然而，公司需要定位，以便在战略思维闪现时加以利用。激发战略思维的途径有很多。[55]首先，组织需要拥有可以在好的想法闪现时加以识别和评估的系统。例如，迪士尼定期地安排部分员工与高层管理者分享想法。再如，类似的易于访问的在线意见箱也有助于收集想法。其次，组织应当鼓励员工和管理者参与战略思维，并在其确实进行战略思维时给予嘉奖。世界最大的弧焊产品制造商美国林肯电气公司，就有在员工出色地实践了他自己的建议时给予嘉奖的惯例。再次，组织应当将战略思维的各要素直接融入战略规划过程。例如，管理者可以被邀请参与如下过程：针对能够形成和评估战略备选方案的外部环境中的各种力量做出评价。[56]接着，组织需要为管理者和员工提供培训，有时需要配备顾问人员，以明确如何形成战略思维。最后，可能也是最重要的，组织需要培养敢冒风险的氛围，不对失败的尝试严加处罚是方法之一。高层管理者的基本责任是促使改变，而不是保住自己的饭碗。[57]

本章强调了战略管理在现代组织中的重要性，对战略管理过程加以概述，并为理解过程相关的基本理论和观念奠定了基础。此外，系统性的战略管理过程和战略思维在各个方面有很大不同，组织应当将战略思维融入其规划过程，以确保组织能在当前以及未来较长时间内持续生存。

要点总结

本章强调了现代组织中战略管理过程的重要角色。一些重点如下：

1.战略管理过程包括内部和外部分析活动、确立战略方向、组织的公司层面和事业部层面的战略发展、规划的执行和发展，以及战略控制的建立。

2.发展战略的传统过程有时称为态势分析，它由组织内部和外部环境分析组成，以得知组织的优势、劣势、机会和威胁（SWOT）。其结果是发掘使命、目标、战略的基础。

3.战略的决定主义观声称管理者的关键角色就是确定在特定时点最适合环境、技术和人力的战略，并且执行之。然而按照行动主义的原则，组织不必屈从于环境中的现有力量。在一定程度上，组织能够通过与利益相关者的战略联盟、广告、政治游说和其他各种活动来创造它们的环境。

4.根据产业组织经济学，公司绩效是结构性特征中的一个功能以及公司在行业中的行为。而研究表明，行业因素虽很重要，但决定公司业绩的是更为重要的其他因素。此外，经理应该利用行业特点设计战略。

5.根据企业资源基础观，组织就是资源束。最重要的管理职能是以组织能够取得导致优良绩效的可持续竞争优势的方式来获取和管理资源。

6.利益相关者理论从与组织有利益关系的内部和外部相关者观点来看待组织。管理者的主要作用是促进与公司利益相关者互利性的关系。公司善待它们的利益相关者以创造更多价值。

7.全球化意味着越来越多的商品、服务、知识、金融资本跨国界流通的相互依附关系。全球依附使商业环境非常复杂。经济危机打击经济的关联性尤为明显。全球关联性也使许多行业竞争水平提升。作为公司必须组织对抗来自其他国家的竞争。全球关联性和高速技术创新在很多行业引发超强竞争理论。超强竞争理论意味企业必须创新才能生存。

8.战略思维是用于描述战略管理过程的创造性方面的专业术语。它是一种有助于培养企业家精神的过程，通过个人、团体或企业来捕捉创造新价值的机会。它包括聚焦于战略意图、长期视角、对过去和现在的考量、综合的系统观、把握预料之外的机会的能力，以及科学方法。高层管理者不得不鼓励战略思维，并且当它闪现时加以利用。

注释

1. "Whole Foods Market 2011 Annual Report", Whole Foods Market：2.Courtesy of Whole Foods Market. "Whole Foods Market" is a registered trademark of Whole Foods Market IP, L.P.

2. J.A.Byrne, "The 12 Greatest Entrepreneurs of Our Time and What You Can Learn fromThem," *Fortune* （April 9, 2012）：68‐86; "100 Best Companiesto Work for：

Whole FoodsMarket," *Fortune*（May 23, 2011）: 30; "Whole Foods Market 2011 Annual Report," *Whole Foods Market*.

3. R.E. Freeman, J.S. Harrison, A.C. Wicks, B.Parmar, and S. de Colle, *Stakeholder Theory: The State of the Art*（Cambridge: Cambridge University Press, 2010）; R.E. Freeman, J.S.Harrison and A.C. Wicks, *Managing for Stakeholders: Survival Reputation and Success*（London: Yale University Press, 2007）; R.E.Freeman, *Strategic Management: A Stakeholder Approach*（Boston: Pitman Publishing, 1984）.

4. S. Ghazinoory, M. Abdi, and M. Azadegan‐Mehr, "SWOT Methodology: A Stateof‐the‐Art Review for the Past, a Framework for the Future," *Journal of Business, Economics and Management* 12（2011）: 24−48.

5. K. Koh, "Value or Glamour? An Empirical Investigation of the Effect of Celebrity CEOson Financial Reporting Practices and FirmPerformance," *Accounting and Finance* 51（2011）: 517‐547; A. Mackey, "The Effects of CEOs on Firm Performance," *Strategic Management Journal* 29（2008）: 1357−1367.

6. J. Hempel, "IBM's Super Second Act," *Fortune*（March 21, 2011）: 115‐124.

7. S. Hamm, "Big Blue Goes into Analysis," Business Week（April 27, 2009）: 16; IBM 2008Annual Report: 6.

8. "Company Overview," http://www.google.com/about/company/, （April 16, 2012）.Reprinted with permission.

9. "Mission Statement," http://www.merckgroup.com/en/company/mission_statement_values_strategy/Mission_Statement.html （April 18, 2012）. Reprinted with permission.

10. Ibid.

11. N. Argyres and A.M. McGahan, "An Interview with Michael Porter," *Academy of Management Executive* 16（2）（2002）: 43−52.

12. J. Bourgeois, III, "Strategic Management and Determinism," *Academy of Management Review* 9（1984）: 586−596; L.G. Hrebiniakand W.F. Joyce, "Organizational Adaptation: Strategic Choice and Environmental Determinism," *Administrative Science Quarterly* 30（1985）: 336−349.

13. J.S. Bain, *Barriers to New Competition*（Cambridge, MA: Harvard University Press, 1956）.

14. D.W. Carlton and J.M. Perloff, *Modern Industrial Organization*, 4th Ed. （Upper Saddle River, NJ: Prentice Hall, 2005）.

15. Bourgeois, "Strategic Management and Determinism," 589.

16. C. Yi-Min and L. Feng-Jyh, "The Persistence of Superior Performance at Industry and FirmLevels: Evidence from the IT Industry in Taiwan," *Industry & Innovation* 17（2010）: 469−486; J.C. Short, D.J. Ketchen, Jr., T.B.Palmer, and G.T.M. Hult, "Firm, Strategic Group, and Industry Influences on Performance," *Strategic Management Journal* 28（2007）: 147−167; A.M. McGahan, "Competition, Strategy and Business Performance," *California Management Review* 41（3）（1999）: 74−101.

17. L. Smirchich and C. Stubbart, "Strategic Management in an Enacted World," *Academy of Management Review* 10 (1985): 724–736.

18. E.T. Penrose, The Theory of the Growth of the Firm (New York: Wiley, 1959); C. A. Montgomery, Resource-Based and Evolutionary Theories of the Firm (Boston: Kluwer Academic Publishers, 1995).

19. J.B. Barney, "Firm Resources and Sustained Competitive Advantage," *Journal of Management* 17 (1991): 99–120; J.B. Barney, *Gaining and Sustaining Competitive Advantage* (Reading, MA: Addison-Wesley, 1997); J.S.Harrison, M.A. Hitt, R.E. Hoskisson, and R.D. Ireland, "Synergies and Post-Acquisition Performance:

Differences versus Similarities in Resource Allocations," *Journal of Management* 17 (1991): 173–190; J.T. Mahoney and J.R.Pandian, "The Resource-Based View within the Conversation of Strategic Management," *Strategic Management Journal* 13 (1992): 363–380; B. Wernerfelt, "A Resource-Based View of the Firm," *Strategic Management Journal* 5 (1984): 171–180.

20. Ibid.

21. Barney, "Firm Resources and Sustained Competitive Advantage"; Mahoney and Pandian, "The Resource-Based View."

22. J.H. Dyer and N.W. Hatch, "Relation-Specific Capabilities and Barriers to Knowledge Transfers: Creating Advantage through Network Relationships," Strategic *Management Journal* 27 (2006): 701–719; J.K. Dyer and K.Nobeoka, "Creating and Managing a High-Performance Knowledge-Sharing Network: The Toyota Case," *Strategic Management Journal* 21 (2000): 345–367.

23. M.J. Leblein, "What Do Resource-and Capability-Based Theories Propose?" Journal of Management 37 (2011): 909–932.

24. T.R. Crook, D.J. Ketchen, Jr., J.G. Combs and S.Y. Todd, "Strategic Resources and Performance: A Meta-analysis," *Strategic Management Journal* 29 (2008): 1141–1154. For a detailed review, see J.B. Barney and A.M.Arikan, "The Resource-Based View: Origins and Implications," in M.A. Hitt, R.E. Freeman, and J.S. Harrison, eds., *Handbook of Strategic Management* (Oxford: Blackwell Publishers, 2001): 124–188.

25. R. Mitchell, B.R. Agle, and D.J. Wood, "Toward a Theory of Stakeholder Identification and Salience: Defining the Principles of Who and What Really Counts," *Academy of Management Review* 22 (1997): 853–886.

26. R.A. *Phillips, Stakeholder Theory and Organizational Ethics* (San Francisco, CA: Berrett-Koehler Publishers, 2003).

27. B.L. Parmar, R.E. Freeman, J.S. Harrison, J.S.Wicks, L. Purnell, and S. de Colle, "Stakeholder Theory: The State of the Art," Academy of Management Annals 3 (2010): 403–445; R.E. Freeman, J.S. Harrison and A.C. Wicks, Managing for Stakeholders: Survival Reputation and Success (London: Yale University Press, 2007); T.M. Jones, "Instrumental Stakeholder Theory: A Synthesis of Ethics and Economics," Academy

of Management Review 20（1995）：404－437；T. Donaldson and L.E. Preston, "The Stakeholder Theory of the Corporation：Concepts, Evidence, and Implications," Academy of Management Review 20（1995）：65－91.

28. J.S. Harrison, D.A. Bosse, and R.A. Phillips, "Managing for Stakeholders, Stakeholder Utility Functions and Competitive Advantage," *Strategic Management Journal* 31（2010）：58－74；R.E. Freeman, J.S. Harrison, and A.C.Wicks, *Managing for Stakeholders：Survival Reputation and Success*（London：Yale University Press, 2007）.

29. J.A. Byrne, "The 12 Greatest Entrepreneurs of Our Time and What You Can Learn from Them," *Fortune*（April 9, 2012）：68－86；"100 Best Companies to Work for：Whole Foods Market," *Fortune*（May 23, 2011）：30；"Whole Foods Market 2011 Annual Report," *Whole Foods Market*：2.

30. D.A. Bosse, R.A. Phillips, and J.S. Harrison, "Stakeholders, Reciprocity and Firm Performance," *Strategic Management Journal* 30（2009）：447－456.

31. D.B. Turban and D.W. Greening, "Corporate Social Performance and Organizational Attractiveness to Prospective Employees," *Academy of Management Journal* 40（1996）：658－672.

32. B.R. Barringer and J.S. Harrison, "Walking a Tightrope：Creating Value through Interorganizational Relationships," *Journal of Management* 26（2000）：367－403；R.E. Freeman and W.M. Evan, "Corporate Governance：A Stakeholder Interpretation," *Journal of Behavioral Economics* 19（1990）：337－359.

33. O.E. Williamson, *Markets and Hierarchies：Analysis and Antitrust Implications*（New York：The Free Press, 1975）.

34. Bosse, Phillips, and Harrison, "Stakeholders, Reciprocity and Firm Performance"；Y. Luo, "Procedural Fairness and Interfirm Cooperation in Strategic Alliances," Strategic Management Journal 29（2008）：27－46.

35. B. Cornell and A.C. Shapiro, "Corporate Stakeholders and Corporate Finance," *Financial Management* 16（1987）：5－14；J.S.Harrison and C.H. John, "Managing and Partnering with External Stakeholders," *Academy of Management Executive* 10（2）（1996）：46－60；M.E. Steadman, T.W. Zimmerer, and R.F. Green, "Pressures from Stakeholders Hit Japanese Companies," *Long Range Planning* 28（6）（1995）：29－37.

36. S.B. Graves and S.A. Waddock, "Institutional Owners and Corporate Social Performance," *Academy of Management Journal* 37（1994）：1035－1046；H. Wang, J.B. Barney, and J.J.Reurer, "Stimulating Firm－Specific Investment through Risk Management," *Long Range Planning* 36（1）（2003）：49－58.

37. L.T. Hosmer, "Response to 'Do Good Ethics Always Make for Good Business,'" *Strategic Management Journal* 17（1996）：501；L.T. Hosmer, "Strategic Planning as if Ethics Mattered," *Strategic Management Journal* 15（1994）：17－34.

38. J. Choi and H. Wang, "Stakeholder Relations and the Persistence of Corporate Financial Performance," *Strategic Management Journal* 30（2009）：895－907；A. Kacperc-

zyk, "With Greater Power Comes Greater Responsibility?Takeover Protection and Corporate Attention to Stakeholders," *Strategic Management Journal* 30 (2009): 261 - 285; R. Sisodia, D.B. Wolfe, and J. Sheth, *Firms of Endearment: How World-Class Companies Profit from Passion and Purpose* (Upper Saddle River, NJ: Wharton School Publishing, 2007); A.J. Hillman and G.D. Keim, "Shareholder Value, Stakeholder Management, and Social Issues: What's the Bottom Line?" *Strategic Management Journal* 22 (2001): 125 - 139; L.E. Preston and H.J. Sapienza, "Stakeholder Management and Corporate Performance," *Journal of Behavioral Economics* 19 (1990): 361-375.

39. J. Pfeffer and G.R. Slancik, *The External Control of Organizations: A Resource Dependence Perspective* (New York: Harper and Row, 1978).

40. C. Costea, A. Varga, F. Cinatti, and U. Kishinev, "How Transnational Companies Are Affected by Globalization," International Journal of Management Cases, 13 (2011): 286-290.

41. S. Nadkarni, P. Herrmann, and P.D. Perez, "Domestic Mindsets and Early International Performance: The Moderating Effect of Global Industry Conditions," Strategic Management Journal 32 (2011): 510 - 531.

42. K. Nozawa, 2011, "Parts Squeeze Spurs Hunt for Non-Japan Suppliers," *Nikkei Report* (April 5, 2011): 1; "Japanese Carmakers Are Shaken," *The Economist* (May 21, 2011): 71.

43. C.-H. Lee, N. Venkatraman, H. Tanriverdi, and B. Iyer, "Complementarity-Based Hypercompetition in the Software Industry: Theory and Empirical Test, 1990 - 2002," *Strategic Management Journal* 31 (2010): 1431-1456.

44. M.A. Hitt, K.T. Haynes, and R. Serpa, "Strategic Leadership for the 21st Century," *Business Horizons* 53 (2010): 437-444.

45. G. Hamel, "The Challenge Today: Changing the Rules of the Game," *Business Strategy Review* 9 (2) (1998): 19-26.

46. J.S. Harrison, *Strategic Management of Resources and Relationships* (New York: John Wiley and Sons, 2003).

47. D.W. Cravens, N.F. Piercy, and A. Baldauf, "Management Framework Guiding Strategic Thinking in Rapidly ChangingMarkets," Journal of Marketing Management, 25 (2009): 31-49.

48. L. Dragoni, I.-S. Oh, P. Vankatwyk, and P.E. Tesluk, "Developing Executive Leaders: The Relative Contribution of Cognitive Ability, Personality, and the Accumulation of Work Experience in Predicting Strategic Thinking Competency," *Personnel Psychology* 64 (2011): 829-864.

49. T. O' Shannassy, "Modern Strategic Management: Balancing Strategic Thinking and Strategic Planning for Internal and External Stakeholders," *Singapore Management Review* 25 (2003): 53 - 67; J.M. Liedtka, "Strategy Formulation: The Roles of Conversation and Design," in M.A. Hitt, R.E. Freeman, and J.S. Harrison, eds., *Handbook of Strategic Man-*

agement (Oxford: Blackwell Publishers, 2001): 70-93; G. Hamel and C. Prahalad, *Competing for the Future* (Boston: Harvard Business School Press, 1994).

50. G. Hamel and C.K. Prahalad, "Strategic Intent," Harvard Business Review 83 (7/8) (2005): 148-161.

51. J.D. Campbell, "Learning from the Past," *Advisor Today* 104 (8) (2009): 58; R. Neustadt and E. May, *Thinking in Time: The Uses of History for Decision Makers* (New York: The Free Press, 1986).

52. E. Pofeldt, "Petflow vs. Petsmart," *Fortune* (July 4, 2011): 30.

53. G. Hamel, Leading the Revolution (Boston: Harvard Business School Press, 2000).

54. "Products," http://www.virgin.com/Products.aspx (April 18, 2012); "Virgin Galactic," http://www.virgingalactic.com/ (April 18, 2012).

55. E.F. Goldman and A. Casey, "Building a Culture That Encourages Strategic Thinking," *Journal of Leadership & Organizational Studies* 17 (2) (2010): 119-128.

56. P.C. Nutt, "Expanding the Search for Alternatives during Strategic Decision-Making," *Academy of Management Executive* 18 (4): 14-28.

57. Y. Ling, Z. Simsek, M.H. Lubatkin, and J.F.Viega, "Transformational Leadership's Role in Promoting Corporate Entrepreneurship: Examining the CEO-TMT Interface," *Academy of Management Journal* 51 (2008): 557-576.

第 2 章

外部环境

宏观环境

- ▶ 社会文化力量
- ▶ 经济力量
- ▶ 技术力量
- ▶ 政治/法律力量

任务环境

- ▶ 竞争力量
- ▶ 对外部利益相关者的管理
- ▶ 合作战略和联盟网络

全球商业环境

- ▶ 国外投资环境评价
- ▶ 国家竞争优势

要点总结
注释

战略聚焦

谷歌在中国

中国人口众多，经济增长迅速，对信息技术的使用日益增多。对于谷歌来说，中国无疑代表了一个巨大的机遇。谷歌中国创立于2005年，由前微软总裁，中国著名计算机科学家李开复领头。谷歌技术先进，管理透明，诚信经营，李开复期望谷歌能在中国创造奇迹。Google.cn在2006年正式上线。尽管被寄予厚望，但谷歌在中国的发展却一路坎坷，李开复也于2009年离职。

谷歌在中国的发展面临两大挑战。首先是竞争者，谷歌在中国最大的竞争者百度，无论是网站还是搜索方式都可以与谷歌媲美。其次是审查制度，也是最难以克服的部分。在竞争对手百度持续发展的阶段，谷歌曾经历了一年半之久的吊销运行许可证和不明原因的服务中断。[1]

经济增长迅速，人口规模庞大的国家，如巴西、俄罗斯、印度以及中国等吸引了众多如谷歌一样的跨国公司进行大规模投资。然而，正如上述事例，这种投资通常需要面临带有国家或地区特色的各种发展阻碍。除了显而易见的语言和文化上的差异外，其他因素，如政策，技术和基础设施现状以及经济差异等都使得这些跨国公司在新国家的发展举步维艰。

正如第1章中所提到的，跨国投资水平的提高，贸易壁垒的减少以及通讯和交通技术的发展都是促成一个紧密联系的全球商业环境的重要因素。世界是相互联系的，相关的例子俯拾皆是。恐怖主义严重影响着全球商业环境。备受瞩目的巨大商业丑闻使得全世界范围的会计检查和商业行为审查更加严密。波动的世界油价鼓励着替代能源的开发，这对世界大多数部门将产生直接影响。各国间的贸易契约戏剧性地改变了一些公司在国外市场上竞争的能力。每一种力量都是公司外部环境的一部分。

本章是关于外部环境对组织的影响以及组织是如何调整和影响环境去提高它们的竞争地位的。[2]尽管单个组织不可能对其宏观环境（即社会和经济力量、技术趋势和全球政治）施加许多直接的影响，但它能够缓冲威胁并利用机会。作为组织宏观环境的一部分，基本的全球趋势在很大程度上不受任何一个公司的影响。然而公司如何应对这些态势具有重要的竞争意义。

对照组织宏观环境中大多数无法控制的因素，构成组织任务环境的外部利益相关者（即消费者、供应商、竞争者）往往受到许多公司的影响。组织可以在这些利益相关者之间创造出伙伴关系或寻求提高竞争地位的各种其他管理技巧。[3]曾在第1章中出现过的图表2-1为我们展示了宏观环境和任务环境的关系（如图表2-1所示）。我们将在任务环境之后讨论宏观环境。

图表2-1

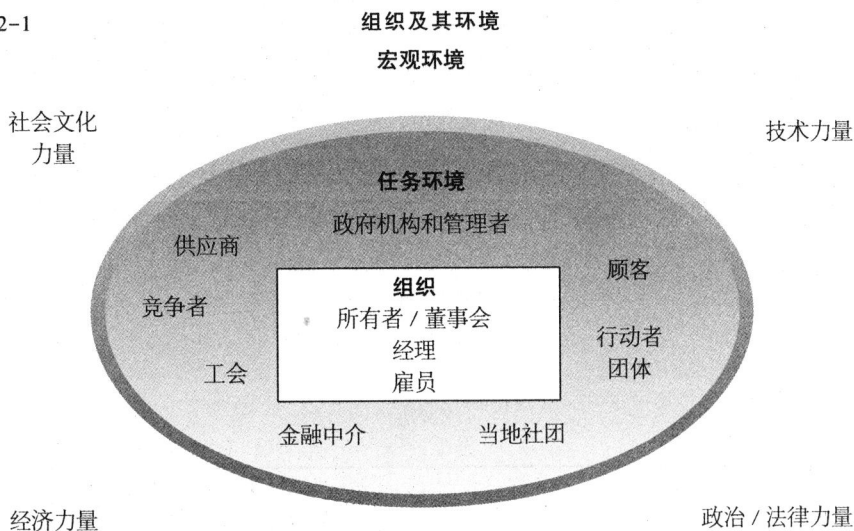

组织及其环境

2.1 宏观环境

宏观环境的力量对公司和它的任务环境有着巨大影响。然而，典型的单个公司只拥有影响这些力量的边际能力。只有在罕见的例子中，单个公司能够影响宏观环境的趋势，比如英特尔的创新影响了微处理器、微电脑和软件产业的技术发展趋势。总之，一个独立的企业事实上不可能极大地影响主要经济力量、宏观技术趋势、政府就医疗保健移民等问题的政策或是就环境等问题的社会观。因此，尽管企业在一定程度上能够影响宏观环境，但本书的重点仍是对环境部分的分析和反应。

对宏观环境的分析有助于管理者识别威胁和机会。相应设计出的备选战略方案有助于公司应对威胁和利用机会。通过宏观环境和任务环境分析、内部资源和竞争优势分析能获得一些信息，基于这些信息可以进一步对备选战略方案作出评价。因此，对宏观环境的趋势和影响分析是战略管理过程的重要组成部分。下面将对这一点做更深入的阐述。宏观环境中最重要的因素有社会文化、经济、技术、政治/法律力量，它们都与商业组织及其任务环境有关。管理者应该在国内乃至全球层面上对这些力量作出评价。

2.1.1 社会文化力量

图表2-2列出了大多数国家目前面临的一些主要的社会文化问题。我们从四个角度来分析社会趋势是重要的。第一，由于大多数的利益相关者集团也是社会成员，它们的一些价值观和信仰来源于更广泛的社会影响。因此，如果利益相关者能够理解对他们来说什么是更为重要的，那么对致力于为利益相关者服务的公司来说，它们将更容易向利益相关者普及价值观。例如，全食超市从事了大量能够同时满足雇员、消费者和其他利益相关者利益的活动，如5步动物福利评级系统，购买当地供应商货物，或者支持为了救助发展中国家贫困人口的微型金融项目。[4]全食超市明白，这些活动可能不会直接获利，但是却对其利益相关者至关重要。通过这些活动积累的信誉和忠诚度正是促成企业成功不可或缺的因素。

图表2-2   **主要的社会问题**

恐怖主义的影响

移民政策

环境污染和全球变暖

政府和企业中的腐败

对资本主义和大型企业的不信任

政府在卫生保健和经济体系中的角色

某些地区教学质量的下降

互联网带来的影响

军队的重要性及其角色

外国直接投资的水平

毒品和色情犯罪

艾滋病和其他疾病的防治

食品安全

第二，公司可以通过预见和适应社会文化趋势来提高声誉，同时减少损害声誉的风险。当前一个重要的全球趋势是绿色运动。可持续发展是这一运动的核心部分，指既满足当代人需求，又不损害后代人满足其需求的发展。这一理念影响了很多经济决策的制定。当今社会，公众对环境问题和全球变暖问题的关注日益增加，为适应这一趋势，很多大公司刊印了年度可持续性报告。此外，一些表达了对资本主义的不信任与不满的运动以及与其相关的各种机构（如占领华尔街运动）也极有可能在将来对企业及其他营利组织有所影响。从这个层面来说，这类运动可以被看作一种威胁，而应对这种威胁最好的方法就是加强组织价值观，如透明性、公平性、尊重和诚信。[5]

第三，社会文化趋势也可能提供商业机遇。例如，可持续性报告中的利益为甲骨文公司创造了商业机遇。通过引进甲骨文公司的海伯伦可持续性报告产品，企业可以生成属于自己的报告。在为海伯伦设计的广告中，甲骨文公司表示："领军企业认识到环境责任是良好的业务，同时，结构良好的环境保护组织需要具备能够提供国内外利益相关者准确真实的实践举措的能力，以此证明自身在环境方面具有兼容性与可持续性。"又比如，在卫生和健康方面的社会利益产生了家庭健康、营养补充和低碳水化合物产业等业务机会。快验保公司是一家生产减肥补充剂和进行减肥指导的公司。近年来，该公司被《财富》杂志列为发展最为迅速的公司之一。[7]此外，社会人口结构的变化，如人口老龄化等，也会刺激健康保健和休闲产业，奢侈品及服务业的发展。

第四，对社会文化趋势的进展性评估能够帮助企业避免限制性的立法。自制的产业或组织不大可能成为限制性活动的目标。美国的判决指南（USSG）是对公众大声疾呼的忽视部分企业白领犯罪的一种反应。[8]当公司的非法行为被证实后，它们是法庭对公司进行罚款或惩处的必备指南。类似的，国会2002年通过的《萨班斯－奥克斯利法案》是对广泛卷入财务丑闻的安达信、世通公司、安然和其他公司的反应。《萨班斯－奥克斯利法案》包含11部分，其特点在于：（1）建立更严格的制度，以规范经理和董事从事证券交易；（2）增加经理在公司控制和财务信息公众披露方面的责任；（3）增加对公司舞弊的处罚力度。[9]最近2010年的《多德－弗兰克法案》为美国金融市场的新规定以及重新建立消费者金融保护局提供了蓝本。[10]这一法案的形成是由于金融市场的剩余额使得开始于2007年末的经济大衰退进一步扩大。每一项新规定的出台都伴随着新商业成本的出现，而这些成本最终都将由消费者承担。

组织不仅需要评估社会文化力量对企业的潜在效应，它也必须管理其与整个的社会关系和声誉。媒体扮演着社会守护人的角色。在管理一般公众对组织的态度上，媒体是一种强制力。当组织成为新闻秀或特别报道的批评对象时，经理们的噩梦就开始了。另一方面，与媒体保持良好的关系对企业形象有着非常积极的影响。

2.1.2　经济力量

经济力量对组织行为和绩效有着深远的影响。例如，经济增长对消费者的产品和服务需求有很大影响。因此，当组织作出诸如扩建工厂等关键资源分配决定时，需要考虑对经济增长的预测。国内生产总值是其中最为重要的依据力量之一，它是一个国家经济产量的概括性度量。通常，由国内生产总值比上国家人口总量，得出的人均国内生产总值被广泛地用于衡量一个国家的潜在购买力。[11]经济指标的预测至关重要，也十分困难。商业周期的确存在，强大的经济增长期过后通常伴随着经济衰退，但是准确地判断经济势头转变的时机以及这种转变将带来多大程度的影响却十分困难。企业应对经济周期的能力是第8章将要讨论的问题之一。

通货膨胀率能够影响各种商业决策和经营成果，它既能通过企业为生产要素所支付的成本也能通过组织必须支付的利率来直接影响。高通货膨胀率意味着高收益，而支付高利率限制了企业通过新的投资来形成战略的柔性，并使生产能力扩张费用高昂。由于金融成本比较低，因此低利率（通常伴随着低通货膨胀率）使得投资机会看上去更诱人。理论上企业投资增长的结果会有助于刺激经济增长。因此，很多政府为抑制通货膨胀而采取的行动极具前瞻性。

外汇汇率是不确定因素的另一主要来源。对全球化组织来讲，在国外获取的利润由于不利的汇率可能会转变成损失。汇率的多变使得公司难以从特定的外国交易中取得利润，且伴有风险，这阻碍了进一步投资。外贸平衡不仅和国内组织也和国外组织高度相关，因为它们是期待中的未来贸易法规性质的指示器。例如，当与欧盟国家的贸易盈余上升时，出口到欧盟的制造商们担心新的保护主义法规，如可能实施高额关税来减少贸易平衡。当前，尽管中国对外进出口总量的不平衡有所改观，但对于美国及其他国家的出口量仍远高于进口量。[12]全球经济的持续不平衡发展所带来的长期影响很难预测。

外国经济体之间的联系不仅仅通过汇率和贸易平衡来维系。当美国经济疲软时，其他经济体也会由于出口需求的下降而受到影响。同样，欧盟或亚洲的经济问题也会通过全球经济体产生连锁反应。高水平的国债和由此产生的相关效应始终是对全球经济发展的威胁，如拖欠政府债务的潜在风险。设想一下，如果一个国家，比如希腊或是爱尔兰，拖欠它的政府债务，将会发生什么。通常大部分政府债务都被本国以外的机构持有，因此，其他国家的经济都将受到影响。[13]此外，由于对这个国家企业支付能力的不信任，此国的进出口贸易都将受到损害。同时，因为大部分大型商业组织都与其他国家的企业存在商业往来，所以整个经济产业都将受到影响。拥有国家债务最多的国家依次为（依据其国民生产总值的百分比）：日本、希腊、意大利、冰岛、比利时、爱尔兰和美国。[14]

上一部分讨论的社会文化力量与经济力量是相互作用的。在美国，出生率（社会文化力量）比较低，而且因为卫生保健和生活方式（另一种社会文化力量）的提高，人们的寿命变长。这种人口老龄化趋势已经影响到社会中的经济力量。例如，老龄化人口意味着对保险服务的需求变高，但同时缺少年轻的工人去填补相应的初级工作岗位，这些会抬高工资并导致通货膨胀。因此，举例来讲，一个追踪这一趋势的服务公司也许这样规划：其需求由于向老年消费者提供服务而上升，但是由于工资率同时也会上升，从而导致更低的单位收益。

为了评估社会文化和经济力量之间的相互依赖效应，组织通常通过计划和评价不同情景来模拟它们的环境。[15]决策制定者通过对不同的经济和社会文化趋势数据的假设和解释，可以作出更好的决策。如果决策制定者基于基本趋势和不确定性制订了一套方案，他们或许能够避免"隧道视觉"，进而减少不良决策的数量。[16]这些情景被设计成"乐观的"、"悲观的"和"很可能的"。紧接前面的例子，服务企业也许会根据不同的需求和工资率假设去构建几个不同的未来可能的情景，以此作为评价不同业务选择的方法。随着信息更加确定，这些情景会被更新并可被用作评价不同的行为进程，如生产能力的扩张或节约劳动力的技术投资。

对经济力量的简单讨论表明监控与预测国内和国际经济中重大事件的重要性。我们现在将注意力转向组织战略管理中技术力量所扮演的角色。

2.1.3　技术力量

技术变化会创造新的产品、服务以及某种程度上新的产业。它同样能改变社会行为的方式和社会期望。互联网、手提电脑、直接卫星系统和蜂窝电话是在最近几年经历显著增长的技术创新，它们使先前建立的良好的产业遭受沉重打击，同时创造了全新的产业并影响了许多人工作和休闲的方式。例如，计算机和通信技术在创造日益增长的全球交易市场方面扮演着重要角色。

技术是指人们关于产品和服务的知识及其产生和传播的方式。典型的技术发展经历了一系列的步骤，每一步对经理而言都有其自身的含义。当一个新的思想或技术在实验室被证明了，它就被称为*发明*。发明每天都有，公司的研究实验室、大学、个人一直在发明新产品、新的工艺过程和新技术，然而只有少数发明的发展超过了实验室阶段。当一项发明确定可以通过一个有意义的规模进行复制时，它就被称为*创新*。许多技术创新以新产品和新工艺过程的形式存在，如传真机、安全气袋和蜂窝电话。一项*基础*的创新，如微处理器、灯泡、光纤或人类基因图，比单一的产品种类和一个产业的影响大得多。

为了避免对新技术毫无准备，组织应该监控产业内的技术发展而不是它们自身，并就它们自身产品和市场的可能结果进行评估，进而制定出应对这些变化的策略。柯达因为对于数字技术应用以及其对摄影产业的影响反应不够迅速，在一系列补救措施之后，依然没能逃脱破产的命运。相反，佳能成功实现了向数码摄影的转型，成了全球市场的领军企业。[17]音乐唱片业也是如此，随着iTunes成为唱片业的领头羊，本不是业内者的苹果公司成了唱片业的主导力量，也成了音乐销售的首要来源。

为了帮助识别趋势和预计时机，组织可以进行集中技术预测。一般来讲，可以通过仔细审查研究期刊、政府报告和专利文件来对未来趋势进行监控。另一个更正式的技术预测方法是咨询组织外的专家意见。这些专家可以直接进行访谈或利用部分正式调研，如德尔菲调研法。第三个方法是发展可选择技术的未来情景，以抓住不同的创新几率和出现的不同技术。于是，这些方案成为前面章节所述的更大的方案计划中的一部分。情景能使组织实施"假设分析"并制订出可选择的计划作为对创新的反应。

除了预测，一些组织通过与大学或研究公司建立战略联盟来进行联合研究项目，这样能够使公司与新趋势齐头并进。例如，为了能够捕捉下一代由生物技术驱动的产品和技术过程，许多制药公司与小的、创新型的生物技术研究公司结成合作伙伴。在某些情况下，联盟采用"开放创造"的形式，即合作者和竞争者公开分享信息，自由进出网络。开放创造联盟在手机产业非常常见，这一行业要求从业者对技术以及消费者偏好的变化作出及时迅速的创新。[18]

通过深思熟虑后，制订的监控技术趋势的计划，使得组织能够对产生机会和威胁的趋势预兆作更好的准备。现在我们将注意力转向组织宏观环境中的全球政治和法律力量。

2.1.4　政治/法律力量

政治力量，无论来自国内还是国外，都是组织行为的重要决定因素，是政府和其他政治实体制定和加强组织运作的规则。即使在被称为自由市场经济的美国，也没有组织被允许享有政府规则之外的完全自治的特权。政府可以通过税收和补助来鼓励新企业的诞生。政府可以重构组织，例如，通用汽车公司的案例；政府也可以关闭那些不遵守法律、法令、规则的组织。近年来，尽管在世界范围内，干预主义经历了一段重要的衰退期，但在美国和其他国家，政府对经济的干预却不断加强。组织也可以向政府寻求帮助，例如，美国银行业和汽车制造业要求政府注入资金以便能够在开始于2007年的大萧条期间养活自己。

政府之间的结盟和国际组织的建立使得国际贸易的复杂性更进一步加深。例如，北美自由贸易协定改变了北美国家的贸易政策，欧盟对整个欧洲具有巨大的影响。由中国提倡的世界货币将会进一步影响全球经济。[19]

组织应该花费一定数量的时间和精力去了解规则，遵守规则并与管制机构形成良好的关系，它们的代表性一定程度上取决于产业。一些法律和规则往往只涉及一个产业，如核能（例如日本原子能机构），或是银行（例如德国联邦金融监理署）。一些管制横跨产业边界，应用于所有的组织，如美国职业安全和卫生管理局发布的条文。在一些产业中，如制药和军事及国防合约，组织往往雇用整个分析部门来研究管制并确保遵守。

总之，社会力量、全球经济、技术和全球政治/法律力量塑造了宏观环境，是企业和其任务环境存在的背景。尽管有关宏观环境的组织战略应该调整，但组织能够对它们的任务环境施加极大影响。下一部分我们将讨论任务环境。

2.2 任务环境

任务环境由建立在公平规则基础之上的与组织交互作用的利益相关者构成（如图表2-1所示）。这些利益相关者包括国内和国际的顾客、供应商、竞争者、政府机构和管理者、地方社团、激进组织、工会和金融中介。通常，产业分析是评估一个企业任务环境的第一步。产业是指在市场上为赢得订单和销售而相互直接竞争的组织集团。根据战略管理的先驱者迈克尔·波特的看法，以及第一章介绍的产业组织经济学观点，产业竞争的本质和层次主要受三个利益相关者影响，即供应商、顾客和竞争者。[20]

2.2.1 竞争力量

竞争者又可进一步划分为三种：现有竞争者、潜在竞争者和间接竞争者。根据波特的观点，五种力量很大程度上决定了产业内竞争者的类型和水平，并最终决定产业的潜在利润。这些力量如图表2-3所示。

图表2-3　　　　　　　　　　驱动产业竞争和盈利能力的力量

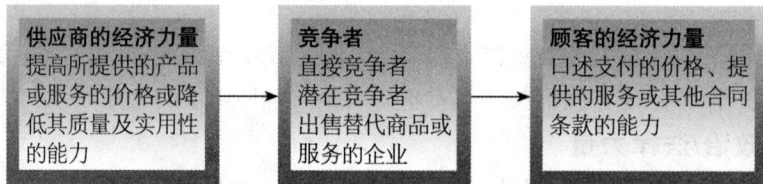

供应商的经济力量 提高所提供的产品或服务的价格或降低其质量及实用性的能力	竞争者 直接竞争者 潜在竞争者 出售替代商品或服务的企业	顾客的经济力量 口述支付的价格、提供的服务或其他合同条款的能力

驱动产业竞争的力量。如何定义一个产业取决于其替代品和竞争产品或服务被如何对待。例如，如果整个航空产业被定义为焦点产业集群，那么，当公共汽车和火车被当作替代品时，达美航空和美国航空作为传统航空公司就会被认为是支线航空公司（如捷蓝航空和西南航空）的直接竞争对手。然而，如果这个产业被定义为独占型的传统航空公司，那么当支线航空公司被纳入其替代品范围时，达美航空、美国航空和联合航空就会被当作直接的竞争者。定义一个产业集群的方法还取决于对顾客、供应商和进入障碍的分析。因此，在进行五力分析之前谨慎地定义产业集群是很重要的。我们将在下一部分讨论用于确定五力分析中每种力量的优势的各要素。

顾客的经济力量。尽管所有的顾客都是重要的，但一些顾客比其他顾客在产业动态方面的影响更强有力。在与销售者进行沟通时，高经济实力的顾客通常对价格及其他合同条款具有更强的影响。因此，强力顾客事实上可能削弱了他们所购买的产业的利润水平。在一个产业里，如果有下列条件存在，那么顾客在竞争中就会表现出强大的力量：

1.顾客数量少。在这种情况下，失去一个顾客会造成明显差别。

2.顾客正在购买的产品存在很多同类产品，因此顾客无须从某一特定销售者处购买。

3.顾客购买数量很大。产业中顾客的购买与顾客花费同其他产业商品的数量相关。这里，顾客在最优购买的价格上会花很大的精力。

4.顾客很容易得到该产业所售商品的成本和需求的精确信息。这使得他们能够在讨价还价中处于真正的优势。

5.顾客正在购买的产品无差异（也就是所谓的标准和通用性）。这意味着顾客无须关心从什么公司购买它们。

6.顾客很容易实现后向一体化，成为自我供应者。大公司有时在定价不满意时会购买供应商的公司。

7.顾客能够轻易地以低廉的成本，从一个卖主转向另一个卖主。

这些力量的结合决定了顾客讨价还价的能力，即顾客能在多大程度上对价格及其他合同条款和产品开发的努力方向施加影响。大零售商，如沃尔玛（总部在美国）和家乐福（总部在法国）之所以强大是因为巨大的购买量和它们在采购商品时能够轻易地从一个制造商转向另一个制造商。在某个案例中，可口可乐公司曾在一项法庭裁决中声明其面临着"重大风险"——如果可口可乐不同意直接向沃尔玛超市的仓库运送运动饮料，沃尔玛超市就会用其自有品牌与可口可乐旗下的运动饮料品牌"Powerade"竞争。鉴于这其中蕴含的高风险，可口可乐最终同意了沃尔玛的要求。这一举动引发了很多因此失去沃尔玛超市业务的小型可口可乐分销商的不满。[21]

供应商的经济力量。 产业供应商提供设备、补给品、部分零件和原材料。公司获取雇员和投资基金的劳动力以及资本市场也是供应的一个来源。强力供应商能够抬高他们的价格并且减少购买企业的利润水平。通过威胁要抬高价格、降低所供商品或服务的质量，或在需要时不输送商品，供应商能够施加影响并增加购买企业的不确定性。赋予供应商权力的因素反映了赋予顾客权力的因素。一般来讲，供应商的权力在下列情况下更大：

1.只有少量的供应商。

2.所供商品或服务的现有替代品较少（这两种情况限制了购买企业运用选择供应商作为讨价还价的工具）。

3.对大的总销售百分比而言，供应商不依赖于购买企业。这意味着一个销售客户的损失并不重要。

4.顾客很容易得到该产业所买商品的成本和需求的精确信息。这使他们能够在讨价还价中处于真正的优势。

5.供应商实现产品差异化，这意味着购买企业愿意在某一品牌上支付更多的钱。

6.供应商很容易前向一体化并与以前的购买者直接竞争。

7.供应商使得购买者转换供应商的成本比较高。IBM 通过使它的主机与其他品牌不相容来构建其主机业务，以此防止购买者转向其他品牌。

这些力量的结合决定了供应商的力量和这些供应商在多大程度上能够对产业中企业获得利润施加影响。例如，笔记本电脑产业就很容易受到供应商力量的影响。

大多数制造商购买笔记本电脑的全部组件，如微处理器、电池、操作系统软件和平面显示器。结果，笔记本电脑制造成本、业绩特点和创新很大程度上掌握在供应商手中。

直接竞争者。在许多产业中，企业转换供应商会影响产业中其他竞争者，可能刺激复仇或其他相应的行动。竞争者为了市场份额、雇员、资金、良好的供应商和地理位置，甚至是投资分析师的良好评论而互相欺骗。在许多产业中，每一个新产品的介绍、市场促销和市场容量的扩张都意味着收入、成本和其他竞争者的利润。总之，利润很容易受到来自竞争对手的负面压力，产业中的这些对手具有以下特点：

1.缓慢的产业增长意味着竞争者要想成长壮大必须偷偷地获取市场份额。

2.高昂的固定成本意味着企业具有更大的压力去弥补成本并获取利润。

3.产品缺乏差异化会使定价面临更大的压力，并且导致削价策略。

4.大量的竞争者意味着整个市场以更多的方式被瓜分。

5.高额的退出成本意味着企业从产业撤退时会失去全部或大部分的投资。因此，即使利润很低它们也更愿意留在产业中。

在许多产业中，竞争是如此激烈以至于几乎没有利润，例如，在不同时期的航空业、小型计算机和速食食品行业。另一方面，美国90%的铁路运输被四家公司承担，它们收取高价，赚取可观利润。[22]

除了要分析产业竞争程度，评估产业集群的战略也是很有助益的。在某些产业中，很多竞争者受限于相似的资源配置并采用相似的战略。这些相似的竞争者被称作战略集团。[23]例如，在钢铁产业中，国内钢铁公司一般分为两类：大型钢铁厂和小型钢铁厂。一直以来，这两类竞争者的成本结构差异很大，而且其所处的细分市场也极为不同。近年来，大型钢铁厂对于小型钢铁厂进行技术投资，而小型钢铁厂也研发新技术，以便进入先前难以进入的细分市场。两者的资源配置和战略趋于一致，战略集团间的显著差异也逐渐消弭。

持续追踪战略集团及其行为的方式之一是使用战略集团图，如图表2-4所示。战略集团图就是通过标明基于两个或多个重要战略维度的产业竞争者而描绘出来的。战略集团图的轴所描述的应当是战略而非绩效。因此，定价策略、客户服务方式、广告水准、产品组合等变量是适用的，而资产回报率和每股盈余则不适用。此外，为揭示更多的产业信息，各维度之间不应当高度相关。同一个战略集团中的企业成员在图中的位置应当大致相同。

战略集团图有助于组织理解竞争对手的战略。组织可以利用战略集团图来关注没有竞争对手的产业（机会之一），还可以跟踪某一产业在一段时期内的发展。例如，尽管梅西百货公司在成立之初被定位为高档百货公司，但其近期的收购和商业战略表明，梅西百货公司已经成为彭尼百货公司和西尔斯百货公司等综合百货公司的现有竞争者。西尔斯百货公司已经和凯马特公司合并，但依然分为两个部分进行经营，尽管这种情况有望改变。如果从一个战略集团转移到另一个战略集团是困难的，那么就很可能存在移动壁垒。移动壁垒与进入壁垒相似，不过它存在于一个产业内的各战略集团之间。从转而投向百货行业的数量来看，移动壁垒并不强大，至少不足以降低价格或店内服务维度。当然，上升到精英群体和专业群体也很困难。

图表 2-4　　　　　　　　百货商店和专业零售卖场的战略集团图

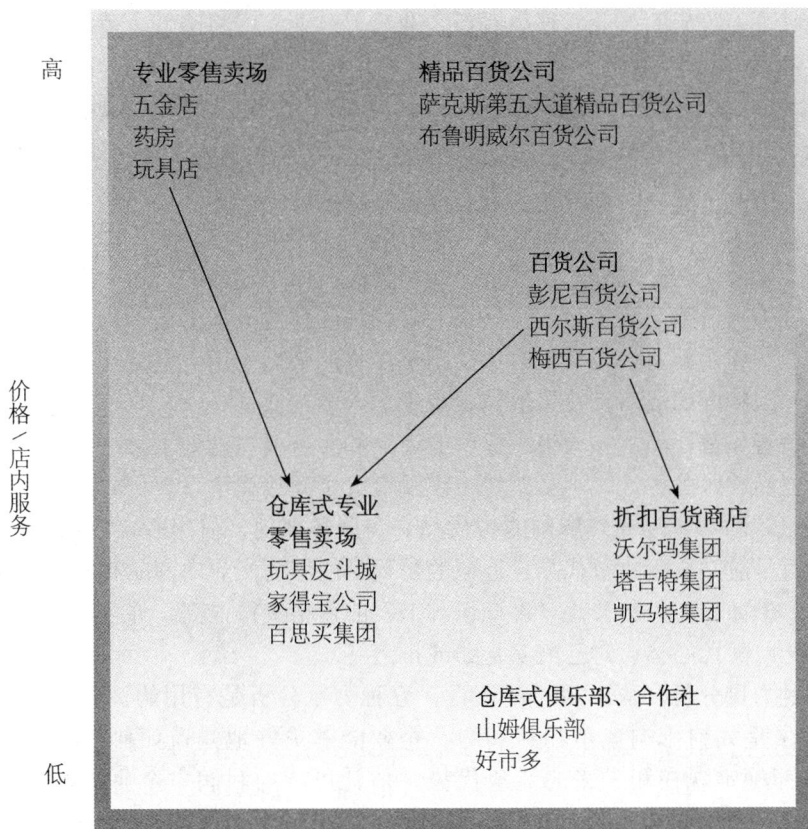

潜在的竞争者和进入障碍。各种因素决定了新的竞争者进入产业的难易程度，因此，可以预计有多少进入者。新的进入者增加了产业内的竞争，并可能降低价格和利润。他们也可能增加生产能力、引入新产品或工艺过程并带来新的观点和新的想法，所有这一切都会降低价格、增加成本或二者兼而有之。防止新进入者进入和保护现有竞争者的力量成为进入障碍[24]。

在许多产业中发现的进入障碍通常包括以下几个方面：

1.当以更大的设备生产更多的产品时效率更高，这时就会产生规模经济。规模经济通常与大量的资金需求相关，也就是人们熟知的开业成本将阻碍小的竞争者进入该产业。

2.高程度的产品差异化意味着一些企业拥有忠诚顾客的基础，这时的新企业更难将顾客拉走。

3.高转换成本意味着顾客转而购买其他公司的产品是需要额外付出的。例如，一些公司的产品零件很难或不能被其他公司的同等产品替代。

4.进入分销渠道的限制会阻止新公司将产品推向市场。

5.政府限制进入产业的政策和管制有效地防止了新的竞争。因为是严格管制，所以这种进入壁垒对制药业影响极大。

6.短期内现有企业拥有的资源很难复制，如专利、优良的地理位置、私有的产品技术、政府补助、与利益相关者的特殊关系、产业网络的参与度或稀有原材料的获取。

7.产业竞争者对新竞争者具有侵略性的报复历史。

具有较高进入障碍的产业，很少有新企业进入产业，这将降低竞争的强度和稳定产业中现有企业的利润。[25]当进入障碍较低时，新企业能够随意进入产业，这将导致竞争对手增加，并使利润减少。传统上与较高进入障碍相联系的产业是飞机制造业（由于技术、资金成本和信誉）和汽车制造业（由于资金成本、分销渠道和品牌）。与中高级的障碍相关的产业有家用电器、化妆品和书籍。进入障碍比较低的大多在零售产业。

因特网最强大的效应之一是能够绕开传统的进入壁垒。对许多美国人而言，亚马逊公司是和经营实体商店的巴尼公司及努宝公司一样经营图书零售的公司。然而，亚马逊从来不必额外花钱去租借或购买土地、在昂贵的零售地段建造大型书店、从偏僻的地方进货或保持一定库存、雇用和培训劳动力去体验图书零售的细微差别。它绕开这些壁垒，通过运用特有的基于因特网的战略直接接触消费者来进入该产业。

间接竞争者和替代品。如果组织提供的商品和服务极易被处于某一特定细分产业的竞争者提供的商品和服务替代，那么这些组织就变成了间接竞争者。例如，阿司匹林、布洛芬和对乙酰氨基酚都是疼痛缓解剂的替代品。在服务部门，信用联合会是银行的替代品，公共汽车旅行是航空旅行的替代品。近似的替代品能够为产业内商品和服务的讨价还价设定价格上限。例如，如果萘普生（疼痛缓解剂）的价格变得很高，许多过去喜欢使用它的消费者可能转向阿司匹林、对乙酰氨基酚或布洛芬。

使用五种力量分析。从不同的观点看，五种力量分析是有用的。首先，通过了解产业中五种力量是如何影响竞争和利润的，企业能够更好地知道如何根据这些力量对自身定位，进而确定现在和未来的竞争优势，估计可能的利润。企业经理也可通过此类行动来改变五种力量的影响，如通过大规模经济或更大的产品差异化来搭建更高的进入壁垒，或创设转换成本来刺激顾客的忠诚度。奖励顾客对某一酒店忠诚度的"频繁顾客项目"就试图对价格攀比和随意更换酒店开战。一家公司也可能通过与强大的利益相关者建立合作关系来改变其竞争环境。例如，一家公司可能将强大的顾客纳入其研发计划或者与强大的供应商共同建立信息分享系统。如上所述的合作伙伴策略将在下一部分详细讨论。

一个组织也能够在进入一个产业之前分析五种力量或将之作为决定退出产业的依据。作为分析的结果，企业可以得出一个产业没有吸引力是由于低进入壁垒、强大的供应商和购买者、相似的替代品或者强大的现有竞争者。一般而言，彻底弄清产业内的力量有助于企业更好地了解整个产业的潜在利润及那些极可能产生机会和威胁的力量。

2.2.2　对外部利益相关者的管理

目前为止，我们的讨论集中在三种重要利益相关者，即顾客、供应商和竞争者（现有竞争者、潜在竞争者和间接竞争者）的经济力量方面。企业任务环境中的其他利益相关者包括政府机构和管理部门、地方社区、维权组织、工会和金融中介。正如前三种利益相关者，其他利益相关者也有其自身的经济力量，尤其是当他们拥有企业所必需之物时。[26]例如，企业依赖银行和其他金融中介为其提供资金，工会的经济力量则表现在其对工人和雇佣成本的影响。社区和地方政府同样可以在经济方面影响企业，如为企业提供营业许可。

尽管经济力量十分重要，但却不是影响利益相关者决定企业管理战略的唯一因素。这种政治力量来自利益相关者影响支持或反对企业政治进程的能力。意见领袖是政治力量的另一种形式，他们的能力体现在其对企业公共舆论的影响。特殊利益集团（例如，美国公民自由联盟和塞拉俱乐部）和社区团体（例如，地方政治家和政府组织）都是能拥有政治力量的利益相关者的例子。然而，任何一个企业的利益相关者都可能拥有这种政治力量。例如，一个与政治领袖有紧密关系的大客户可能实际上比行动组织拥有更强的政治力量。此外，相对于其他企业，一些处于行业中心地位的利益相关者更容易拥有额外力量。例如，像微软一样的企业与大部分同行业者都有战略关系。

特殊利益群体、工会、社区组织和政府机构采取改变任务环境和促使组织投资的措施来影响成本结构和利润。例如，汽车燃料的有效性和安全性的提高很大程度上源自消费者群体和管理者的压力。同样，源自特殊利益群体的压力也使得很多企业将更多的资源分配到环境保护和提高工人待遇方面。此外，工会对企业的运作方式和竞争能力有巨大的影响。事实上，由于工会的缺失，特定区域的美国航空公司一直以来都享有很大的经济优势。

拥有强大经济力量、政治力量并处于中心地位的利益相关者能够很大程度上影响企业达成自身目标。换句话说，他们影响着企业面对的环境不确定性。例如，丰田公司由于签订了大的订单而对其许多供应商产生了很大的影响，或者如刚刚提到的，强势的政府管理者也许能够大幅度更改企业运营的方式。环境的不确定性降低了企业充满信心地预测其未来环境状态的能力，例如，需求、竞争者行为、新的规则、供货成本或劳动力的可用性。一方面，如果环境具有高度的可预测性，那么经理的任务将变得相当简单，并且利润也会变得相对容易获取。另一方面，更高程度的环境不确定性降低了组织确定未来有效方针的能力。一个能够有效降低环境不确定性的方式就是实行合作战略。在企业与强大的利益相关者进行合作的同时，他们的利益就被绑在一起了。[27]这提供了一定程度上的可预测性，也提供了一个对企业和利益相关者都至关重要的，共同创造价值、达成目标的机会。

2.2.3 合作战略和联盟网络

为应对全球互联性，技术的快速创新和世界经济竞争力的不断增长，越来越多的组织趋于采取合作战略。[28]合作战略的形成通常是因为直接的潜在利益。然而，正如前面提到的，它们也是降低由某些拥有经济和政治力量的利益相关者引起的企业环境不确定性的有效方式。通常，对组织收益具有巨大影响的利益相关者应该优先成为合作伙伴。

合作战略具有很多形式，尽管很多可以被归类为战略结盟。战略结盟是指企业以共同目标为目的的，任何形式的资源或能力方面的联合。合资企业也是一种形式的战略联盟，它是指两个或多个企业通过联合，形成一个法律认可的独立公司。[29]这也可以被称作股权战略联盟。非股权战略联盟由两个或多个企业通过签订合同建立。因为企业并未形成独立组织，所以不存在股权问题。股权战略联盟和非股权战略联盟的形成都能够有效地促进企业共同目标的实现，如开发新产品，进军新市场，降低制造成本和经销成本，产品和服务的行销联盟，处理外部环境力量，或者形成减少竞争力的独家代理，进而增强企业的竞争力。由于追求多元化的意图而形成的合资企业会在第6章进一步讨论。

合作战略不需要涉及利益相关者的股权或契约性合作关系。还有很多其他的方法可以使强大的利益相关者结成强大的联盟。一个常见的方法就是任命企业利益相关者代表为董事会成员。另一个方法是邀请利益相关者参与企业研究和发展项目或重要组织决策。合作战略涉及多种利益相关者，包括贸易集团、协会和研发联盟。特许经营是合作战略的另一种形式。特许经营是指一个企业通过签订书面协议出售另一企业的产品、服务，或在特定时间、地点使用另一企业的品牌进行交易。[30]在酒店业，一家企业拥有多重属性，在不同品牌下进行运作并不罕见。图表2-5列举了在本章中提到的不同外部利益相关者的合作战略。

图表2-5   利益相关者的合作战略案例

顾客	顾客参与设计团队 顾客参与产品测试 共同的培训和服务项目 任命董事会
供应商	制造订货系统集成 共享信息系统 新产品共同开发
竞争者	共同投资研发或市场开发 集体的游说努力 正式的价格领导或串谋*
政府机构—管理者	加入或政府赞助的研究 联合投资解决社会问题 任命退休的政府官员为董事会成员
当地社团—政府	联合城市振兴计划 合作培训项目 雇佣项目
特殊利益集团	就敏感问题与成员磋商 为研究/研究公会共同投资 任命董事会的集团代表
工会	合同条款的支付与业绩相关联 在安全和其他问题上的联合委员会 工会领袖被任命到董事会并参与主要决策
金融中介	决策包含财务支持的要求 任命董事会 共享新项目的所有权

*在美国和其他地区，这些策略对某些内部和外部利益相关者具有道德上的约束。

资料来源 Adapted from J.S. Harrison and Caron H. St. John, "Managing and Partnering with External Stakeholders," Academy of Management Executive（May 1996）: 53. Used with permission.

与顾客和供应商建立伙伴关系往往能够得到重大利益。[31]许多企业在产品及工艺流程设计、质量培训会议和在线产品的时间安排上会考虑战略意义重大的顾客和供应商。事实上，鉴于良好的关系对产品品质和服务质量至关重要，马尔科姆·鲍德里奇国家质量奖在对"关键供应商和顾客的合作关系与沟通机制"进行单独评价。[32]丰田公司坦言其许多成功来自于与优秀供应商的特殊关系。用一位为所有大型汽车公司供应零部件的公司高层管理者的话说，"丰田公司帮助我们显著改善了生产系统。我们从制造一个零部件着手。并且，因为我们有所改善，所以作为奖励，丰田公司向我们订购了更多的零部件。丰田公司是我们最好的顾客"。[33]

为了和产品及工艺流程生命周期的衰落作抗争，并紧随新技术的潮流，数量日增的竞争者正形成联合力量。尽管正式的定价合作，被称为串谋，在美国及很多其他国家是违法的，但竞争性组织为了进入新市场或国外市场，通过游说或其他政治策略影响政府法规正在就技术进步、新产品开发而形成联盟。[34]同样，非正式的定价合作依然存在，有时被称为隐性勾结，一些企业通过观察竞争者的行为来间接协商他们的价格和生产决策。[35]非正式定价合作，如隐性勾结，会导致产品价格高于竞争激烈条件下的市场价。

尽管企业通常会与一个或多个利益相关者保持特殊合作关系，但它们也可能卷入联盟网络中，即一些自主企业为了共同利益进行合作。[36]这些网络通常围绕战略中心或中心企业，也就是拥有强大力量的突出企业进行组织，企业在网络内协商分享信息。[37]例如，洛克希德马丁公司是一个致力于集合所有诸如思科、戴尔、英特尔和赛门铁克等市场主导企业力量联盟的中心企业，这一联盟致力于整合最优价格以及在网络安全领域进行合作研究。[38]中心企业需要协调网络内各成员企业间的合作活动，确保进行有价值的信息传递，也要帮助弥补因两个成员企业间没有直接商业活动而造成的结构漏洞。因此，社交网络中的企业不仅能够获得新的商业机会，也能够接触到以它们自身战略为基础的，关于当前环境最全面的信息。在第 1 章中定义的为利益相关者进行管理的企业更易成为中心企业，这是因为利益相关者更信任这样的企业，更相信会对他们的利益负责。[39]

本章讨论了企业分析所运用的方法，并且在一定程度上通过结成伙伴或其他战略来管理它们的外部环境。下一部分将集中讨论在全球商业环境中运营的相关外部问题。

2.3　全球商业环境

运输和通信技术取得的重大发展使全球经济依赖性不断加强，再加上国内市场增长机会的饱和，促使企业冒险去尝试扩大经营边界。全球环境的一些重大变化为那些甘愿冒险并且耐心等待回报的组织开创了机会。发展中国家存在着巨大的发展机遇，如巴西、俄罗斯、印度和中国（也被称为金砖四国）。再如，IBM 公司选择在美国进行裁员，同时在除美国外拥有最多技术人才的印度扩大规模。IBM 公司也在中国和巴西拥有主要研究工作实验室，同时，在里约热内卢设立了金融中心。不仅是金砖四国，该公司的立足之处也备受瞩目地遍布非洲及其他发展中国家。[40]

尽管蕴含着巨大的机遇，选择在新兴市场投资的企业也要面临很多困难，包括政府的不稳定、受过培训的工人数量的不足、支持技术水平的低下、供应的短缺、运输系统的薄弱，以及汇率的不稳定。此外，公司还要为管理当地的利益相关者而努力，因为他们与母国的利益相关者在很多方面都不同，如在价值观、信仰、道德标准以及很多其他方面。因此，在投资前谨慎地评估国外的环境非常重要。

2.3.1　国外投资环境评价

当考虑到在国外进行投资时，有许多特征必须要评估。因为它们现在落在了一个遥远的大环境中，包括社会文化环境、经济环境、政治/法律环境，以及技术水平。其他特征是与特定的产业和市场有关的。和每一个因素有关的问题被列在图表2-6中，这个图表是一个评估国家潜力的有用工具。

图表2-6 **潜在国外市场的相关问题的例子**

社会力量

什么是目前最具争议的热门话题?与环境、劳动力以及管理问题相关的特殊利益集团组织在一起运行得如何?组织的现行政策和活动与新的东道国是否冲突?潜在客户对于国外产品和服务的态度如何?是否存在重要的文化障碍需要克服?语言的难易程度如何?人口的年龄分布如何?什么样的差别将会对组织造成困难?

经济环境

通货膨胀率如何?国民生产总值(GNP)是多少?经济增速有多快?人均收入水平如何?全球经济对国内经济的影响和冲击有多大?失业率有多高?政府采取什么样的措施促进经济增长?和美国的贸易平衡关系如何?该国流通的货币和母国货币是否能够自由兑换?利率是多少?金融部门是否有序?生产要素的价格如何?

政治/法律环境

政府的组织形式是怎样的?政府对企业的影响力有多大?政府是否稳定?政府对私有企业和美国公司的态度如何?母国政府对于国外政府的态度怎样?与母国相比,该国的税率水平如何?税额是如何评估和征收的?进口和出口税率如何?法律体系的性质如何?公司法人是否可以获得法律保护?

技术水平

该国的技术水平是否先进?学校和大学是否能够提供合格的劳动力?技术的数量是否能够满足使用需求?是否具备相应的信息系统?基础设施是否健全(如道路、交通系统)?是否具备合适的网址?

特定产业

产业规模有多大?产业成长速度如何?是否可细分?有多少竞争对手?对手实力如何?和供应商、顾客等产业相关者的相对位置关系如何?是否具有替代产品?竞争的基础是什么?是否可通过合资企业来进入市场?

图表2-6中的任何一个问题都关乎一个国家吸引力的强弱。下面是对这一点进行说明的一些例子:(1)一个不稳定的环境会大大增加投资损失的风险;(2)低效率的运输系统将增加总的生产成本从而抑制高水平的生产;(3)教育系统的不完善会产生低水平的工人,从而导致没有足够能力制造技术产品;(4)GNP的低速增长可能意味着消费需求增长缓慢;(5)国外的高税率会削减利润;(6)如果当地货币与美元不可兑换,则组织把利润从该国转移出来会经历一段艰难的时间。

这些问题的答案必须根据组织活动的类型进行具体判断。例如,如果组织在国外市场上只销售美国产品(出口),那么高的人均收入就是有利的。另一方面,低的人均收入意味着低的工资率,对于只考虑国外制造业或装配业的组织来说,有积极的作用。显然,一些国家试图在某些特定的产业中建立优势,对此,我们将在下一部分予以阐述。

2.3.2 国家竞争优势

迈克尔·波特把他对竞争环境的分析扩大到全球经济领域。在其《国家竞争优势》一书中,他分析了为什么有些国家在特定产业能够产生一些常青企业。[41]例如,德国是很多顶级豪华汽车制造商的总部,而瑞士则拥有众多的医药行业的领先企业。迈克尔·波特认为,国家的四个因素将有助于在特定商务领域创造具有全球竞争力的企业。这四个因素是:

1.*要素条件*。一国所拥有的天然资源,如特殊的原材料或是具有特殊技能的劳动力,可以形成该国在特定产业的竞争优势。其他能够形成优势的要素条件是突出的要素形成机制，如优秀的学校。

2.*需求状况*。如果一国某产品或服务的消费者是世界上最挑剔和最为苛求的，那么该产业的竞争对手就需要更加努力地去取悦他们了。

3.*相关产业和支撑产业*。如果某一产业的供应商是世界上最优秀的，那么他们的优秀产品将传递到购买者手中。如果公司在所在的产业是全球领先者，那么公司也将因此而获得优势。

4.*公司战略、结构以及竞争程度*。有时一国企业惯用的管理技术将有助于在特定产业取得成功。同时，这些特定产业也将吸引该国最优秀的经理人员加入其中。此外，激烈的竞争将促使竞争者去超越，从而使得他们在世界市场上更为强大。

这些因素将显现公司培育全球核心竞争力的潜力。从根本上来说，公司能够培育强的核心竞争力的原因是，残酷的市场环境将产生世界一流的竞争者，前提是竞争者能够获得其参与竞争所必备的资源。如果国内市场没有竞争力，公司就缺乏足够的动力去生产优质产品。相反，如果国内市场竞争十分激烈，而且生产要素、支撑产业以及有才能的人力资源很难获取，那么公司将没有能力生产具有全球竞争力的产品。只有当两者同时具备时，公司才能创造出有动力的、回报丰厚的环境。

根据波特的分析所得到的结论似乎应该是，让该国具有较强基础的特定产业的国外子公司实现当地化。但是，波特认为在现实世界中，这种情形发生的可能性很小。首先，在某些情况下，对于一家外国公司而言，很难实现从"局外人"到"内部人"的角色变化。其次，在该国具有天然优势的国外子公司不大可能影响到"距离遥远"的母公司。

然而，波特确实建议公司应该充分利用母国天然的国家竞争优势。他同时也建议，运用于国家竞争优势的一些原则也适用于那些试图在世界经济中更具竞争力的公司。特别是，组织运用这些原则能够有利于其识别最苛刻、最有鉴别力的顾客；挑选全世界最优秀的供应商；战胜世界上最杰出的竞争对手；与优秀的国外竞争者形成战略联盟；及时了解与其核心事业有关的最新科研进展和技术创新的信息。

要点总结

本章讨论了构成宏观环境和任务环境的外部环境。下面是讨论的要点：

1.由于和企业组织及任务环境相关联，因此宏观环境中最重要的因素是社会文化力量、全球经济力量、技术力量和全球政治/法律力量。

2.任务环境和宏观环境的一个重要差别是任务环境易受到更高层次组织的影响，而宏观环境则不是。

3.任务环境包括外部利益相关者，诸如顾客、供应商、竞争者、政府机构和管理者、当地社团、行动集团、工会以及金融中介。

4.决定产业中竞争的本质和水平的五种最基本的力量包括顾客、供应商的实力、替代品的提供能力、进入障碍的强度和决定现有竞争性质的力量。

5.组织应该运用合作的策略去管理对组织所面临的环境不确定性有很大影响的外部利益相关者。这些公司可能拥有经济和政治力量，或占有关键资源。

6.重要的合作策略包括合资和其他形式的战略联盟、互惠合约的签订、利益相关者以不同形式加入组织过程和决策以及促进良好的任务环境的政治联盟。企业也可能进入社交网络，其中，中心企业致力于协调信息流与促进能够创造价值的合资企业的形成。

7. 全球环境的显著改变为想要剥离风险并耐心等待回报的组织创造了巨大的机会。

8. 在考虑国外投资时，应当对许多特征加以评估。其中大多数特征都属于宏观环境的一般范畴，宏观环境包括社会文化环境、经济环境、政治/法律环境、技术水平；另一些特征与特定产业和市场相关。

9. 一些国家似乎孕育了许多在某些特定行业中高度成功的公司。有四个因素看似可以解释这一现象，即要素条件，需求状况，相关产业和支撑产业，公司战略、结构以及竞争程度。

注释

1. L. Eko, A. Kumar, and Q.Yao, "Google This: The Great Firewall of China, the IT Wheel of India, Google Inc., and Internet Regulation," *Journal of Internet Law* 15 (3) (2011): 3-14; S.Levy, "Google and Its Ordeal in China," *Fortune* (May 2, 2011): 94-100.

2. J. Gosenpud and J. Vanevenhoven, "Using Tools from Strategic Management to Help Micro - Entrepreneurs in Developing Countries Adapt to Dynamic and Changing Business Environment," *Journal of Applied Business Research* 27 (5) (2011): 1-13; M. Delmas and M.W. Toffel, "Organizational Responses to Environmental Demands: Opening the Black Box," *Strategic Management Journal* 29 (2008): 1027-1055.

3. L. - Y. Huang and Y. - J. Hseih, "Examining the Antecedents to Inter - Partner Credible Threat in International Joint Ventures," *International Business Research* 5 (1) (2012): 49- 60; R.E. Freeman, J.S. Harrison, and A.C. Wicks, *Managing for Stakeholders: Survival Reputation and Success* (London: Yale University Press, 2007).

4. Whole Foods Market (2011). 2011 *Annual Report*.

5. J.S. Harrison, D.A. Bosse, and R.A. Phillips, "Managing for Stakeholders, Stakeholder Utility Functions, and Competitive Advantage," *Strategic Management Journal* 31 (2010): 58-74.

6. Oracle, "Oracle Enterprise Performance Management," http://www.oracle.com/webapps / dialogue / ns / dlgwelcome.jsp?p_ext=Y&p_dlg_id=10915835&src=7360329&Act=43&sckw=WWMK11069352MPP001.GCM.8087. 100 (May 1, 2012). Reprinted with permission.

7. L.M. Cacace, D.G. Elam, B. Feldman, K. Smyth, and A. Vandermey, "Fortune's 100 Fastest-Growing Companies," *Fortune* (September 26, 2011): 125-133.

8. D.R. Dalton, M.B. Metzger, and J.W. Hill, "The 'New' U.S. Sentencing Commission Guidelines: A Wake-up Call for Corporate America," Academy of Management Executive (February 1994): 7-16.

9. sarbanes-oxley, http: //www.sarbanes-oxley.com/ (August 9, 2006).

10. W.Long, "Financial Regulation Is Hurting New York," Wall Street Journal (April 20, 2012): A1.

11. *Economic Report of the President* (Washington, DC: United States Government Printing Office, 2011).

12. T. Orlik, "China Shifts Out of U.S. Dollars and the World Doesn't End," *Wall Street Journal* (March 2, 2012): C10.

13. S. Tully, "Will Europe Come Tumbling Down," Fortune (September 5, 2011): 65−69; "If Greece Goes...," *The Economist* (June 25, 2011): 13.

14. "Whose Most in Debt?" *The Economist* (August 15, 2011): 22.

15. O.L. Kuye and B.A. Oghojafor, "Scenario Planning as a Recipe for Corporate Performance: The Nigerian Manufacturing Sector Experience," *International Journal of Business Management* 6 (2) (2011): 170−179; P.J.H. Schoemaker, "Scenario Planning: A Tool for Strategic Thinking," *Sloan Management Review* 36 (2) (1995): 25−40.

16. E. Savitz, "Kodak: They Took Your Koda-chrome Away in 2009," Forbes (January 19, 2012): 25.

17. K. Sawa and M. Yasu, "Sony, Nikon Narrow Gap to Canon with New Digital Camera Models," Bloomberg (April 15, 2011), http://www.bloomberg.com/news/2011−04−15/Sony-nikon-narrow-gap-to-canon-with-new-digital-camera-models.html (May 2, 2012).

18. K. Han, W. Oh, K.S. Im, R.M. Chang, H. Oh, and A. Pinsonneault, "Value Cocreation and Wealth Spillover in Open Innovation Alliances," *MIS Quarterly* 36 (2012): 291−316.

19. "Dump the Dollar?" *Business Week* (April 6, 2009): 8.

20. Much of the discussion in this section is based on T. Grundy, "Rethinking and Reinventing Michael Porter's Five Forces Model," Strategic Change 15 (2006): 213−229; M.E. Porter, Competitive Strategy: Techniques for Analyzing Industries and Companies (New York: The Free Press, 1980); D.F. Jennings and J.R. Lumpkin, "Insights between Environmental Scanning Activities and Porter's Generic Strategies: An Empirical Analysis," Journal of Management, 18 (1982): 791−803.

21. C.Terhune, "Coca-Cola Filing Reveals It Feared Wal-Mart Drink," *Wall Street Journal* (June 8, 2006): B6.

22. M. Kimes, "Showdown on the Railroad," *Fortune* (September 26, 2011): 161−172.

23. F. Mas-Ruiz and F. Ruiz-Moreno, "Rivalry within Strategic Groups and Consequences for Performance: The Firm-Size Effects," *Strategic Management Journal* 32 (2011): 1286−1308.

24. Y. Niu, L.C. Dong, and R. Chen, "Market Entry Barriers in China," *Journal of Business Research* 65 (2012): 68−76.

25. B. Herrendorf and A. Teixeira, "Barriers to Entry and Development," *International*

Economic Review 52 （2011）： 573-602.

26. J. Pfeifer and G.R. Slancik， The External Control of Organizations： A Resource Dependence Perspective （New York： Harper and Row， 1978） .

27. W.P. Burgers， C.W.L. Hill， and W.C. Kim， "The Theory of Global Strategic Alliances： The Case of the Global Auto Industry，" Strategic Management Journal 14 （1993）， 419- 432； J.S. Harrison and C.H. St. John， "Managing and Partnering with External Stakeholders，" Academy of Management Executive （May， 1996）， 50-60.

28. R.H. Shah and V. Swaminathan， "Factors Influencing Partner Selection in Strategic Alliances： The Moderating Role of Alliance Context，" *Strategic Management Journal* 29 （2008）： 471-494.

29. M.V.S. Kumar， "Are Joint Ventures Positive Sum Games? The Relative Effects of Cooperative and Noncooperative Behavior，" *Strategic Management Journal* 32 （2011）： 32-54.

30. L. Fenwick， 2011， "Franchises Aren't Running on Empty，" *Franchising World* （July 2011）： 68.

31. J.H. Dyer and N.W. Hatch， "Using Supplier Networks to Learn Faster，" MIT Sloan Management Review （Spring （2004）： 57-63； J.H. Dyer and H. Singh， "The Relational View： Cooperative Strategy and Sources of Interorganizational Competitive Advantage，" Academy of Management Review 23 （1998）： 660-679.

32. J.K. Liker and T.Y. Choi， "Building Deep Supplier Relationships，" Harvard Business Review 82 （12） （December 2004）： 106.

33. Liker and Choi， "Building Deep Supplier Relationships."

34. B.R. Barringer and J.S. Harrison， "Walking a Tightrope： Creating Value through Interorganizational Relationships，" Journal of Management 26 （2000）： 367-404.

35. Y. Lu and J. Wright， "Tacit Collusion with Price - Matching Punishments，" *International Journal of Industrial Organization*， 28 （2010）： 298-306.

36. A. Zaheer， R. Gozubuyuk， and H. Milanov， "It's the Connections： The Network Perspective in Interorganizational Research，" *Academy of Management Perspectives* 24 （1） （2010）： 62- 77； C. Dhanaraj and A. Parkhe， "Orchestrating Innovation Networks，" *Academy of Management Review* 31 （2006）： 659-669.

37. C. Jarillo， "On Strategic Networks，" *Strategic Management Journal* 9 （1988）： 31- 41.

38. Lockheed Martin， "Cyber Security，" http： //www.lockheedmartin.com/us/what-we-do/information-technology/cyber-security.html （FebruRY 17， 2012） .

39. A. Capaldo， "Network Structure and Innovation： The Leveraging of a Dual Network as a Distingctive Relationl Capability，" Strategic Management Journal 28 （2007）： 585-608.

40. IBM， "Generating Higher Value at IBM，" 2011 Annual Report， http： //www.ibm.com/annualreport/2011/ghv/ （May 11， 2012）： W.M. Bulkeley， "IBM to Cur U.S. Jobs， Expand in India，" *Wall Street Journal* （March 26， 2009）： B1； P. Wonacott，

"IBM Seeks Bigger Footprint in India," *Wall Street Journal* （June 7， 2006）： B2.

41. M.E. Porter， The Competitive Advantage of Nations （New York： The Free Press， 1990）.

第 3 章

组织资源和竞争优势

内部资源和能力的战略价值

价值链分析

企业绩效

要点总结
注释

战略聚焦

美捷步（Zappos）

　　线上零售网站美捷步最初由尼克·斯维姆于 1999 年创立，当时的域名是 Shoe-Site.com. 斯维姆曾经逛遍了旧金山一家商场，却仍没有找到想要的鞋子，由此激发了创造灵感。在风险投资家的支持下，斯维姆的公司正式更名为美捷步（源自西班牙词语 "zapatos"，意思是鞋子），公司在 2000 年获得了 160 万美元的收入。不久后，风险投资家谢家华加盟美捷步，成为联合首席执行官。2002 年，随着美捷步在肯塔基州设立运营中心，领导者为公司制定了一些宏伟目标。他们希望美捷步的销售额突破 10 亿美元，并在 2010 年之前登上《财富》杂志最适宜工作的企业榜单。美捷步于 2008 年突破 10 亿美元销售额的目标，并于一年之后登上《财富》杂志排行榜，位列第 23 名。2009 年 11 月，亚马逊以 12 亿美元的价格收购美捷步。

　　是什么让美捷步如此成功？美捷步致力于客户服务，强化了快速供货与支付邮费两种方式。该公司的核心价值之一就是在配送服务时让顾客感到惊喜。因此，美捷步的大部分订单来自回头客。为使顾客的线上搜索达到最优效果，三个部门同时工作。公司持续跟踪每个顾客订单的每个细节，如鞋的图案材质等。这样的方式使得美捷步能够提供最吸引顾客的报价。

推动美捷步成功的另一个因素是雇员的质量。谢家华相信能够使工人保持心情愉悦的企业会比对手更具竞争优势。美捷步致力于在企业内部建立开放诚实的人际关系，鼓励雇员享受乐趣并敢于冒险。它不仅为雇员提供常规福利待遇，还提供实地健康中心、丧假、每月团队旅游、带薪休假和免费早餐、午餐及零食。

美捷步拥有着独特、高科技以及开放的企业文化。它的目标是培养团队意识和家庭理念。除了几名律师外，没有人有固定的工作地点。雇员可将一些私人物品保存在小箱子中，任何地方都可能是他们的工作地点，比如当地的咖啡店。据扎克·瓦雷介绍，美捷步的高级管理者并没有官方头衔，普通雇员只需要一台笔记本电脑就可以工作。美捷步将这样的企业文化以及"办公地点"搬到了拉斯维加斯市区。这次搬迁的领导者帕特里克·奥尔森表示，整个拉斯维加斯都是他们的办公地点。以前的总部人均面积只有现在的亨德森大楼的一半大。[1]

本章将把注意力向组织内部转移，重点关注资源和高级管理层——负责把资源转化为能力和竞争优势的来源。最成功的组织通常拥有杰出的资源以及指导如何充分利用资源的管理者。美捷步的竞争优势源于其对人力资源、独特的企业文化以及多年优秀的顾客服务所积累起来的品牌效应的充分利用。

3.1　内部资源和能力的战略价值

第1章介绍了拥有价值资源的企业更有竞争优势。[2]以下几种情况使得价值资源成为可持续竞争优势的真正来源。[3]

3.1.1　可持续竞争优势

内部资源和能力可分为五类：人力的、物资的、财务的、知识的和组织的。一般说来，当满足下列两个条件时，能力和资源将成为竞争优势的来源（如图表3-1所示）。

1.该资源或者能力是有价值的。它们使得企业开发外部机会或消除外部威胁。一般来说，价值来源于使用资源在低成本下提供商品或服务的能力，抑或是提供令顾客更加满意的商品或服务的能力。然而，价值本身不能将资源作为竞争优势的来源，必须满足附加条件。

2.该资源或者能力是独特的。如果一种能力和资源被许多组织同时拥有，那么将形成所谓的竞争均势——没有一家能够获得优势。[4]而如果只有一个或一小部分组织拥有有价值的资源和能力，那么资源和能力就可能成为竞争优势的来源。

此外，当再满足下面几个条件时，独特而有价值的资源和能力会真正成为竞争优势。

3.组织要适于资源和能力的开发。这意味着组织机构和企业系统要适于竞争优势的利用。例如，曾主导手机市场的诺基亚近年来正在遭遇竞争瓶颈。在其鼎盛时期，诺基亚在研发领域投资巨大。因此，该公司在当时拥有世界一流的研发能力。在苹果公司退出iPhone和iPad等产品之前，诺基亚公司一直处于相似的市场主导地位。然而，由于研发部门各自为政，没有将产品投入市场，诺基亚公司的研发成果没有对公司起到任何帮助。

图表 3-1　　　　　　　　　　　　　获取竞争优势的组织资源和能力

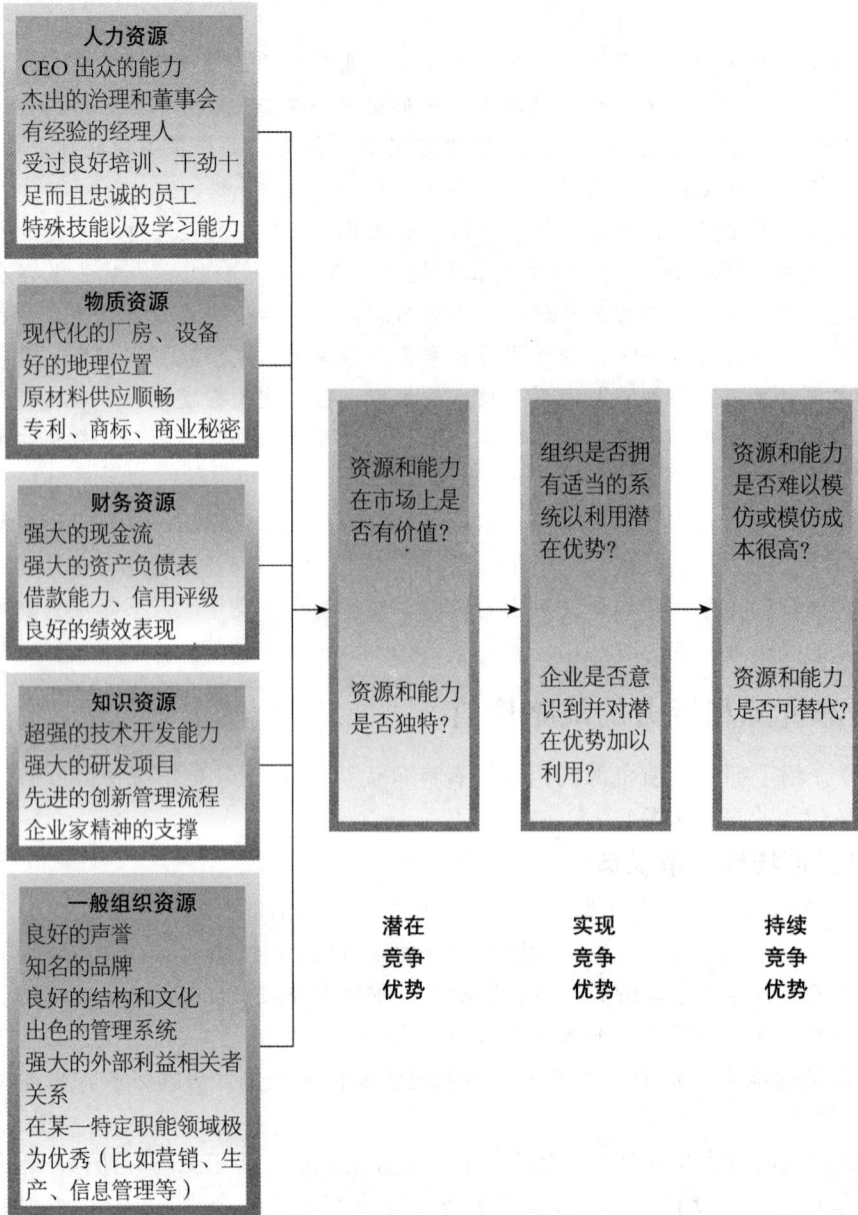

人力资源
CEO 出众的能力
杰出的治理和董事会
有经验的经理人
受过良好培训、干劲十足而且忠诚的员工
特殊技能以及学习能力

物质资源
现代化的厂房、设备
好的地理位置
原材料供应顺畅
专利、商标、商业秘密

财务资源
强大的现金流
强大的资产负债表
借款能力、信用评级
良好的绩效表现

知识资源
超强的技术开发能力
强大的研发项目
先进的创新管理流程
企业家精神的支撑

一般组织资源
良好的声誉
知名的品牌
良好的结构和文化
出色的管理系统
强大的外部利益相关者关系
在某一特定职能领域极为优秀（比如营销、生产、信息管理等）

资源和能力在市场上是否有价值？

资源和能力是否独特？

组织是否拥有适当的系统以利用潜在优势？

企业是否意识到并对潜在优势加以利用？

资源和能力是否难以模仿或模仿成本很高？

资源和能力是否可替代？

潜在竞争优势　　　　**实现竞争优势**　　　　**持续竞争优势**

4.企业管理者知道，潜在的资源和能力可以形成竞争优势，并可以采取若干措施使之成为优势。Zappos网站的CEO谢家华非常了解组织的资源和能力，以及如何利用这些资源和能力，使竞争优势在全球市场上发挥最大作用。[5]

最后，当再满足下列两个条件时，资源和能力就会成为可持续竞争优势（长期享有的优势）的来源。

5.该资源或能力是难以模仿的或模仿成本极高。如果竞争对手要模仿该资源或能力，那么它将处于成本上的不利地位。资源或能力越是难以模仿，产生可持续竞争优势的价值就越大。新兴网络公司面对的一个巨大困难就是它们的资源和能力可以被广泛使用，轻易模仿。

6.不存在现成的替代品。如果其他产品或服务很容易作为替代品，那么与竞争优势相关的利益就会在一定程度上减少。替代品是另一种形式的模仿。例如，网络零售商是传统实体零售商的替代品，骑车旅行在很多情况下取代了飞机旅行，无卡路里甜味剂是糖的替代品。无论一家企业提供的产品或服务是多么独特且有价值，如果存在现成的替代品，它所拥有的经济优势都会被削弱。

如果一项资源或者能力具有上述全部特征，并且还可以应用于不止一个经营领域，那么我们将之称为核心能力或独特能力。[6]一些企业非常善于将它们的竞争优势来源拓展到其他商业领域。例如，迪士尼公司在创造性方面拥有核心竞争力，它们称之为"梦幻工程"。迪士尼公司已将其工作室创造的独特而宝贵的动画角色扩展至多项业务，如图书、电影、主题公园和电视节目。最近，迪士尼公司根据加勒比海盗主题公园制作了一系列成功的电影。又如，索尼公司在微型电路技术上拥有核心竞争力，该技术适用于各项业务；沃尔玛公司在后勤管理方面具有核心竞争力，这使得它拥有世界一流的物流体系。

对于企业来说，发展或获得能够提供可持续竞争优势的资源和能力变得愈发艰难。[7]激烈的竞争行为、技术进步和快速变化的全球环境意味着，当今社会，能够提供竞争优势的资源可能在短时间内被淘汰。对能够被看到、摸到或计量的有形资源来说，尤其如此。[8]因为它们的有形性使得它们更易于被模仿。例如现有产品、机械、简单技术，获取原材料以及企业的借贷能力。

然而，一些非常重要的资源是无法用上述词语来界定的。它们是无形的，包括知识和思想、科研能力、创新能力、各类利益相关者的声誉和管理能力。这些是最难模仿的资源，因此，它们是可持续竞争优势最佳的潜在来源。[9]获得竞争优势的关键是整合资源和开发难以模仿的能力。比如专利权是一种有形资源，只能帮助组织获得一段时间内的优势。快速准确开发新产品并将之推向市场要求公司具备整合下列资源的能力：营销（确定需求），设计和研发工程（创造产品、确定原材料），生产运营（组织原材料、进行生产），以及其他各类活动。这种资源整合能力很难被竞争对手观察和模仿。

3.1.2　资源的互相依存

资源和能力贯穿了企业的五个方面，下面将详细阐述。如前所述，这些方面是人力资源、物质资源、财务资源、知识和学习资源、一般组织资源。这些资源之间拥有非常紧密的联系。[10]例如，一家财务资源充足的企业可以招聘更好的人力资源，可以开发更好的物质资源，可以将更多的资金投入知识和学习资源，可以加大对利益相关者关系（属于一般组织资源）的投资。此外，卓越的知识和学习资源能推进技术研发，从而改善实物资产，加强对财务资源的管理，提升人力资源的技能水平，强化企业的声誉优势。我们可以找到各项资源之间的联系（如图表3-2所示）。

对于管理者来说，资源相互依存的含义是任何一个资源都不能被忽视。[11]如果任何一个资源成为弱势，都将对其他所有资源产生重要影响。在这种情况下，一家企业最终会走向衰落。战略管理者有责任平衡企业对各个资源的需求，判断某一个资源中的弱势是否已成为达到组织目标的阻碍。我们将首先讨论人力资源。

图表3-2　　　　　　　　　　**组织资源的互相依存性**

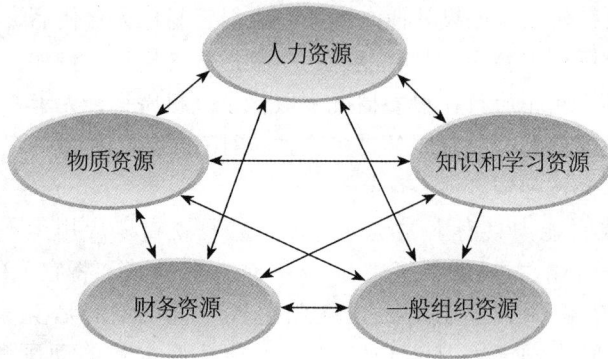

3.1.3　人力资源

组织的内部利益相关者包括管理者、员工、所有者；而如果组织是公众公司或是打算上市的私人公司，则还包括董事会。企业的许多资源易于复制，但是人力资源却是独特的。因此，员工以及招聘、管理员工的方式都会成为组织竞争优势的重要来源之一。[12]

星巴克非常关注自身的人力资源。该公司在招聘项目中十分挑剔，它们在自己的员工（又叫伙伴）身上投入了很大的精力，以确保他们足够称职。星巴克为高潜质员工准备的培训体系使得公司75%的区域经理都可从公司内部选拔。公司也为员工提供了业内罕见的福利待遇，例如为兼职员工提供医保福利。[13]

企业为员工提供良好的待遇是一种长远投资，因为这一举措将大大提高员工的保留率。此外，高动机水平和企业承诺也会激励员工产生高水平的生产能力。[14]一些如教育福利这样的项目为企业提供了直接优势，这是由于接受教育后的员工可以为企业注入新的思想，并提高其业务技能。而且，良好的员工待遇是吸引最具潜力员工的有效方式。[15]《财富》杂志每年都会出版美国最适宜工作企业排名。近年来，位列榜首的企业是坐落于加州山景城的互联网巨头谷歌，它拥有超过18 000名员工。创新的企业文化是谷歌受员工欢迎的原因之一。此外，员工也非常享受企业提供的保龄球馆、地掷球场和遍布企业赠送免费食物的25家咖啡馆。值得一提的是，Zappos网站在《财富》杂志的排名提升到了第11名。

许多经理和人力资源领域的专家都认为，人力资源管理将会变得更加困难，但也会带来比以往更多的回报。例如，在美国，除了专门化和移动性，劳动力将更加多样化，他们属于不同的种族，并来自各个地区。[16]这些趋势会对工作设计和奖励体系产生影响，增加有效组织文化成型的难度。但是，克服这一困难也可能使得征服这些挑战的企业处于一个更强有力的竞争地位。事实上，多元化的工作团队能够带来更好的工作效果，这一定程度上是因为，多元化的团队使得员工在解决企业面临的问题时拥有更广泛的视野。[17]

管理人才也是企业竞争优势的来源之一。[18]研究表明，顶尖的管理者对企业战略和组织绩效具有重要影响。[19]例如，印度信实集团董事总经理穆凯什·阿姆巴尼曾领导企业实行了积极发展战略。目前，企业的收入已达到450亿美元，业务范围遍及远程通信领域，石油化工领域和能源工业。[20]

大企业的高层管理者有许多头衔，但其中用得最多的恐怕就是CEO。虽然大公司通常是由首席运营官、副总裁等一批高层管理者组成的团队来管理的，但CEO对公司战略方向的选择负有最根本的责任。CEO及其领导团队的主要责任是对企业进行战略领导，这是第4章的主题。

董事会成员也是企业的价值资源之一。他们在监管高层管理者的行为方面起着重要作用，这一点我们将在下一章中详细讨论。然而，董事会成员还扮演着其他重要的战略角色，比如在发展战略和经营方向上向管理层提供建议。如果董事会是由来自各行各业的成功人士组成的，他们将会为高层管理者提供更广阔的思路。[21]另外，董事会成员还可以提供他们的社会关系网，充当公司和外部股东之间的沟通桥梁。因此，有效的董事会是企业竞争优势的重要来源之一。

这一部分讨论了组织的人力资源如何成为竞争优势的来源之一。有效的内部分析有助于识别这些来源，继而利用这一信息进行战略开发。比如，在招聘或培训方面处于劣势的公司可能需要建立足以弥补这些劣势的战略，以便实现更广泛的目标，而拥有训练有素的、忠诚的员工的公司在考虑采用何种战略时，则具有更大的灵活性。此外，容纳了来自各行各业的独立董事的强大的董事会既能提供必要的监督，还能在确定组织战略和方向时提出极好的建议。上述内容只是一些把人力资源分析用于战略计划的方法示例。下一部分将讨论物质资源。

3.1.4 物质资源

物质资源是有形的，如机器、设备、厂房和产品等。资源定位也属于物质资源范畴。世界领先的大型推土机制造商卡特彼勒公司是利用物质资源创造竞争优势的典范：

卡特彼勒公司近年有着惊人的财务业绩。但是，在20世纪80年代中期，该公司成本高、厂房旧，还面临着激烈的国际竞争。吉姆·欧文斯回忆说："那时日本人正要扼杀我们。"它们的问题与工会一同受到了很多媒体的关注。不太为人所知的是公司随后就转向了物质资源战略。卡特彼勒公司把它的大部分生产基地转移至美国南部不属于工会的地区。该公司建造了20个较小的、较为专业化的工厂，以便为其较大的装配作业提供零部件。卡特彼勒公司在建筑业中的总投资额达18亿美元，包括机器人、现代工具，以突破低效率的瓶颈。一家在巴西的工厂采用了与丰田公司类似的拥有多条生产线的制造系统，在只增加一倍就业的情况下，制造能力就达到了四倍之多。而一家在美国的工厂现在只用了一天时间就完成了原来需要三天时间才能完成的推土机作业。当然，该公司最大限度地利用了其强大的经销商网络。即使是在最近的经济萧条期，卡特彼勒公司依然实现了利润的突破。[22]

机器和厂房因为容易被模仿，所以往往不会成为可持续竞争优势的来源之一。区分技术开发与物质资源非常重要。企业可能拥有技术开发方面的核心竞争力，技术开发可以为企业提供最先进的机器和厂房。企业的技术开发能力可以成为持续竞争优势的来源之一；而物质资源则不然，它们可以被快速模仿。从根本上来说，在技术开发方面拥有竞争力的企业可以不断改进它的机器和厂房，因而当它创造的事物被竞争对手模仿时，企业又有了动力去研发新的事物。同样的逻辑也适用于产品，但是略有不同，因为在若干年内产品受专利保护。

正如卡特彼勒公司的例子，地理位置也可以成为竞争优势的来源之一。组织之间往往会形成产业集群，这能使它们最大限度地利用业务领域中已有的资源。[23] 有竞争力的集群存在于计算机技术领域（硅谷）、高科技汽车领域（德国南部）和娱乐领域（好莱坞）。集群也遍及世界各地的服务业，如旅馆业、餐饮业和零售业。集群还有助于实现较高的绩效，因为产品的改进来自于对该领域内专用原材料和人力资源的使用。

此外，集群可以形成需求优势，因为消费者会被吸引到有更多选择的地方。例如，旅馆往往集中在某些特定地区，因为它们认识到，旅客偏爱在一个地方选择住处。事实上，针对美国旅馆业的研究发现，豪华酒店附近的酒店生意很好，因为顾客享受到了豪华酒店创造的消费者偏好却不必为此付账。[24]

竞争对手效仿企业选址的能力取决于其所在行业以及竞争状况。某些成本效益与地段的增值有关，即早期进入者选定的地方后来成为繁华地段。例如，硅谷的先驱们能够以比后进入者低得多的价格获得土地和人力资源。成本优势与土地的长期持有相关，而对于该领域内的所有企业来说，人力资源成本都将增大。在一些情况下，企业防止其选址被效仿的原因非常简单——没有空闲地段。

3.1.5　财务资源

财务资源也是竞争优势的一个来源，虽然它很少满足"独特"或者"难以模仿"的标准。然而，充裕的现金流、低负债比率、高授信额度、获得低息贷款的能力以及良好的信誉都可以成为强大的力量，使公司获得战略上的回旋余地。具有良好财务状况的公司能更好地对机会或威胁作出反应，并且与那些遭受财务危机的竞争者相比，其受到利益相关者的压力也较小。2012年初，苹果股份有限公司拥有超过100亿美元的现金，足以帮助其顺利渡过全球金融危机。[25]

同其他分析一起，财务分析被用来预测企业的增长潜力。比如说，高财务杠杆企业的经理们在他们的战略里对利用机会将缺乏热情。相反，财务状况良好的企业，如苹果公司，对追求广泛的机会则显得非常有兴趣。强大的财务资源在短期内是难以模仿的。此外，财务分析也是重要的战略工具，经理们用它来评估绩效并确定优势、劣势以及趋势。一般而言，财务分析需要作两方面的基本分析：（1）比较公司与竞争对手，确定相对的优势和劣势；（2）比较公司的现状与历史，显示发展趋势。一些常用的财务分析指标列于图表3-3。

在成本、投资、收入来源以及盈利能力等方面，企业经常试图与竞争对手进行比较，并将之作为评估战略是否成功的一种方法。一家企业可能会观察到竞争对手在研发上更加进取的投入或者是支付更高的薪水给员工，这些都会增加未来的竞争强度。同竞争对手比较得出的结论还要与企业目标放在一起考虑。比如说，当企业在存货上的投入比竞争对手多时，可能是出于以下三个原因之一：（1）管理存货的效率低于竞争对手，这样的话应该引起关注；（2）企业采取某种特殊的战略需要较高存货水平来支持，如希望能够快速发货或保证供给；（3）会计核算的口径不一样，这种情况下比较是没有意义的。

企业还会将自己的成本或者收入来源在时间上进行纵向比较以确定经营走势。糟糕的财务走势有时是出现更大问题的征兆。比如当企业发现它的管理费用的增长快于销售额的增长时，这可能表示产生了规模不经济或意味着需要更严格的总成本控制。相反，这也可能是企业着眼于将来销售额增长的有意尝试。

图表3-3 **常用财务比率**

比　率	计算方法	评价内容
利润率		
毛利润率	【(销售额−销售成本)/销售额】×100%	运营和定价的效率
净利润率	(税后净利润率/销售额)×100%	扣除所有费用后的效率
资产回报率(ROA)	(税后净利润率/总资产)×100%	总资产盈利能力
权益回报率(ROE)	(税后净利润率/利益相关者净资产)×100%	净资产盈利能力
流动性比率		
当前流动比率	当前资产/当前负债	短期债务偿还能力
速动比率	(当前资产−存货)/当前负债	短期流动性
杠杆借贷比率		
权益负债率	总负债/利益相关者净资产	负债与权益的相对值(一般用来测量财务风险)
负债比率	总负债/总资产	负债与资产的比率(通常测量风险)
活动比率		
资产周转率	销售额/总资产	资产使用效率
存货周转率	销售成本/平均存货	控制存货投资的管理能力
平均收款期	(应收款×365天)/年赊售额	应收款和信用政策的效率
应收账款周转率	年赊售额/应收款	应收款和信用政策的效率

3.1.6 知识和学习资源

　　包括美国在内的许多发达国家，超过50%的国内生产总值是基于无形的技能和知识资产的。[26] 因此，我们这一代可以说是生活在"知识经济时代"。[27]组织学习与其他资源领域紧密相关。这需要训练有素且技能熟练的人力资源，他们能生产出更好的产品，提供更好的服务，改进生产和服务方式。产品、服务和技术支持均能影响品牌形象和组织声誉。所有这些方面都与财务成功相关，组织学习过程的不断展开需要持续的财务投资。

　　知识可以被分为两类，即编码知识和默会知识。[28]编码知识可以通过书面形式来精确传达，如公式化的表述、图案和计算机代码。编码知识与前面提到过的有形资源的概念密切相关。默会知识则难以用语言描述，更倾向于与无形的资源和能力相关。例如，创造性的过程就很难描述。你必须亲身经历，才能了解它们是如何发挥作用的。[29]默会知识可能成为竞争优势的宝贵来源之一，因为它极难被模仿。例如，仿造英特尔的电脑芯片有可能实现，但仿造芯片的创造过程则是几乎不可能做到的。

　　组织学习包括：(1)知识创造；(2)知识保留；(3)知识共享；(4)知识运用。[30]知识创造需要有效的研发程序，以及鼓励发现的氛围。保留信息也非常重要。许多在组织内创造的知识没有用处，是因为它们没有得以记录和保存。通过使用包括低成本信息系统、网络和云计算在内的很多信息技术，企业可以在成本极低的情况下有效地记录和保存大量知识。云计算的出现意味着，企业对大部分知识的处理和保存将不再拘泥于地理位置。[31]

知识一旦得以创造和保存，就应当共享。必须把知识提供给员工和管理者，以便加以利用。美国洛克希德·马丁航空公司每月向员工发布一期与关键领域的创新和开发有关的通讯。许多公司拥有成熟的数据库管理系统，汇总员工提出的想法，以便在将来对其进行系统的检索。关于知识的创造、保留、共享和运用的一个中心问题是，仅仅掌握当前的信息技术是不足以形成可持续竞争优势的。[32]只有信息技术这一简单工具被用于促进包括知识和技能在内的资源创造时，它才能形成一种竞争优势。

知识分享在跨越国界时愈加困难。例如，研究人员针对法国食品零售商在长达10多年的时间里将运营方面的知识转移至波兰企业的能力进行了研究。

我们发现，零售商在波兰复制其模型时遭遇了很大的困难，这是因为法国零售商的管理者和来自波兰的新员工在行为模式上存在差异，这使得知识转移受阻。两种行为模式都嵌入了差异巨大的母国管理传统之中。由此造成的受阻对法国大型超市的增长潜力构成了威胁，因为法国大型超市的增长正是依赖于对大量超市管理者和员工的快速培训。[33]

国际环境中有效的知识共享要求企业考虑当地文化和环境。比如，劳动法、条例和当地顾客的定位都会使得适用于一种环境的程序和系统在另一种环境中不可用。当一家德国跨国公司试图在美国和德国都执行"精益"生产计划时，它也遇到了类似的困难。该计划在监管严格的德国环境中大展宏图，但在美国却铩羽而归。[34]同样重要的还有知识接收者获得知识的意愿、参与者之间开放而频繁的沟通、真正将信息运用于业务之中的要求，以及大量的时间。[35]

知识创造体系难以被模仿，因为它们往往是默会的而非编码的。此外，由于它们与其他资源领域密切相关，因而可能成为持续竞争优势的有力来源之一。如果一家企业拥有强大的知识创造体系，那么它也可能拥有有价值的一般组织资源。

3.1.7 一般组织资源

组织声誉和知名的公司品牌也是难以模仿的。[36]根据《商业周刊》品牌排名（Business Week/Interbrand）调查，全球最具价值的品牌分别是可口可乐、IBM和微软。[37]据估计，可口可乐的品牌价值为680亿美元。公司所拥有的品牌资产可以造就公司超越竞争的能力，无论是在售价还是在销售量方面均是如此。迪士尼公司前任CEO迈克尔·艾斯纳曾谈道：

我们基本上是一家经营性公司，在全世界经营迪士尼的品牌，维护品牌，提升品牌，以及得体地宣传品牌。我们必须把时间花在保证迪士尼的品牌永不褪色上，花在品牌创造上，花在品牌培育上。我们的实践和经营都应该围绕品牌进行，使之永远不被削弱。一些人试图从内部或者外部改变这个原则，对此我们必须抵制。我们不是一种时尚，迪士尼的名字和产品应长盛不衰![38]

与利益相关者的特殊关系，即使可以模仿，也非常困难。[39]例如，微软公司与一些大客户建立了正式或非正式的强大关系网。即使一家公司有可能研制出性能优于微软的产品，它也很难侵占微软已经建立的独特的关系网。此类优势也常见于其他许多非常成功的网络公司，比如亚马逊。早期的进入者能够与其他数以千计的公司建立起重要联系，这使得新的竞争者极难立足。很多公司因无法建立强大的关系网而最终走向失败。

企业拥有竞争优势，也可能是源于其内部结构。在成为谷歌 CEO 后不久，拉里·佩奇提拔了6位高管来执行公司的具体举措。这六位高级副总裁分别负责监管谷歌浏览器、You Tobe 和视频、搜索、社交媒体、广告和移动端，并直接像佩奇汇报工作。在企业高层，埃里克·施密特是执行总裁，赛吉·布林负责特别计划。谷歌在结构上所作的调整是为了使其管理过程更加高效。[40]

与企业结构相关的是管理体系。企业可能拥有完美的管理系统、奖励制度和各层级之间的沟通机制。这些体系也会成为竞争优势的来源之一。完美的管理体系在所以职能领域均可构成企业优势。例如，企业可能拥有出色的会计体系、财务控制体系、财务分析体系、生产体系、市场营销体系、配送体系或竞争对手的智能体系。人力资源体系已在前面的章节中讨论过；价值链分析将在下一部分阐述，它有助于企业确定它的职能优势或劣势。

因果模糊性是管理体系能够成为优秀可持续竞争优势来源的原因之一。[41]也就是说，对于旁观者来说，了解一个企业如何运作是十分困难的。制药公司和高科技公司就是最好的例子，它们的研发过程很难被模仿。即使是在技术含量较低的行业，企业也能够研发出难以模仿的体系。例如，很多竞争者曾试图模仿世界电焊机制造领军企业林肯电气，也有很多航空公司试图模仿美国西南航空，但都以失败告终。[42]

组织文化是另一种很难模仿的资源。它是一套用以指导员工的共享价值观的体系。它还为组织确立战略方向、制定和执行特定战略提供了环境依托。[43]组织文化能够反映出管理者的价值观和领导风格，而且在很大程度上是以往的招聘、培训、薪酬等人力资源管理实践的结果。美捷步（Zappos）的企业文化强调创造性、团队合作性、出色的客户服务和平等。

组织文化既可能成为组织的最大优势，也可能成为组织的最大劣势。一些组织成功地建立了通过自己的不懈努力实现的高绩效文化。纽可钢铁公司的组织文化追求效率和严格的财务管理，这种组织文化支撑起了公司财务的低成本战略。强生公司"顾客就是上帝"的组织文化在公司各项政策上都得到体现，而且员工也极为认可这种组织文化。而在其他一些企业里，低沉的士气和对顾客的挑剔态度常常会损害公司绩效。

此处对有关组织资源的五个方面的讨论作以总结。因为它们是互相依存的，所以缺一不可。然而，在建立持续竞争优势方面，一些潜力尚待挖掘。很难被模仿的资源和能力具有极大的潜力，如组织的知识创新系统、声誉等。同样，能够形成竞争优势的资源和能力因行业不同而有所差别，也会随着时间变化而改变。例如，研究发现，在1936年至1950年之间，高绩效的电影制片厂通常拥有很多以所有权为基础的优质资源，如与影星和剧院的独家长期合同。然而，到了1951年至1965年，包括制作形式以及人才和预算的协调在内的知识基础型资源成为企业高绩效的保障。研究者们认为，为应对电影产业不断增长的不确定性而产生的能力需求是这一现象的主要原因。[44]研究还发现，只有当组织资源在外部环境中具有独特价值时，才能形成竞争优势。

3.1.8　资源分析和战略开发

在评价组织的资源和能力时，重要的一点是要全面考虑各项经营活动并且了解它们在构建优势和实施战略中的作用。战略应该建立于组织相对竞争者的优势之上，或者建立于组织希望在将来得到的资源或能力之上以便获得优势。与第1章战略思考相关讨论一致，当然组织的不足也应该予以考虑，但它不应限制战略。从长期来看，组织的成功往往依赖于从内部培育新的竞争能力，或从外部市场获取。[45]此外，企业也可以通过与其他企业进行战略联盟或加入商业组织及社交网络来发展新的技术和竞争能力。[46]

通过回答图表3-1中针对各项资源和能力的问题，组织可以确定潜在的竞争优势。有价值的资源和能力可以帮助企业克服劣势、发挥优势吗?它是独特的吗? 企业拥有适当的制度以识别竞争优势吗?它能发现机会吗?资源和能力是不是难以被模仿和替代?必须把这些问题放在行业背景和宏观环境中来回答。此外，价值链分析可以为本章介绍的方法作以补充。

3.2　价值链分析

目前为止，我们讨论过通过资源和能力来考量一个企业。此外，企业也可以通过它的价值创造活动来研究。[47]图表3-4包含了一套称之为价值链的框架。价值链将一个企业的组织过程分为不同的顾客创造价值活动。价值链分析可以用来确定企业的关键资源或关键环节以发展竞争优势，这些资源或者环节代表了企业的长处、机会或者需要改进的地方。

图表3-4　　　　　　　　　　　　　价值链活动

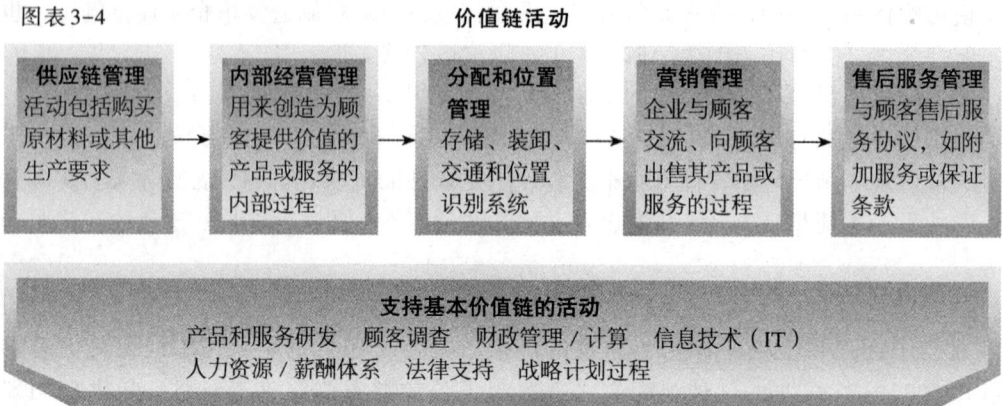

供应链管理	内部经营管理	分配和位置管理	营销管理	售后服务管理
活动包括购买原材料或其他生产要求	用来创造为顾客提供价值的产品或服务的内部过程	存储、装卸、交通和位置识别系统	企业与顾客交流、向顾客出售其产品或服务的过程	与顾客售后服务协议，如附加服务或保证条款

支持基本价值链的活动
产品和服务研发　顾客调查　财政管理/计算　信息技术（IT）
人力资源/薪酬体系　法律支持　战略计划过程

资料来源　Reprinted with the permission of The Free Press, a Division of Simon & Schuster Adult Publishing Group, from Competitive Advantage：Creating and Sustaining Superior Performance by Michael E. Porter. ©Copyright 1985, 1998 by The Free Press. All rights reserved.

3.2.1　基本和支持活动

基本活动包括供应链管理、内部运营管理、分配和位置管理、营销管理及售后服务管理。供应链管理包括为顾客生产产品或提供服务的投入相关的活动。对制造商来说，这些过程包括购买原材料或其他生产要素、仓储、装卸和存货控制等活动。对一些诸如金融企业或顾问企业的服务组织来说，它们可能不需要获取或管理原材料，但它们仍需要通过采购来维持运营。日本最成功的汽车制造商丰田是供应链管理的集大成者。它的很多供应商都位于工厂附近，因此，对于汽车制造中使用的零部件，丰田一直保持很少的存货量。相反，它与供应商之间确定了极为合理的工作安排，以确保制造流水线上所需的零部件都能及时送到。

内部运营管理是指那些将投入品转化为最终产品或服务的活动。对制造企业来说，这些活动包括机械加工、组装、包装、检测、印刷等。对服务企业来说，这些活动则包括烹饪（餐馆）、行李服务（航空公司）或房间清扫（酒店）。前面提到过的世界最大电焊机制造商林肯电气是最高效的。该公司通过采用雇员建议来不断完善生产流程。

对于制造企业来说，分配和位置管理是指那些与存储和向顾客发送最终产品有关的活动，如产成品入库、订单处理以及运输。这一活动的核心是决定公司运营的位置，以使分销过程最为高效。对于服务企业来说也是如此。尽管服务企业不需要向顾客分配物质产品，换句话说，它们不需要担心如产成品入库一类的问题，但它们仍然需要选择最有利于扩大潜在顾客创造价值的运营位置。在一些情况下，这意味着需要选择可以为大部分顾客提供服务的位置。麦当劳在餐厅选址方面非常出色。

营销管理包括这样一个过程，通过它消费者可以购买到产品或服务并且可以引导消费者的购买，这个过程包括广告、散发产品目录、直销、分销渠道、促销以及定价等。在很多行业，市场是区分企业成功与否的重要标准，如饮品业、保险业、餐饮业和服装业，包括可口可乐、盖克保险、花园餐厅（如橄榄园餐厅）和耐克在内的很多公司都在市场战略上投入了大量的资源和精力。

最后，售后服务管理是指为提升或维持产品价值而提供的服务。对销售企业来说，售后服务管理包括如换货、零部件供应、安装、保修等。对于产品和服务企业来说，这些活动包括跟踪解答疑问和保证顾客满意度。亚马逊以其卓越的售后服务闻名。该公司能够站在顾客的立场上为顾客解决产品问题。

组织通常还需要其他的活动去支持上述基本功能的实现。在图表3-4中，这些活动处于基本活动的下方。它们包括通过研发来强化产品、服务或产品的制作和交付（技术发展）方法，消费者研究，金融管理和会计核算，法律支持以及联结整个组织的信息技术体系。对企业的价值创造活动同样起到重要作用的是能够引入新人力资源，并对其进行管理和补偿的体系或流程。此外，一个企业的战略计划程序能够帮助协调所有基本和支持活动，以及为企业未来决定创造附加值战略提供方向。

3.2.2　运用价值链分析引导策略

一旦企业的基本活动和辅助活动得以清晰表述或以文件载明，它们就需要准备好应对势均力敌的竞争对手的行动。基于这一分析，一个组织发展竞争优势：（1）可以在任一基础或支持活动中，或者（2）通过它们的组合，或者（3）通过内部活动与外部环境联系的方式。价值链各环节的累积效应和它们连接企业内部与外部环境的方式决定了企业的优势、劣势以及相对于竞争者的绩效。

对主要增值活动进行全面的优劣势分析，需要在职能层面上对特定的行动、资源和能力进行深入研究。比如，要评价营销的价值增加的效果和潜力，需要考虑目标客户的数量和类型、产品定位、产品线融合、产品线宽度、定价策略、促销活动以及分销渠道。其中每一项都可能构成优势或者劣势，然后再看它们是否能够适合企业现在以及将来的战略。通过确认每项增值活动中的优势或劣势，我们可以制订计划去改变或避免劣势，培育并建立优势。在附录的案例分析里，给出了一个详细的框架对组织的优劣势进行剖析。

3.3　企业绩效

根据本章前面讨论过的资源基础的观点，与竞争者相比，拥有独特、有价值、不易模仿以及不可替代的资源和能力的企业更容易获得可持续的优势，并由此形成高企业绩效。同样，拥有价值链中优秀的基础和支持活动的企业更能获得高企业绩效。然而，什么是企业绩效呢？

3.3.1　以传统财务绩效为指标的衡量

如很多其他的商业原则一样，传统的战略管理原则将财务收益作为衡量企业绩效的第一标准，图表3-3包含了四种盈利能力比率，它们也常被用作财务指标，包括：资产收益率（ROA），净资产收益率（ROE），纯利润率和毛利润率。由于这些数据可以通过会计报表中的信息计算得出，所以常被作为核算基数。一些战略家提出，由一段时期内企业股价的增值比率计算出来的股东投资回报率更适宜作为衡量企业绩效的财务指标。在股东投资回报率的计算中，可以包括股息，也可以不包括。一般情况下，通过将股息回报率与股市平均收益率相比来确定一个企业为利益相关者带来的是低收益、正常收益抑或是异常的高收益。

股东投资回报率是衡量企业绩效的一个很有吸引力的指标。首先，它易于计算，所需信息也很容易从公共资源中获得。其次，它不仅反映了企业当前的财务状况，也能够表现出对企业未来财务状况的预期。例如，如果一个企业失去了一份对未来财务状况至关重要的合同，消息传出，该企业的股价极有可能下跌。相反，如果一个企业拥有一项市场潜力极高的创意，消息传出，该企业的股价将上升。最后，股东投资回报率能够成为衡量企业财务状况的有效指标也是因为股东为企业提供了维持运作的金融资本，因此，企业和企业管理者需要对股东负责。[48]

然而，对财务收益的过分关注可能会使管理者牺牲企业的长远利益去追求短期利益。而且，对财务收益的过分强调也会导致一些外部效应，如环境污染或金融系统的破坏。一些人认为将高风险的住房抵押与风险更高的按揭证券绑定使得2007年的经济大萧条更加严重。[49]在这一过程的不同部分，金融市场参与者们获得的利益是这次事件的推动力之一。当抵押权人开始拖欠还款，按揭抵押就失去了价值，从而对金融界乃至全球经济产生了重大影响。

3.3.2　以广义的利益相关者为指标的企业绩效衡量

除了考虑到对企业财务收益的过分关注带来的风险外（将在第8章详细讨论），另一个原因也让我们决定需采用其他衡量指标同财务衡量结合起来，共同考量企业绩效。尽管利润为很多企业利益相关者带来了价值，但利润并不能全面准确地反映一个企业创造的所有价值。企业活动为更广泛意义上的利益相关者提供了很多或有形或无形的价值。例如，雇员为某一企业工作时收获的不仅是经济补偿或经济利益，还有这份工作所带来的满足感。这种满足感与很多因素相关，包括企业对待他们的方式、个人发展机会、工作乐趣和人际关系。对于雇员来说，这种满足感和他们的薪酬一样重要。而且，像股东一样，他们通常是支撑企业运营的重要力量。因此，企业和企业管理者同样需要向雇员负责。[50]

同理，对于供应商、顾客和企业操作的社区团体（企业的首要利益相关者）来说都是如此。此外，企业利益相关者对企业联合和交易的满意度也能够影响企业绩效，如第 1 章中提到的那样。[51]企业需要的是一套更加平衡完整的衡量方式来更好地反映其为利益相关者所创造的价值。[52]图表 3-5 包含了一些能够衡量更广泛意义上的企业绩效的可能措施并与其重要利益相关者相关的例子。由于股东是企业的重要利益相关者（但不是唯一重要的），图表中依然包含了财务收益和股东投资回报率。

最后一点，我们意识到在课堂上进行考量的时候，学生可能没办法对以利益相关者为基础的公司绩效作出准确衡量；然而，很多实例都能够提供有助于学生对公司对特定利益相关者的待遇进行评估的信息。如果在分析中发现，一家企业并没有为某种利益相关者提供优质的服务（如顾客、供应商、雇员、社区团体、股东），那么针对这一问题进行补救将会对这个企业所创造的价值产生重大的积极影响。从另一个角度来说，企业通常能够通过与满意的利益相关者相关的战略找到创造新的价值的机会。因此，关于利益相关者满意度的评价是识别企业力量、弱势、机会和威胁的另一工具。

图表 3-5　　　　　　　　　**从不同利益相关者的角度对企业绩效的衡量**

	企业提供的价值	可能衡量措施
雇员	对雇佣合同各种部分的满意度（如薪酬、福利、补贴）	薪酬和福利
	对于对待方式的幸福感（如尊重、诚信、包容、公平）	工作场所福利（如健身中心、儿童保育所）
	个人发展和成长能力	法律诉讼、工会调解
	身处良性组织中的愉悦感（人事关系）	生产率衡量
	为顾客提供价值的愉悦感	包含在最适宜工作的企业榜单中
		可达到高层管理者的内部升职体系
		营业额
		涉及雇佣关系的各个方面的雇员幸福感调查
顾客	对产品或服务的满意度	销售额增长
	觉得产品或服务物超所值	消费者关于产品或服务的报告
	良好的服务态度（如尊重、诚信、公平）	声望评估
	与具有良好的社会表现记录的组织相关的荣誉感	顾客满意度调查
		关注顾客群
		是否存在顾客导向型的法律诉讼
供应商	良好的服务态度（如尊重、诚信、公平）	应付账款周转天数（从会计报表来看）
	准时足额付款	长期供应关系
	忠诚度（始终如一的商业交易）	是否存在供应商导向型法律诉讼
	共享信息来提高运作水平	
股东	高经济收益	股东投资回报率
	低风险（收益的持续性）	净资产收益率
	信息公开带来的幸福感（透明度）	市盈率
	企业社会表现满意度	风险与回报（如方差和 beta 系数）

续表

	企业战略方向和管理质量带来的幸福感	股东提案数量
		报请（股东不满的表示）
社区团体	社区团体领导人和公众就社会和环境方面对企业的满意度	是否存在社会服务项目
	社会服务项目	向团体或其他社会事业的捐款与收益比
	慈善事业	赋税减免或为企业提供的其他优势（对企业积极态度的证据）
	对基础设施的贡献（如修路）	是否存在社区团体导向型法律诉讼
	当地社区就业率	包含在最具社会责任感企业榜单中
	税收	

要点总结

本章阐述了内部资源和能力，以及通过战略开发——发挥优势、克服劣势——把这些资源和能力用于实现竞争优势的方式。要点总结如下：

1.有可能形成竞争优势的资源和能力拥有市场价值且独一无二。企业要想把这种可能性变成现实，就必须拥有可以对资源和能力加以利用的系统，必须意识到可能性的存在，还必须采取措施实现这种可能性。如果资源和能力难以被模仿或难以被替代，就形成了持续竞争优势。

2.资源和能力属于人力、物质、财务、知识和学习以及一般组织领域。所有这些资源领域都是互相依存的，缺一不可。

3.资源通常分为有形资源和无形资源。有形资源能够被看到、摸到或被计量。无形资源则无法用上述词语来界定。无形资源更难以模仿，并更有可能形成竞争优势。默会知识与无形资源和能力的形成密切相关，而可以用语言来描述的编码知识则与有形资源相关。

4.人力资源极有可能形成持续竞争优势。优势可能来源于良好的人力资源、杰出的高层管理者和良好的公司治理系统。董事可以向管理者提供建议，并通过利益相关者网络帮助企业获得资源。

5.厂房、机器和产品等物质资源易于被模仿，所以很难形成持续竞争优势。在一些行业中，地理位置可能在某些情况下成为竞争优势的来源之一。

6.强大的现金流、较低的负债水平、低息资金的获得和较高的信用等级都是强大的优势，能够帮助企业更好地应对新的机会和威胁。财务分析能帮助企业确定财务优势和劣势，确定其支持增长战略的资金实力。

7.组织学习与其他资源领域互相依存。其他资源领域包括：（1）知识创造；（2）知识保留；（3）知识共享；（4）知识运用。组织知识在各国之间的转移要困难得多。

8.企业的一般组织资源包括它的声誉和品牌名称、与外部利益相关者的关系、组织结构、管理体系和文化，以及一个或多个职能领域中的独特优势。这些资源难于模仿，因而，拥有强大的一般组织资源的企业往往竞争力很强。

9.战略应当基于组织相对于竞争对手而言做得好的方面，或基于企业想要开发的能力或资源，它们将在未来创造竞争优势。

10.价值链可能被用于确定企业各种增值活动的优势和劣势，并有可能在确定竞争优势来源时发挥作用。

11.以广义利益相关者为基础的企业绩效衡量对以财务状况为主的传统衡量方式是一种补充，以便更全面准确地分析企业所创造的价值。

注释

1. H. El Nasser, "The Office Is Shrinking as Tech Greates Workplace Everywhere," *USA Today* (June 6, 2012), http://www.usatiday.com/money/workplace/story/2012-06-05/tech-creates-workplace-everywhere/55405518/1; "In the Beginning—Let There Be Shoes," http://about.zappos.com/zappos-story/in-the-beginning-let-there-be-shoes (June 6, 2012); T.H. Davenport, L.D.Mule, and J.Lucker, "Know What Your Customers Want Before They Do," *Harvard Business Review* (December, 2011); "Got Talent?" *Economist* (September 10, 2011).

2. H.A.Ndofor, D.G.Sirmon, and X. He, "Firm Resources, Competitive Actions and Performance: Investigating a Mediated Model with Evidence from the In-Vitro Diagnostics Industry," *Strategic Management Journal* 32 (2011): 640–657; S. Brahma and H. Chakraborty, "From Industry to Firm Resources: Resource-Based View of Competitive Advantage," *IUP Journal of Business Strategy* 8 (2011): 7–21; T.R. Crook, D.J. Ketchen, Jr., J.G. Combs, and S.Y. Todd, "*Strategic Resources and Performance: A Meta-Analysis,*" *Strategic Management Journal* 29 (2008): 1141–1154.

3. S.L.Newbert, "Value, Rareness, Competitive Advantage, and Performance: A Conceptual Level Empirical Investigation of the Resource-Based View of the Firm," *Strategic Management Journal* 29 (2008): 745–768; J.B. Barney "Firm Resources and Sustained Competitive Advantage," *Journal of Management* 17 (1991): 99–120.

4. A.Arora and A. Nandkumar, "Insecure Advantage? Markets for Technology and the Value of Resources for Entrepreneurial Ventures," *Strategic Management Journal* 33 (2012): 231–251.

5. J.B. Barney, "Looking Inside for Competitive Advantage," *Academy of Management Executive* (November, 1995): 49–61.

6. Barney, "Looking Inside for Competitive Advantage."

7. R.A.D'Aveni, G.B.Dagnino, and K.G.Smith, "The Age of Temporary Advantage," *Strategic Management Journal* 31 (2010): 1371–1385.

8. M.A. Hitt, R.D. Ireland, and R.E. Hoskisson, and J.S. Harrison, Competing for Advantage, 3rd Ed. (Mason, OH: Thomson Higher Education, 2013).

9. J.C.Cabanelas, P.C.Lorenzo, and A.V.Liste, "The Power of Intangibles in High Profitability Firms," Total Quality Management Business Excellence 22 (2011): 29–42; S.

Berman, J. Down, and C.W.L. Hill, "Tacit Knowledge as a Source of Competitive Advantage in the National Basketball Association," Academy of Management Journal 45 (2002): 13−32.

10. M.Gruber, F. Heinemann, M.Brettel, and S.Hungeling, "Configurations of Resources and Capabilities and Their Performance Implications: An Exploratory Study on Technology Ventures," *Strategic Management Journal* 31 (2010): 1337−1356.

11. D.G.Sirmon, M.A.Hitt, R.D.Ireland, and B.A.Gilbert, "Resource Orchestration to Create Competitive Advantage: Breadth, Depth and Life Cycle Effects," *Journal of Management* 37: 1390−1412.

12. T.N.Garavan, "Global Talent Management in Science - Based Firms: An Exploratory Investigation of the Pharmaceutical Industry during the Global Downturn," *International Journal of Human Resource Management*, 23 (2012): 2428− 2449; W.C. Rapplege, "Human Capital Management: The Next Competitive Advantage," *Across the Board* 36 (September 1999): 39−48.

13. T.R.Hinkin and J.B.Tracey, "What Makes It So Great?" Cornell Hospitality Quarterly 51 (2010): 158−170; L.Peacock, "Inside HR: Interview with Sandra Porter, HR Director at Starbucks," The Telegraph (January 2011), http: //www.telegraph.co.uk/ finance/jobs/inside - hr/8293569/Inside - HR - Interview - with - Sandra - Porter - HR - director - at - Starbucks.html (JUNE 7, 2012).

14. G.Spreitzer and C.Porath, "Creating Sustainable Performance," *Harvard Business Review* (January− February, 2012): 93− 99; M.Subramony, "A Meta - analytic Investigation of the Relationship between HRM Bundles and Firm Performance," *Human Resource Management* 48 (2009): 745−768.

15. D.B. Turban and D.W. Greening, "Corporate Social Performance and Organizational Attractiveness to Prospective Employees." Academy of Management Journal 40 (1996): 658−672.

16. M.Herbst, "A Narrowing Window for Foreign Workers?" *Business Week* (March 16, 2009): 50.

17. C.Armstrong, P.C.Flood, J.P. Guthrie, W.Liu, S. MacCurtain, and T. Mkamwa, "The Impact of Diversity and Equality Management on Firm Performance: Beyond High Performance Work Systems," *Human Resource Management* 49 (2010): 977− 998.

18. T.R.Holcomb, R.M.Holmes, Jr., and B.Connelly, "Making the Most of What You Have: Managerial Ability as a Source of Resource Value Creation," *Strategic Management Journal* 30 (2009): 457−485.

19. A.Marckey, "The Effects of CEOs on Firm Performance," *Strategic Management Journal* 29 (2008): 1357−1367.

20. R. Arora and M.Francis, "Asia's Most Powerful," *Fortune* (May 2, 2011): 81− 84.

21. M.A.Carpenter and J.D.Westphal, "The Strategic Context of External Network Ties: Examining the Impact of Director Appointments on Board Involvement in Strategic Decision Making," *Academy of Management Journal* 44 (2001): 639-660.

22. G.Colvin, "Caterpillar Is Absolutely Crushing It," Fortune (May 23, 2011): 139; J. Muller, "Surviving Globalism," *Forbes* (February 27, 2006): 44-47.

23. A. M. Hansson and K. Olofsdotter, "FDI, Taxes and Agglomeration Economies in the EU 15," *Applied Economics* 45 (2013): 2653-2664. L.Canina, C.A.Enz, and J.S. Harrison, "Agglomeration Effects and Strategic Orientations: Evidence from the U.S.Lodging Industry," *Academy of Management Journal* 48 (2005): 565-581; R.Pouder and C.H.St. John, "Hot Spots and Blind Spots: Geographical Clusters of Firms and Innovation," *Academy of Management Review* 21: 1192-1225; M.E. Porter, "Clusters and the New Economics of Competition," *Harvard Business Review* (November-December, 1998): 77-90.

24. Canina, Enz, and Harrison, "Agglomeration Effects and Strategic Orientations: Evidence from the U.S. Lodging Industry."

25. Form 10-Q, *Apple Inc Quarterly Report* (March 31, 2012).

26. G.G.Dess and G.T.Lumpkin, "Emerging Issues in Strategy Process Research," in M.A.Hitt, R.E.Freeman, and J.S.Harrison, eds., *Blackwell Handbook of Strategic Management* (Oxford, UK: Blackwell Publishers, 2011): 3-34.

27. G.C.Giju, L.Badea, R.Leonardo, V.R.L.Ruiz, and D.N.Pena, "Knowledge Management the Key Resource in the Knowledge Economy," *Theoretical Applied Economics* 17 (6) (2010): 27-36.

28. D.J. Teece, *Managing Intellectual Capital* (New York: Oxford University Press, 2000).

29. J.B.Barney, "Purchasing, Supply Chain Management and Sustained Competitive Advantage: The Relevance of Resource-Based Theory," *Journal of Supply Chain Mnagement* 48 (2011): 3-6.

30. U.Lichetenthaler and H. Ernst, "Integrated Knowledge Exploitation: The Complementarity of Product Development and Technology Licensing," *Strategic Management Journal* 33 (2012): 513-534; D.M. DeCarolis and D.L.Deeds, "The Impact of Stocks and Flows of Organizational Knowledge on Firm Performance," *Strategic Management Journal* 20 (1999): 954-968.

31. I.Brandic and R.Buyya, "Recent Advances in Utility and Cloud Computing," *Future Generation Computer Systems*, 28 (2012): 36-38.

32. M.N.Perez - Arostegui and J.Benitez - Amado, "A New Classification of IT Resources: A Research Agenda Under the Complementerity of the RBV," *Journal of Strategic Management Education* 6 (2012): 97-117.

33. M.Hurt and S.Hurt, "Transfer of Managerial Practices by French Food retailers to Operations in Poland," *Academy of Management Executive* 19 (2) (2005): 36.

34. D.Friel, "Transferring a Lean Production Concept from Germany to the United

States： The Impact of Labor Laws and Training Systems，" *Academy of Management Executive* 19 (2) (2005)：50-58.

35. R.C.May， S.M.Puffer， and D.J.McCarthy，"Transferring Management Knowledge to Russia： A Culturally Based Approach，" Academy of Management Executive 19 (2) (2005)：24-35.

36.J.M.T.Balmer， "Corporate Brand Management Imperatives： Custodianaship, Credibility， and Calibration，" *California Management Review*54 (3) (2012)：6-33.

37. B.Helm， "100 Best Global Brands，" *Business Week* (September 28， 2009)：50-54.

38. *Walt Disney Company 1995 Annual Report*：6-7.

39. O.Chatain， "Value Creation， Competition， and Performance in the Buyer-Supplier Relationships，" *Strategic Management Journal* 32 (2011)： 76-102；J.H. Dyer, "Specialized Computer Networks as a Source of Competitive Advantage： Evidence from the Auto Industry，" *Strategic Management Journal* 17 (1996)：271-291.

40. J.Tartakoff， "Google Shakes Up Its Management Structure，" paidContent： *The Economics of Digital Content* (April8， 2011)， http：//paidcontent.org/2011/04/08/419-google-reorganizes-its-management-structure/ (May 5， 2012).

41. A.W.King and C.P.Zeithaml， "Competencies and Firm Performance： Examming the Causal Ambiguity Paradox，" *Stratedic Management Journal* 22 (2001)：75-99.

42. Hitt， Ireland， Hoskisson， and Harrison， *Competing for Advantage*.

43. R.D.Ireland and M.A.Hitt， "Achieving and Maintaining Strategic Leadership，" *Academy of Management Executive* 19 (4) (2005)：63-67.

44. D.Miller and J.Shamsie， "The Resource - Based View of the Firm in Two Environment： The Hollywood Film Studios from 1936 to 1965，" *Academy of Management Journal* 39 (1996)：519-543.

45. C.A.Maritan and M.A.Peteraf， "Building a Bridge between Resource Acquisition and Resource Accumulation，" *Journal of Management* 37 (2011)：1374-1389.

46. E.Baraldi， E.Gressetvold， and D.Harrison， "Resource Interaction in Inter - organizational Networks： Foundations， Comparison， and a Research Agenda，" *Journal of Business Research* 65 (2012)：266-276；I.P.Mahmood， H.Zhu， and E.J.Zajac， "Where Can Capabilities Come from? Network Ties and Capability Acquisition in Business Groups，" *Strategic Management Journal* 32 (2010)：820-848.

47. M.E. Porter， *Competitive Advantage*：Creating and Sustaining Superior Performance (New York： The Free Press， 1985)：Chapter 2.

48. M.C.Jensen， "Value Maximization， Stakeholder Theory and the Corporate Objective Function，" *European Financial Management* 7 (2001)：297-317.

49. M.Elamin and W.Bednar， "How Is Structured Finance Doing?" Economic Trends (March 2012)：2-4； N.Rapp and K.Benner，" Anatomy of a Soft Economy，" Fortune (September 5， 2011)：63；J. Srodes， "The Great Recession of 2011-2012，" *American Spectator* 43 (1)：14-21.

50. R.E.Freeman， J.S.Harrison， A.C.Wichs， B.Parmar， and S.de Colle， Stakeholder Theory： The State of the Art （Cambridge： Cambridge University Press， 2010） .

51. J.S.Harrison， D.A.Bosse， and R.A.Phillips，" Managing for Stakeholders， Stakeholder Utility Functions and Competitive Advantage，" *Strategic Management Journal* 31 （2010） ： 58- 74; D.A.Bosse， R.A.Phillips， and J.S.Harrison， "Stakeholders， Reciprocity and Firm Performance，" *Strategic Management Journal* 30 （2009）： 447-456.

52. Freeman， Harrison， Wicks， Parmar， and de Colle， Stakeholder Theory： The State of the Art; R.S.Kaplan and D.P.Norton， "Putting the Balanced Scoreboard to Work," *Harvard Business Review* （September-October， 1993）： 134-147.

第 4 章

战略领导和战略方向

战略领导
- ▶ 主要领导责任
- ▶ 有效战略领导者
- ▶ 高层管理团队
- ▶ 企业管治
- ▶ 代理问题

战略方向
- ▶ 对战略方向的影响
- ▶ 组织使命和愿景陈述
- ▶ 业务界定

组织价值观和目的
- ▶ 道德守则
- ▶ 公司社会责任和可持续发展

要点总结
注释

战略聚焦

国际商业机器公司（IBM）

　　IBM 曾是世界最大的技术公司之一，是大型计算机主机销售行业的龙头企业。然而，随着私人电脑和服务器逐渐取代主机，IBM 陷入了困境。最终，IBM 选择聘用传奇人物路易斯·郭士纳为 CEO，他通过裁员稳定了 IBM，并将公司的业务重点转向系统整合和计算机服务。此外，郭士纳的继任者彭明盛使得 IBM 公司的收益翻了两番，并为股东带来了坚实的投资回报率，将 IBM 公司的发展推向新的高度。

　　彭明盛的举措很有远见。他预见了智慧地球，并认为 IMB 将在这一智慧地球中为医疗保健、电力网、粮食生产和生活质量等领域的发展贡献出更多更好的解决方案。为实现这一目标，IBM 将总收入的 6% 用于研发领域的投资。在彭明盛的领导下，IBM 公司的发展进入了新的领域，扩大了包括超级计算、分析学和云计算等领域的业务。

　　IBM 每年发布一份关于企业在未来五年如何创造更高收益的计划。在最近一份计划中，IBM 提出，为提高盈利能力，公司必须通过持续优化业务组合来更好地利用高价值的技术和市场机遇。这份计划还附带了一份关于营业利润如何在软件领域（与硬件和服务领域相反）稳定增长的分析和一份关于在未来五年内 50% 以上的营业利润都将来自这一领域的规划。而且，IBM 发布的每份计划都会附带一份类似的分析。据 IBM 管理人员表示，由于 IBM 是一家全球整合型企业，根据消费者需求来调整商业模式，这使得 IBM 能够在为未来发展和生产力提高提供机遇的领域进行投资。这为 IBM 公司的投资者带来了高经济收益，也为包括顾客、雇员和社会在内的其他利益相关者提供了良好的长远价值。[1]

企业价值观也是 IBM 的主要驱动力之一。彭明盛通过企业内部网络邀请了 IBM 公司全部 319 000 名雇员参与了一个关于企业价值观的 72 小时的反馈。数据评估后，IMB 采用了其中 3 项新型主题作为企业核心价值观，它们是：

（1）致力于每位客户的成功。

（2）创新对本公司和世界都至关重要。

（3）在所有关系中相互信任，克尽己责。[2]

高绩效的企业倾向于有一套内外部利益相关者都认可的识别系统。对企业内部来说，好的识别系统可以为各个级别的经理在制定战略时提供指导。[3]价值是广义上的战略方向中的一部分。公司的战略方向可以从下面几个方面来定义：企业追求的愿景、企业经营的范围和企业的目的。

同样，高绩效的企业倾向于拥有卓有成效的领导者，尤其是 CEO，企业的 CEO 在很大程度上影响着企业的绩效。[4]领导者对企业战略方向的合理性负主要责任。不仅如此，在企业实现其目标的过程中，领导者扮演着各种重要角色。本章将从战略领导开始讨论，并对战略方向进行深入探索。

4.1　战略领导

传统观点认为，组织领导的责任就是设定方向、作出重要决策以及团结属下（通常指雇员）。彼得·圣吉认为，这种观点在西方非常常见。在西方社会，人们通常将领导者等同于英雄。[5]近年来，有很多英雄 CEO 的例子，如苹果公司的斯蒂芬·乔布斯，微软的比尔·盖茨和亚马逊的杰夫·贝索斯。组织将这种关于伟大领导者的故事和传说并入自身组织文化的现象也非常普遍。[6]

在传统的领导模式下，CEO 决定企业的发展方向，并通过劝导和命令相结合的方式指挥他人的执行过程。[7]对于很多组织学者来说，出色的领导者和忠诚追随的雇员相结合的传统观点在很多情况下已不再适用。动荡不安的全球竞争环境和多元化经济组织使得高层管理任务远比过去复杂。而且，多变的形势要求不同的领导方式，这意味着，领导者必须调整自身的领导风格和方式来适应环境的变化。[8]

4.1.1　主要领导责任

也许对于 CEO 来说，最重要的能力便是能够驾驭构成组织的个人精力、天分和创造力。[9]就这种能力而言，CEO 有四方面的主要责任。

第一，他（她）必须能够创造或设计组织的目的、愿景以及核心价值。研究表明，追随者们倾向于认为以利益相关者价值为导向的 CEO 更有远见，这是由于，这些 CEO 对组织付出的额外努力对企业绩效的产生有重要作用。[10]

第二，CEO 必须能够监督企业政策、战略和结构的创造，这对促使企业将目的、愿景和核心价值转化为经营决策至关重要。彭明盛将IBM的目的、愿景和价值转化为战略和结构，正是秉承这种结构制定而成的决策使得公司扩展了新的业务领域并致力于将大量重要资源转化为创新活动。

第三，CEO应作为企业的教练、教师或引导者，为组织学习创造环境。[11]苹果公司的斯蒂芬·乔布斯因一句"让梦想更远大"而闻名，在这些方面，他十分出色。[12]创造学习环境是为了确保组织成员有机会提出关于商业和商业环境的质疑，例如：顾客想要什么，竞争者倾向于怎样做，哪种技术选择效果最好以及怎样解决问题。为保证学习能够顺利进行，成员必须明白组织是由人员和活动构成的相互依存的网络。此外，学习要求成员将工作重点放在与企业战略一致的创造行为上，而非对问题的随意应对。领导者在为雇员创造一个能够提出质疑，理解相关性，明白行动的战略意义以及拥有自我领导权的环境中扮演着重要角色。[13]

第四，CEO和其他管理者关心组织和社会的运作方式，就这个意义上来说，他们必须像管家一样为组织服务。组织领导者应当对组织富有激情，并将这种激情传达出去，这对社会和企业都大有裨益。他们应该感受到"他们是改变商业运作方式的一部分，不是源于模糊的慈善需求，而是坚信相对传统组织而言，他们的努力会促成一个更加多产的组织，使组织有能力达到更高水平的成功并最终实现自我完善。"[14]

4.1.2 有效战略领导者

戴尔·卡耐基是现代领导理论的先驱者之一。他在1936年出版了著名的《如何赢得友谊及影响他人》一书，书中列出了处理人际关系的方法，如何使人们喜欢你，认同你并按你期望的方式进行改变。[15]卡耐基理论的前提是有效的领导者应拥有处理各种现实情况的特性和能力。自此，很多学者及从业者开始支持自己提出的关于有效领导者必备特质的理论。

其中一种有趣的观点是领导技能遵循等级制度，这种观点认为，在具备高水平的领导技能之前，管理者必须首先具备低等技能，如成为一个有能力的个人等。具体如下：

1.有能力的个人：管理者必须具备一系列能够使他（她）在组织中取得成功的基本技能。

2.团队合作者：管理者必须具备与团队其他人通力合作、有效工作的能力。

3.组织者：管理者必须有能力组织人员和资源以便实现组织目标。

4.有效领导者：管理者必须具备能够明确表达战略意图并激励属下执行的口才。

5.变革型领导者：这类管理人员应拥有上述所有能力，并坚定不移地致力于领导公司走向成功。他们是有远见者。相对来说，很少有领导者能够达到这个层次，但是他们有能力帮助企业取得非凡的成就。[16]

另一种关于领导力的有趣观点由丹尼尔·戈尔曼提出。他重点研究情商和领导效能之间的关系。他得出结论，除基本智能和专业技术外，成功的领导者通常展示出了高水平的情商，他将其分为五个方面。[17]自我意识被定义为领导者所拥有的理解自身情绪及情感和其对他人的影响的能力。自我调节是指控制冲动和三思而行的能力。积极性描述了实现的主动性、乐观和激情。移情是指理解他人情感伪装的能力。最后，社交技能是关于出于特定目的管理人际关系的能力。

戈尔曼理论中的一个核心观点是关于情商的能力可以通过学习获得。他还提出个人的领导风格并不是天生固有的，相反，可以随形势而改变。他认为领导者应展现出多种风格，并不断扩充领导行为储备。[18]例如，领导者会发现在危机中或是在需要快速反应的情境中，展示出强制性的领导风格是必要的，可以通过"按我说的做"或"跟着我做，马上"等语言来表达。这些风格在一些情况下十分必要，然而却不适合长期坚持。当试图改进雇员绩效、增进交流、激发创造力或得到有价值的雇员反馈时，指导和建立共识的风格十分适合。

戈尔曼关于灵活的领导风格的理论与另一主要的领导力理论观点一致，这一理论认为最有效的领导力特质取决于具体的领导情境。[19]事实上，一些学者正尝试建立关于特定环境中需要的特定领导者类型的指南。例如，一些研究表明集中在成本降低方面的战略最适合由具有生产或运营背景的管理者来实施，这是因为内部人员的焦点集中在效率和工程方面。研究还表明，集中在顾客看重的发展变化方面的战略需要由市场或研发方面的高管来管理，这是由于这类战略需要高度的创造力和市场意识。[20]也有初步证据显示，组织中的战略变化和革新更倾向于由受过良好教育的年轻领导者（既包括年龄上的年轻，也包括工龄上的年轻）来执行。[21]成长战略最适合由富于销售和市场经验、敢于冒险且容忍度高的管理者实施。然而，同样的特质对于管理扭转战略相关活动的管理者来说，却是不可取的。[22]最后，当需要根本重建时，一个无偏见的旁观者是必要的。[23]

事实上，有效的管理可能需要结合基本特质以及情境特质。很难说移情的情感技能和积极性在任何情境下都是不利的。另一方面，拥有不同技能组合和丰富经验的人更易于在特定情境下取得成功也是事实。

4.1.3　高层管理团队

在大多数企业中，CEO 都是最重要的领导者。CEO 与甄选出的其他高层领导共同分担领导责任，被称为高层管理团队。例如，十分成功的网络营销公司高朋网，它的高层管理团队由 CEO 安德鲁·梅森，首席技术官肯恩·派拉蒂，产品开发副总裁苏尼尔·古普塔，业务发展副总裁肖恩·史密斯，首席财务官杰森·茨莱德和首席运营官马戈·乔尔及亚迪组成。[24]促使企业成功的必要因素之一就是拥有一个管理和决策能力突出的高层管理团队。[25]

由于环境力的复杂性以及管理不同类型利益相关者关系的需求，高层管理团队需要多种力量、能力和知识。[26]多样化的高层管理团队由具有多种职能背景、教育背景及经历的管理者构成。[27]多样化的高层管理团队成员受益于多种观点相碰撞的讨论。这种讨论能够提高企业决策质量。多样性对于革新和战略变革同样有积极作用。然而，尽管有这些优势，多样性也同样使得战略的实施更加困难，这在一定程度上是因为领导者之间强烈的观点和认知技能差异导致的交流困难。[28]

4.1.4　企业管治

企业管治是检验董事会或其他形式的监督群体、高层管理人员及多种利益相关群体之间关系的体系，重点强化企业股东的利益。企业管治对群体间的责任以及这种责任如何影响行为的研究起重要作用。吉百利·史威士食品有限公司前董事长，极具声望的企业管治专家阿德里安·卡德伯里爵士认为：

企业管治与平衡经济目标、社会目标以及个人目标和共同目标相关。企业管治的框架在于鼓励资源的有效利用并要求其承担资源管理的责任。企业管治的目的是最大程度地使个人利益、企业利益和社会利益趋于一致。[29]

大部分大企业和需要资金成长的小企业都发行股票。因此，这些企业的所有者是股东。如果企业的所有股权都被同一家族的少数个体拥有，则称这个企业为寡头控股公司或私人控股公司。另一方面，在大型公有制公司中，股东的利益由监事会来保障，也就是美国的董事会。不同国家的治理结构有所不同。例如，美国使用的是单层次体系，由股东选出代表组成董事会。而其他国家，如德国和奥地利，则是采用双重体系，由负责管理的执行董事会和由非执行董事构成的监事会共同组成。[30]关于各种管理结构优势和弱势的探讨超出了本书的讨论范围。简单来讲，这一部分集中分析美国的管理模式，这些分析在很大程度上对其他模式同样适用。

董事会负责对企业高层管理者进行录用、解雇、监督、建议和报酬。董事会保留对主要战略决策认可或拒绝的权利，这类战略决策包括开辟新业务、企业合并、企业收购以及打入国外市场等。当企业的董事或总经理加入其他企业的董事会时，这种连锁董事会的方式就为企业间的联系提供了桥梁。连锁董事促进了企业间知识和经验的交流转让，包括战略信息、结构信息以及组织结构和组织流程。[31]

企业通常任命董事会中的小部分成员为工作委员会成员，以便他们更好地掌握特定问题的一手资料。[32]例如，国有控股的上市公司中国移动有限公司（在纽约和中国香港证券交易所上市）拥有审计委员会、提名委员会和薪酬委员会，均由非执行董事构成。[33]

董事会成员有时需要处理极为棘手的情况。例如，美国辉瑞公司的三名董事会成员代表整个董事会花费两个小时会见公司CEO金德勒，讨论他的管理和行为："他是否例行公事般训斥下属？他真的让高级主管流泪了吗？他怎样回应对于他领导风格、微观管理以及阻碍辉瑞发展的质疑？"[34]金德勒积极为自己辩护，但事实却是企业形势极为不利，股价持续下跌，药物供应途径枯竭，这对制药业龙头辉瑞来说并不是个好兆头。金德勒在见过三位董事会代表的次日退休。

4.1.5　代理问题

正如大部分公共组织，一旦所有权和管理权分离，潜在利益冲突就会存在。从代理理论的角度来说，高层管理者是企业所有者的代理人，为企业所有者的最大利益服务是他们的信托责任。[35]当管理者试图牺牲股东利益来扩大自身利益时，代理问题就产生了。图表4-1讨论了一些可能的代理问题实例。

董事会最重要的责任之一是监管管理者并预防代理问题。[36]例如，董事会需要充足的力量来监管并惩戒CEO及其他高级主管。在某种程度上，这种力量来自于董事会所具有的决定管理者薪酬的能力，就美国辉瑞公司的例子来说，则是解雇管理者的能力。在另一例中，鉴于CEO和其他首席财务官表现不佳，计算机软件公司网威公司将他们同时解雇。[37]

图表 4-1	代理问题的证据

高薪

高薪是 CEO 的最大利益,然而,过高的 CEO 薪酬却降低了股东的收益。美国大公司 CEO 的薪酬待遇通常会达到每年上百万美元

日常费用与未来投资

研发经费支出降低了现实盈余,且在很多年内通常不会带来财务收益,基于盈利能力领取薪酬的 CEO 具有不认可研发项目的内在动机

地位和发展

一些执着于权力和地位的高层管理者可能会以牺牲股东利益为代价,大范围扩大其经营帝国。例如,几年前,哈丁·劳伦斯领导布兰尼夫航空公司进行过分发展,最终致使公司受到了严重的经济损失

CEO 二重性

CEO 二重性是指 CEO 同时也是董事长。作为董事长,CEO 处于强有力的位置来确保自身利益最大化,即使这可能损害其他利益相关者的利益

　　人们普遍认为高度警觉的董事会是防范利益冲突的最佳方式。[38]尽管如此,一些商务专家认为很多董事会忽视了他们对不为股东利益服务的高层管理者进行训斥和更换的信托责任,他们表示,这些高层管理者提高股东诉讼发生率,促使大投资者不断施压以及其他违背董事会的行为都是相关证据。[39]如果外部董事会成员和 CEO 或其他高层管理者之间存在私人朋友关系,那么这类董事的加入可能不是减少代理问题的有效力量。这种关系限制了其行为的客观性。研究表明,当企业绩效低于预期时,董事会对企业的监管加强,相反,则降低。而且,当企业 CEO 同时是董事长时,监管活动则减少。[40]

　　使非雇员董事(外部董事)成为董事会中的大多数是企业用以加强董事会对高层管理者行为监管能力的公认方法之一。这种董事会被称为"独立董事会"。例如,英国石油公司(BP)表示:"包括董事长在内的半数以上董事由非执行董事构成,这确保了董事会在特质和判断方面的独立性,保证董事会的判断不受任何商业或其他关系的干扰。"[41]近年来,美国大型公司董事会的独立性不断增强。然而,至少在正常情况下,独立董事会与高企业绩效之间是否存在必然联系仍有待证实。[42]董事会的构成在危机时期能够产生更大的影响,例如破产期或接管期,这在一定程度上是由于在艰难时期,企业对董事会的依赖性加强。[43]

　　奖金是董事会用以鼓励 CEO 及其他高层领导对股东利益负责的另一机制。例如,企业可以为 CEO 提供股票或股票期权,股票期权是指企业给予 CEO 在一定期限内以一种事先约定的价格购买公司普通股的权利,如果企业绩效良好,收益将非常可观。通常来说,这种非现金报酬比一个 CEO 的全年现金酬劳还要可观。股票或股票期权极大程度地鼓励了管理者为股东收益服务,这是由于在一定程度上,管理者自身的收益对股东收益具有依赖性。

　　董事会独立性和奖金机制是鼓励高层管理者对股东负责(减少代理问题)的内部途径。然而,就上市公司来说,适于公司控制的外部环境是鼓励责任行为的另一途径。[44]如

果企业管理者表现不佳，低于外部投资者和整个金融界的预期，公司或投资者可以进行恶意收购。恶意收购是指违背公司高管团队意愿的收购。进行恶意收购的常见方法是通过要约收购，要约收购是指向现有股东以高于当前市场价值的出价购买企业股票。收购的威胁是促使管理者对股东利益负责的另一种激励方式。[45]

政府调控是鼓励有效管理的另一种力量。政府为企业管治提供了更为严格的规章制度，一定程度上是对一些重大丑闻的回应，如安然公司和世通公司的高管人员卷入贪污行贿的丑闻，极大地损害了股东和其他利益相关者的利益。例如美国2002年颁布的《萨班斯-奥克斯利法案》。《萨班斯-奥克斯利法案》中对监事和创造独立性以及财务管理的披露作出了规定。它同样规定了财务记录必须保存五年以上，并且CEO和首席财务官（CFO）需对企业财务报告作出证明。[46]

至此，本章论述了战略领导，包括关于战略领导者责任、有效领导原则、高层管理团队和企业管治。战略领导者的重要责任之一就是设定战略方向，这也是下一部分的主题。

4.2　战略方向

战略方向的确立和交流是通过一些工具完成的，如使命、愿景、业务界定、价值观陈述、可持续性陈述和道德守则。然而，重要的是要将这些书面陈述和企业真实的战略方向区分开来。一些企业即使没有书面陈述，也还是有自己的战略方向，虽然战略方向没有被很好地界定或交流；而另一些企业则可能有阐明战略方向的书面陈述，却没有遵照执行。两者都不是最佳状态。精心制定的战略方向应该经过成功的企业内部交流和完整的计划过程，以便为雇员和管理者提供决策和行动方向。它同样能够帮助企业在包括顾客、供应商和运作社区在内的外部利益相关者中建立良好的声誉。本章介绍了一些有助于组织建立战略方向的概念和工具。

4.2.1　对战略方向的影响

战略方向是由企业内部和外部的影响而来的（如图表4-2所示）。CEO对建立、交流和执行战略方向负有主要责任。在这方面，一些CEO的成绩非常优秀。例如山姆·沃尔顿的愿望是把沃尔玛建成美国最大的零售商。他走访全美各地的沃尔玛超市，在超市之间开展拉力赛，与顾客谈话以确定他们得到了正确对待，并广泛地灌输其对沃尔玛未来成长的期望。在建立和修订企业的战略方向期间，通常要征求最高管理团队的其他成员和董事会成员的意见。此时，虽然在修订企业使命、愿景和价值观陈述时（如本章开始提到的IBM的例子），员工对现有战略方向的反馈对任何一家企业来说都是非常有用的，但是员工的意见往往只有在小的组织内才能发挥作用。

外部环境也能极大地影响战略方向。[47]最近，社会趋势促使组织陈述其对利益相关者、社区和环境的态度并建立相关计划。公众的抗议导致公司在定义价值观、道德守则和操行时更加深思熟虑。来自金融界和商业领袖的压力使得股东回报率拥有高优先权。公司还可能模仿竞争对手。例如，假设主要竞争对手创立了有关可持续发展的陈述，管理者可能不得不照做，因为他们担心如果不照做的话，则会被媒体和其他利益相关者团体指责。

图表 4-2　　　　　　　　　　　　　对战略方向的影响

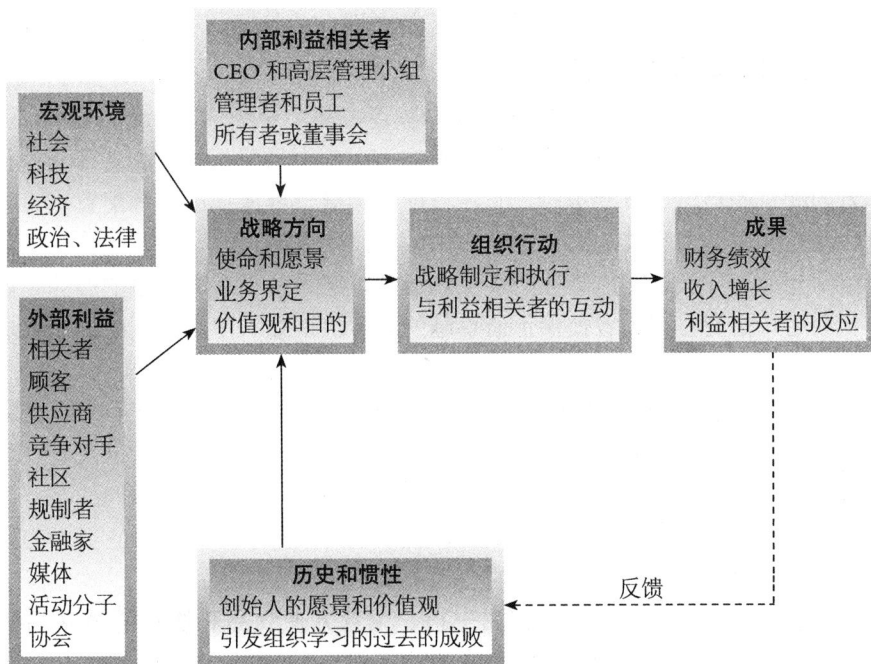

内部利益相关者
CEO 和高层管理小组
管理者和员工
所有者或董事会

宏观环境
社会
科技
经济
政治、法律

外部利益
相关者
顾客
供应商
竞争对手
社区
规制者
金融家
媒体
活动分子
协会

战略方向
使命和愿景
业务界定
价值观和目的

组织行动
战略制定和执行
与利益相关者的互动

成果
财务绩效
收入增长
利益相关者的反应

历史和惯性
创始人的愿景和价值观
引发组织学习的过去的成败

反馈

历史也会对组织的战略方向产生重大影响。飞利浦电子公司把对可持续发展的重视归因于公司历史以及创始人安东·飞利浦和赫拉德·飞利浦的影响。丰田公司的历史也对公司现有的发展方向产生了强烈的影响，尤其是公司应对挑战的方式使其在今天变得愈加强盛。

在 20 世纪 70 年代初的全球经济衰退中，丰田组建了一个专门项目团队来降低汽车生产成本。公司检验了制造成本和原材料成本的方方面面，甚至是一个小小的螺栓。设计和工程方面也不例外。在节省了约 50 亿日元的成本之后，丰田开始把重点放在供应商方面，鼓励供应商进行同样的分析检验，强化团队合作意识和它的全面质量绩效奖励。低生产成本、质量和团队合作至今仍是丰田战略方向的标志。[48]

如同丰田公司，组织应该从它过去的经历及利益相关者的反馈中学习。例如，顾客对产品和服务的需求是反馈的形式之一。竞争对手的应对也是一种反馈，财务绩效、金融界的反应亦然。然而，企业有时并不从过去中学习。以往的成功可以建立起强有力的结构惯性，我们把促使企业努力维持现状的各种力量称为结构惯性。[49]这些力量包括系统、结构、过程、文化、沉没成本、内部政策，以及进入障碍和退出障碍。任何有助于维持现状的力量都有可能引发惯性。

结构惯性也与人类的本性相关。大多数人希望他们的工作有一定的可预测性。换句话说，他们学会去应对他们的组织环境——他们是舒服的。他们可能害怕改变会削弱他们在组织中的力量和地位，或者担心他们不再被认为是胜任的。如果青睐于惯性的力量是强有力的，并且组织在过去取得了成功，那么人们就会拒绝使命和战略上的任何重大转变。在美国，基于以往的成功的惯性是旅客运输的方式之一——铁路衰退的一个主要原因。他们始终追求同样的战略，但已时移事易。[50]同样，拒绝改变还对美国汽车产业产生了极为不利的影响，这使得日本和其他国家的竞争对手有机会抢占全世界范围内的市场份额。由此可见，结构惯性是组织生存和发展的另一个潜在威胁。

4.2.2 组织使命和愿景陈述

传达战略方向的最常见方式是书面的使命陈述。一个组织的使命——无论是书面的，还是仅由组织的决策模式和行动模式体现出来的——都为与组织内部和外部利益相关者交流观点、方向和目的提供了重要手段。它还有助于指导管理者作出资源配置决策。

有时，使命和愿景常常被混淆。一般说来，组织使命描述的是组织是什么，而愿景描述的则是组织想成为什么这一前瞻性的观点。通常，愿景是指在所从事的产业中做到最好的设想，从而为特定利益相关者提供价值卓越的服务。例如，印度银行的愿景是成为目标客户群的首选银行。[51]陈述如下：

愿景陈述与使命陈述并不总是截然分开的，它们常常被嵌入一个正式的使命陈述之中。事实上，一个书面的使命陈述可能包括愿景、业务界定、价值观，以及有关组织目的的陈述。企业用于书面文档的标签的重要性远远不如包含所有基本要素的战略方向。企业应当以某种形式界定它是什么，它往哪里去，包括它的业务界定，以及它努力为核心利益相关者做什么。百事公司拥有一个简短的、精确概括的使命陈述：

"我们立志使百事公司成为世界首屈一指、主营方便食品和饮料的消费品公司。在为雇员、业务伙伴及业务所在地提供发展和致富机会的同时，我们也努力为投资者和运作社区提供良性的投资回报。诚实、公开、公平、正直是我们所有经营活动所遵循的原则。[52]

百事公司的其他文件阐明和丰富了这一使命陈述的含义。它们通过表达公司承诺来确保它们为达到高企业绩效所作的努力都是出于企业目的。企业目的通过价值观陈述得以清楚阐述，谈到了持续增长、人员激励以及培养责任感和信任感。此外，百事公司发布了包含六项指导原则的文件来进一步阐述它的企业价值。

使命陈述应该能够指导内部决策和帮助组织满足其重要利益相关者的需求。一份关于美国25家大企业使命陈述的概述表明，提及频率最高的三种利益相关者分别是顾客（占68%）、社区（占40%）和股东（占28%）。一份相似的来自英国的分析发现，提及频率最高的三种利益相关者则是顾客（48%）、股东（36%）和雇员（32%）。[53]如果运用得当，组织的使命和愿景应当能为评价机会和建议以及作出决策提供指引。许多组织突出表现了使命和愿景陈述，或把它们打印在员工的工作证或拴在员工的钥匙链上。最高管理者如果在与内部利益相关者就使命和愿景进行交流时漫不经心，就会使得他们缺乏积极性。

除了为内部利益相关者提供方向之外，作为与公众交流的方式之一，组织还常常准备书面的使命陈述。例如，使命陈述常常包括在年度财务报告、新闻稿件和与各利益相关者来往的信件之中。鉴于它们是公众关系工具，因而应当精心拟定和提炼，以便人们真正阅读它们。然而，建立使命和愿景陈述不应只是一句口号。与带有目的的管理相比，一些管理者考虑更多的是如何写出一个易记的、简短的表达，以便打印在工作证上。使命和愿景陈述应当拥有真正的含义，并准确地反映组织的真实方向。

组织使命是一个管理工具，它必须与业务实际相结合。建立明确使命的第一步是透彻理解组织涉足的业务的本质。我们将在下一部分讨论这一步骤，即业务界定。

4.2.3 业务界定

清晰的业务界定是一切战略计划和管理的起点。[54]它能够提供一个框架，通过它，可以评价计划变革的效果，也可以去规划推动组织前进所需的步骤。界定业务时，"什么是我们的业务？"这个问题要从三个方面进行回答：（1）谁现在感到满意？（2）什么令人满意？（3）如何去满足客户需要？[55]第一个问题关于企业所服务的*市场*；当第一个问题确认了客户之后，第二个问题是关于提供给客户的*特殊功能*；第三个问题指向企业用来提供问题二确认的功能的*资源转换过程和能力*。实际上，大部分使命陈述也有关于组织提供的特殊*产品和服务*的描述。在这一方面，第四个问题，作为第三个问题的延伸，可以被问做："什么是我们的产品和服务？"无疑这种提问方法是市场导向的，它最大的优点是关注客户，这个对企业来说最重要的外部利益相关者。

组织*跨度*是组织活动所跨市场、功能、资源转换和产品等方面的宽度。一些大型企业，如通用电气和雀巢公司有非常大的跨度。例如，通用电气的各种业务领域之间几乎没有联系，如航空航天、大型电子消费、娱乐业和金融服务业。这种战略被称作非相关多元化。而另外一些企业可能跨度很大，但其产品和服务都与公司的核心竞争力紧密相关，这种战略被称为相关多元化。例如强生公司涉足了大量产品集团，但其所有产品都与公司的强化点健康保健相关。

公司可能也会在其产业供应链上向前或向后移动。一条供应链开始于原材料，结束于产品或服务的最终消费。例如笔记本用纸，从树木开始，然后是纸浆，继而是纸，它被从批发商和经销商包装、发运至各种零售商店，即消费者购买的地方。如果公司参与其产业供应链上的其他业务活动，向前接近最终消费者，向后接近原材料，这是追求纵向一体化。这些概念——相关多元化、非相关多元化和纵向一体化——将在第6章中加以准确定义和评价。在此，我们只运用这些概念来进行公司的业务界定。

彼得·德鲁克主张经营业务界定不应仅仅是对"什么是我们的业务？"的陈述，还应回答"它将是什么样的？"，以及"它应是什么样的？"[56]第二个问题其实是要回答组织现在正在朝什么方向发展，也就是要明白，沿着现在的方向继续下去，组织将会如何。第三个问题"它应是什么样的？"提醒我们考虑是否应当修正现行战略，从而使组织能够沿着正确的方向前进。因此，业务界定的这一方面与组织愿景紧密相关。

界定公司的现有业务、明确公司未来的走向是确定战略方向必不可少的环节。业务界定有助于回答有关企业运营"什么"这一问题，但不能完全回答"为什么"。就战略方向而言，同样必不可少的是界定企业的价值观、目的和道德规范。我们将在下一部分讨论这个问题。

4.3 组织价值观和目的

在第1章中，我们将商业道德定义为对于个人、利益相关者和广义社会的道德责任感。我们认为，组织价值观定义了影响决策的因素和对组织来说什么是值得奖励的以及什么是需要加强的。它们是商业道德的实际应用。例如，如果组织推崇尊重利益相关者的价值观，那么想必展示出这种行为的管理者和雇员就会得到奖励。价值观帮助定义了企业目的，回答了根本性问题，"我们的立场是什么？"。同时，也决定了企业如何对待利益相关者以及企业决策的重要性。

一些关于企业价值的陈述蕴含在使命或愿景陈述中。然而，近年来，单独企业价值陈述逐渐流行，尤其是在处理广为人知的企业丑闻或利益相关者诉讼时。

一个最著名的企业战略是由始建于1943年的世界最大的卫生保健产品制造商强生公司提出的。该战略由强生公司的创始人罗伯特·伍德·约翰逊（Robert Wood Johnson）创立，并概述了企业对顾客、员工、社区和股东的社会责任（如图表4-3所示）。多年来，强生公司的这一信条对其商业决策产生了很大的影响。[57]

图表4-3   **强生信条**

我们坚信，我们首先要对医生、护士、患者、父母以及所有使用我们的产品、接受我们的服务的人们负责。为了满足他们的全部需求，我们必须确保产品和服务的高质量。我们必须不断努力缩减成本以维持合理的价格，必须及时而准确地为顾客提供服务，必须让我们的供应商和分销商有机会获得合理的利润。

我们要对我们的员工负责，对在世界各地与我们一同工作的男士和女士负责。每个人都应该被当作个体来考量。我们必须尊重他们的尊严，承认他们的价值，必须让他们对工作有安全感，必须提供公平、充分的补偿以及整洁、有序和安全的工作条件。我们必须注意帮助我们的员工履行家庭责任，必须让他们感到他们可以自由地提出建议和投诉。我们必须为胜任工作的人们提供平等的招聘、发展和提升的机会。我们必须提供胜任的管理层，规定他们的行动必须是公正且符合道德的。

我们要对我们生活、工作的社区乃至全球社会负责。我们必须是好公民——支持慈善行为和慈善机构，承担合理的税负。我们必须支援城市建设，为实现更好的卫生和教育作出贡献。我们必须保持我们所使用的财产的情况正常，保护环境和自然资源。

我们最终要对股东负责。企业必须获得合理的利润。我们必须尝试新的想法。我们应当继续展开研究，开发创新过程，应当为过失付出代价。我们必须购买新设备，提供新设施，推出新产品。我们必须有所储备，以便为不利时期作准备。当我们按照这些原则经营业务时，股东就会获得合理的回报。

资料来源　http://www.jnj.com/our_company/our_credo.index.htm，2006-08-11。

最近，成功的韩国汽车制造商现代公司修订了它的核心价值观陈述，更准确地陈述自公司成立之初就存在的信条。简而言之，价值观就是顾客、挑战、合作、人员和全球性。这些价值是对企业管理哲学的支持，拟想企业的人力资源更具创造力，知识资源更具前瞻性。[58]

4.3.1 道德守则

除了价值观陈述，许多组织还建立了道德守则，以帮助公司规范员工行为以及同其他利益相关者诚信交流。全球最大的家电生产商惠而浦公司（Whirlpool Corp.）根据以下前言制定了长达16页的道德守则：

以诚信为本：我们将秉承着荣耀、公平、对个人和广大公众的尊重来开展业务，不以正确的方式做错误的事情。[59]

道德守则和价值观陈述能够帮助组织解决伦理困境，当组织的各利益相关者的价值观在某一问题上产生冲突时，就发生了伦理困境。例如，企业正试图作出是否关闭亏损车间的决策。工会、员工和周边社区将会抵制企业关闭车间，但金融家和股东则支持这一举动。通常情况下，这些困境不涉及法律问题，而涉及信任和诚信问题。当决策正处于商议之中时，组织伦理有助于确定是否存在信任、诚信和道德义务问题，以及确定它们对最终结果的影响程度。这并不是说车间永不被关闭。不过，可以预计，很好地执行了利益相关者管理的企业将会首先与工会代表和社区领导商议，以获知他们的想法，即如何对车间加以变革以实现盈利，或者如果要关闭车间，那么如何尽量减少负面影响。

这同样存在着伦理困境——要界定何种社会观点是正确的，何种是错误的——涉及合法行为周边的灰色地带。在一些情况下，这些困境是明显的组织危机的一部分，如关闭车间、产品召回、对环境或者员工安全产生影响的事故。然而，员工每天都面临着涉及伦理问题的决策：是否告知顾客真相，即他们的订单在运送过程中被延迟；是否就一次极为不便的商务旅行夸大旅行费用索赔；是否运送少量的优质产品以满足每日生产配额。虽然其中一些决策更多地关注个人诚信而非商业惯例，但是组织伦理仍有助于确定如何处置员工。

组织有时采用不良的道德行为模式的原因之一是人们常常没有将伦理问题人性化。组织看似是可靠的，而个人则不然。即使个人认为自己在生活中道德良好，也有可能面临伦理困境，只是没有把它看作是一个伦理困境，或者把它视作别人的问题。就很多伦理困境而言，单个人没有能力独自纠正问题。[60]如果组织未对起到强大导向作用的价值观加以巩固，决策制定者可能不知道在危机事件（如发现某产品在一些情况下会对购买该产品的顾客产生危险）中做什么。如果组织伦理强调顾客安全，那么做决策就轻而易举。这听起来是不言自明的，但很遗憾，它并非如此。杰斯曼公司（Johns Manville）的案例正阐明了这一点：

近 60 年以前，杰斯曼公司的员工和管理者收到吸入石棉与各类肺病相关的信息。杰斯曼公司选择忽略这一信息并制止发布研究发现。该公司甚至在其石棉行动中隐瞒员工的胸透检查结果。在对抗这一策略时，杰斯曼公司的律师引证说，公司想让员工工作至死，这是为了节约资金。最终，对研究发现的忽略和对其员工的忽视导致杰斯曼公司发生了财务破产。[61]

道德守则在指导行为方面起重要作用，但却无法确保其顺应性。安然公司有着振奋人心的道德守则。与战略方向相关的最为困难的任务之一就是如何确保将道德和价值观陈述转化为组织行为。这一问题的关键就是在企业中创造并维持一种伦理气氛，使得管理者和雇员习惯性地进行道德行为。[62]

高层管理者尤其是 CEO 对组织的道德具有很大的影响。管理者（包括 CEO）要快速确定他的价值体系并将其传达给下层管理者和员工。CEO 也可能在发言稿、新闻稿和备忘录中探讨组织的价值观。就 CEO 对奖励制度的控制而言，如果管理者所作出的决策与 CEO 的价值观相一致，他很可能得到回报，进而强化所期望的事项。许多强烈反对新价值观的人们将自动离开组织，但如果他们自己的行为模式与新的游戏规则不相一致，则会因为绩效评价结果不佳、错过提升机会、工资增长很少而被"封杀出局"。因此，在一段时期内，CEO 的示范和行动反映在组织所做的主要决策中。[63]

除了高层管理者的领导和奖励体系，组织可以建立相关制度和程序，以确保道德得以遵守。这对跨国公司来说尤其重要，因为各国的基本价值体系不尽相同。美国联合技术公司（United Technologies）是一家高度多元化的全球技术公司，它有一套非常明确的准则，用以处理与客户、供应商、员工、股东、竞争对手和世界社团相关的问题，并拥有一个综合系统，以确保其得以遵守。公司鼓励员工对其主管和副总裁破坏商业惯例的行为进行举报。免费电话使得此类举报更加简便易行。并且，公司明确禁止对进行举报的员工采取报复行为。

研究结果表明，道德遵从计划可以产生正面的影响，即确保组织成员不过于偏离企业和社会所划定的边界。[64]但是，重在沟通和强化价值观的"诚信计划"会产生更持久的影响。[65]正如本章前面的案例所述，强生公司定期举行调查，以评估对公司信条加以实践的状况。

4.3.2　公司社会责任和可持续发展

利益相关者管理意味着组织要对环境、安全、多元化以及其他与社会有关的问题保持敏感，同时保持对业务的关注，并且让股东、顾客、员工等利益相关者满意。所幸的是，研究证据显示，这些身为好公民的企业往往也拥有高绩效。事实上，研究证据在两个方向上都支持这种因果关系：高绩效允许企业承担更多的社会责任，同时，社会责任会使得企业获得高绩效。[66]

社会责任包括四个主要因素：（1）经济责任，如生产、盈利以及满足消费者需求的义务；（2）法律责任，即在已制定的法律范围内实现经济目标；（3）道义责任，即遵守不成文的法规、规范和价值观；（4）审慎责任，即本质上是自由意志或慈善捐助。[67]默克公司是一家全球性保健品公司，一直致力于使世界变得更好，该公司将它的公司责任定义如下：

我们对企业责任作出的承诺同样适用于达到我们的商业目标：

1.通过明智且可持续的方法，扩大全球有效医疗保健的覆盖范围。

2.通过环境友好型方法满足当前和未来世界的健康需求。

3.通过更好的方法建立使雇员和企业茁壮成长的工作场所。

4.通过更好的方法建立并强化信任关系。

5.彰显高道德标准，使交流更为透明化。[68]

我们的行为守则明确规定了企业责任的标准。除了严格地遵守法律，我们所定义的企业责任还包括社会责任，如对工作场所的环境和社区的尊重、工人的健康和安全、劳动者权利和食品安全。我们看到，公司价值观和公司的愿景、使命及可持续增长战略之间存在明显的联系。

这一两次提到的可持续性概念的陈述最近对许多组织的战略方向非常重要。可持续发展是指业务的增长不以任何方式损害自然环境和社会。事实上，大多数组织都在如何推动技术发展、保护环境、促进其所在社区和社会发展方面确定它们的可持续做法。

要点总结

本章阐述了战略领导和战略方向。下面是一些要点：

1.魅力出色的领导者和忠诚追随的雇员相结合的传统观点在很多情况下已不再适用。动荡不安的全球竞争环境和多元化经济组织使得高层管理任务远比过去复杂。而且，多变的形势要求不同的领导方式，这意味着，领导者必须调整自身的领导风格和方式来适应环境的变化。

2.CEO有四方面的主要责任。（1）他（她）必须能够创造或设计组织的目的、愿景以及核心价值。（2）CEO必须能够监督企业政策、战略和结构的创造，这对促使企业将目的、愿景和核心价值转化为经营决策至关重要。（3）CEO应作为企业的教练、教师或引导者，为组织学习创造环境。（4）像管家一样为组织服务。

3.CEO与甄选出的其他高层领导共同分担领导责任，称为高层管理团队。多样化的高层管理团队由具有多种职能背景、教育背景及经历的管理者构成。多样性能改善战略方向，但也使战略的实施变得困难。

4.企业管治是检验董事会或其他形式的监督群体、高层管理人员及多种利益相关群体之间关系的体系，重点强化企业股东的利益。

5.当管理者试图牺牲股东利益来扩大自身利益时，代理问题就产生了。

6.董事会最重要的责任之一是监管管理者并预防代理问题。人们普遍认为高度警觉的董事会是防范利益冲突的最佳方式。使非雇员董事（外部董事）成为董事会中的大多数是企业用以加强董事会对高层管理者行为监管能力的公认方法之一。奖金是董事会用以鼓励CEO及其他高层领导对股东利益负责的另一机制。此外，收购的威胁和政府调控同样能够减少代理问题。

7.战略方向是指企业发展的方向、拥有的业务，以及企业目的。战略方向的设立和交流可以通过一些工具来实现，如使命、愿景和价值观陈述，业务界定，道德守则等。高绩效的公司往往拥有可被内外部利益相关者了解的组织特性。

8.战略方向会受到一些因素的影响，如内外部利益相关者、宏观环境和企业发展历程。组织惯性，包括所有维持现状的力量，都会限制企业从错误中学习的能力，这对于过去取得过成功的企业来说尤为明显。

9.在进行业务界定时，要回答一个问题，即"我们的业务是什么?"。要回答这个问题，需要从三个角度入手：（1）要满足哪些人？（2）什么是满意？（3）如何满足消费者需求?事实上，大多数业务界定要回答"我们的产品和服务是什么?"。组织的范围是其活动所跨越的市场、功能、资源转换程序和产品的幅度。

10.组织价值观定义了影响决策的因素和对组织来说什么是值得奖励的以及什么是需要加强的。它们是商业道德的实际应用。一些关于企业价值的陈述蕴含在使命或愿景陈述中。然而，近年来，单独企业价值陈述逐渐流行，尤其是在处理广为人知的企业丑闻或利益相关者诉讼时。

11.道德守则帮助公司规范员工行为以及同其他利益相关者诚信交流。与战略方向相关的最为困难的任务之一就是如何确保将道德和价值观陈述转化为组织行为。这一问题的关键就是在企业中创造并维持一种伦理气氛，使得管理者和雇员习惯性地进行道德行为。高层管理者尤其是CEO对组织的道德具有很大的影响。

12.社会责任包括：（1）经济责任；（2）法律责任；（3）道义责任；（4）审慎责任。可持续发展是指业务的增长不以任何方式损害自然环境和社会。

注释

1. "Generating Higher Value at IBM," *IBM Annual Report* 2011, http://www.ibm.com/annualreport/201/ghv/（June 12, 2012）.

2.S.J.Palmisano, "Our Values at Work on Being an IBMer," http：//www.ibm.com/ibm/values/us// (June 12, 2012); J.Hempel, "IBM's Super Second Act," *Fortune* (March 21, 2011): 115-124.

3.G.Dowling and P.Moran, "Corporate Reputations: Build in or Bolted on?" *California Management Review*, 54 (2) (2012): 25-42; G.G.Dess, "Consensus on Strategy Formulation and Organizational Performance: Competitors in a Fragmented Industry," *Strategic Management Journal* 8 (1987): 259-277.

4.A.Mackey, "The Effects of CEOs on Firm Performance," *Strategic Management Journal* 29 (2008): 1357-1367.

5.P.Senge, "The Leader's New Work: Building Learning Organizations," *Sloan Management Review* 32 (1) (1990): 7-24.

6.E.H.Schein, Organization Culture and Leadership (San Francisco: Jossey-Bass, 1985).

7.P.C.Nutt, "Selecting Tactics to Implement Strategic Plans," *Strategic Management Journal*, 10 (1989): 145-161.

8.J.Battilana and T.Casciaro, "Change Agents, Networks, and Institutions: A Contingency Theory of Organizational Change," *Academy of Management Journal* 55 (2012): 381-398; D.Goleman, "Leadership That Gets Results," *Harvard Business Review* 78 (2) (March-April, 2000): 78.

9.Senge, "The Leader's New York"; C.C.Manz and H.Sims, "SuperLeadership," *Organization Dynamics*, 17 (4) (1991): 8-36.

10.M.S.de Luque, N.T.Washburn, D.A.Waldman, and R.J.House, "Unrequited Profit: How Stakeholder and Economic Values Relate to Subordinates' Perceptions of Leadership and Firm Performance," *Administrative Acience Quarterly* 53 (2008): 626-654.

11.Senge, "The Leader's New Work."

12.C.Gallo, "Steve Jobs and the 7 Rules of Success," Entrepreneur (October 14, 2011), http://smallbusiness.yahoo.com/advisor/steve-jobs-and-the-7-rules-of-sucess.html (May 10, 2012).

13.Senge, "The Leader's New Work"; Manz and Sims, "SuperLeadership."

14.Senge, "The Leader's New Work," 13.

15.D.Carnegie, How to Win Friends and Influence People (New York: Simon and Schuster, 1936).

16.J.Collins, Good to Great: Why Some Companies Make the Leap...and Others Don't (New York: Harper Business, 2001).

17.D.Goleman, "What Makes a Leader?" *Harvard Business Review* (November/December, 1998): 93-102.

18.Goleman, "Leadership That Gets Results."

19.M.R.P.da Cruz, A.J.S.Nunes, and P.G.Pinheiro, "Fiedler's Contingency Theory: Practical Application of the Least Preferred Coworker (LPC) Scale," *IUP Journal of Organizational Behavior* 10 (4) (2011): 7-26; J.G.Michel and D.C.Hambrick, "Diversification Posture and

Top Management Team Characteristics," *Academy of Management Journal* 35 （1992）： 9-37； A.S. Thomas， R.J.Litschert， and K.Ramaswamy， "The Performance Impact of Strategy- Manager Coalignment： An Empirical Examination," *Strategic Management Journal* 12 （1991）： 509-522.

20.V.Govindarajan， "Implementing Competitive Strategies at the Business Unit Level： Implications of Matching Managers to Strategies，" *Strategic Management Journal* 10 （1989）： 251-269.

21.K.A.Bantel and S.E.Jackson， "Top Management and Innovations in Banking： Does the Composition of the Top Team Make a Difference?" *Strategic Management Journal* 10 （1989）： 107-124； C.M.Grimm and K.G.Smith， "Management and Organizational Change： A Note on the Railroad Industry," *Strategic Management Journal* 12 （1991）： 557-562； M.F.Wiersema and K.A.Bantel， "Top Management Team Demography and Corporate Strategic Change，" *Academy of Management Journal* 35 （1992）： 91-121.

22.A.K.Gupta and V.Govindarajan， "Business Unit Strategy， Managerial Characteristics， and Business Unit Effectiveness at Strategy Implementation," *Academy of Management Journal* 27 （1984）： 25-41.

23.B.Brenner， "Tough Times， Tough Bosses： Corporate America Calls in a New， Cold -Eyed Breed of CEO," Business Week （November 25， 1991）： 174-180.

24. "Groupon Key People," Venture Beat Profiles， http： //venturebeatprofiles.com/ company/profile/groupon/key_people （June 12， 2012）.

25.L.Q.Wei and C.M.Lau， "Effective Teamwork at the Top： The Evidence from China，" *International Journal of Human Resource Management* 23 （2012）： 1853-1870； I.Goll， R.Sambharya， and L.Tucci， "Top Management Tea， Composition， Corporate Ideology， and Firm Performance," *Management International Review* 41 （2） （2001）： 109-129.

26.C.Pegels， Y.Song， and B.Yang， "Management Heterogeneity， Competitive Interaction Groups and Firm Performance," *Strategic Management Journal* 21 （2000）： 911-923.

27.A.S.Alexiew， J.J.Jansen， F.A.J.Van den Bosch， and H.W.Volverda， " Top Management Team Advice Seeking and Exploratory Innovation： The Moderating Role of TMT Heterogeneity," *Journal of Management Studies* 47 （2010）： 1343-1364.

28.W.B.Werther， "Strategic Change and Leader - Follower Alignment，" *Organizational Dynamics* 32 （2003）： 32- 45； S.Wally and M.Becerra， "Top Management Team Characteristics and Strategic Changes in International Diversification： The Case of U.S. Multinationals in the Europran Community," *Group Organization Management* 26 （2001）： 165-188； S.Barsade， A.Ward， J.Turner， and J.Sonnenfeld， "To Your Heart's Content： A Model of Affective Diversity in Top Management Teams," *Administrative Science Quarterly* 45 （2000）： 802-836； D.Knight， C.L.Pearce， K.G.Smith， J.D.Olian， H.P.Sims， K.A.Smith， and P.Flood， "Top Management Team Diversity， Group Process and Strategic Consensus," *Strategic Management Journal* 20 （1999）： 446-465； G.C.Miller， L.M.Burke， and W.H.Glick， "Cognitive Diversity among Upper - Echelon Executives： Implications for Strategic Decision Process," *Strategic Management Journal* 19 （1998）： 39-58.

29.Claessens, Stijn Corporate Governance and Development, http://www1.ifc.org/wps/wcm/connect/7fc17c0048a7e6dda8b7ef6060ad5911/Focus_1_Corp_Governance_and_Development.pdf?MOD=AJPERES?

30.R.Bohinc, "One or Two-Tier Corporate Governance Systems in Some EU and Non EU Countries," *Megatrend Review* 8 (1) (2011): 57-76.

31.C.Shropshire, "The Role of the Interlocking Director and Board Receptivity in the Diffusion of Practices," *Academy of Management Journal* 35 (2010): 246-264.

32.D.A.Carter, F.D'Souza, B.J.Smikins, and W.G.Simpson, "The Grender and Ethnic Diversity of U.S.Boards and Board Committees and Firm Financial Performance," *Corporate Governance: An International Review* 18 (2010): 396-414.

33. "Corporate Governance," China MObile Limited, http://www.chinamobileltd.com/about.php?Menu=4 (June 12, 2012).

34.P.Elkind and J.Reigold, "Inside Pfizer's Palace Coup," *Fortune* (August 15, 2011): 76-91.

35.M.C.Jensen and W.Mecking, "Theory of the Firm: Managerial Behavior, Agency Costs and Capital Structure," *Journal of Financial Economics* 3 (1876): 305-360.

36.C.W.L.Hill and T.M.Jones, "Stakeholder-Agency Theory," *Journal of Management Studies* 29 (1992): 131-154.

37.R.Tomsho, "Novell CEO, Finance Chief Are Replaced amid Overhaul," *Wall Street Journal* (June 23, 2006): B5.

38.E.Fama and M.C.Jensen, "Separation of Ownership and Control," *Journal of Law and Economics* 26 (1983): 301-325.

39.J.D.Cox and R.S.Thomas, "Common Challenges Facing Shareholder Suits in Europe and the United States," *European Company Finacial Law Review* 6 (2012): 348-357; I.F.Kesner and R.B.Johnson, "Crisis in the Boardroom: Fact and Fiction," *Academy of Management Executive* (February, 1990): 23-35.

40.C.S.Tuggle, D.G.Sirmon, C.R.Reutzel, and L.Bierman, "Commanding Board of Director Attention: Investigating How Organizational Performance and CEO Duality Affect Board Members' Attention to Monitoring," *Strategic Management Journal* 31 (2010): 946-968.

41. "Board Governance Principles," BP plc, http://www.bp.com/liveassets/bp_internet/globalbp/STAGING/global_assets/downloads/B/bp_board_governance_principles.pdf (June 12, 2012).

42.S.K.Lee and L.R.Carlson, "The Changing Board of Directors: Board Independence in S&P 500 Firms," *Journal of Organizational Culture, Communications Conflict* 11 (2007): 31-41; D.R.Dalton, C.M.Daily, A.E.Ellstrand, and J.L.Johnson, "Meta-analytic Reviews of Board Composition, Leadership Structure and Financial Performance," *Strategic Management Journal* 19 (1998): 269-290.

43.S.Chatterjee, J.S.Harrison, and D.Bergh, "Failed Takeover Attempts, Organizational Governance and Refocusing," *Strategic Management Journal* 24 (2003): 87-96.

44.R.Campbell, C.Ghosh, M.Petrova, and C.Sirmans, "Corporate Governance and Performance in the Market for Corporate Control: The Case of REITs," *Journal of Real Estate, Finance Economics* 42 (2011): 451-480.

45.Chatterjee, Harrison, and Bergh, "Failed Takeover Attempts, Corporate Governance and Refocusing."

46.M.Osheroff, "SOX as Opportunity," *Strategic Finance* (April, 2006): 19-20.

47.D.Chrusciel, "Environmental Scan: Influence on Strategic Direction," *Journal of Facilities Management* 9 (1) (2011): 7-15.

48.Based on information from http: //www.toyotaglobal.com/company/history_of_toyota/.

49.G.Elliott and A.C.Kramvis, "Breaking Strategic Inertia: Tips from Two Leaders," *McKinsey Quarterly* (2012) (2): 42- 49; D.Dobosz_Bourne and A.D.Jankowice, "Reframing Resistance to Change," *International Journal of Human Resource Management* 17 (2006): 2021- 2040; J.Betton and G.G.Dess, "The Application of Population Ecology Models to the Study of Organizations," *Academy of Management Review* 10 (1985): 750-757.

50.T.Levitt, "Marketing Myopia," *Harvard Business Review* (July/August, 1960): 45-60.

51. "Mission," http: //www.bankofindia.com/mission.aspx (June 12, 2012).

52. "Our Mission and Vision," http: //www.pepsico.com/company/Our-Mission-and-Vision.html (June 12, 2012).Reprinted with permission.

53.D.L.King, C.J.Case, and K.M.Premo, "A Mission Statement Analysis Comparing the United States and Three Other English Speaking Countries," *Academy of Strategic Management Journal* 10 (Special issue) (2011): 21-45.

54.D.F.Abell, Defining the Business: The Starting Point of Strategic Planning (Englewood Cliffs, NJ: Prentice Hall, 1980): 169.

55.Abell, Defining the Business, 169.

56.P.Drucker, Management--Tasks, Responsibilities, Practices (New York: Harper and Row, 1974): 74-94.

57. "Credo," http: //www.jnj.com/our_company/our_credo/index.htm (April17, 2009).

58. "Hyundai Corporate Philosophy," http: //csr.hyundai.com/eng/about/policy/policy. aspx (June 12, 2012).

59. "Code of Ethics," http: //www.whirlpoolcorp.com/shared/content/responsibility/code-of-ethics.pdf (June 12, 2012).Reprinted with permission.

60.B.McCoy, "The Parable of the Sadhu," *Harvard Business Review* (September/October, 1983): 103-108.

61.S.W.Gellerman, "Why 'Good' Managers Make Bad Ethical Choices," *Harvard Business Review* (July/August, 1986): 85-90.

62.T.Thomas, J.R.Schermerhorn, Jr., and J.W.Dienhart, "Strategic Leadership of Ethical Behavior in Business," *Acdemy of Management Executive* 18 (2) (2004): 56-68.

63.K.Adelman, "Promoting Employee Voice and Upward Communication in

Healthcare: The CEO's Influence," *Journal of Healthcare Management* 57 (2) (2012): 133-147; A.Mackey, "The Effect of CEOs on Firm Performance," *Strategic Management Journal* 29 (2008): 1357-1367; E.H.Schein, Organizational Culture and Leadership (San Francisco: Jossey-Bass, 1985); E.H.Schein, "The Role of the Founder in Creating Organizational Culture," *Organizational Dynamics* 12 (Summer, 1983): 14; P.Selznik, Leadership in Administration (Evanston, IL: Row, Peterson, 1957).

64.L.K.Trevino and M.E.Brown, "Managing to Be Ethical: Debunking Five Business Ethics Myths," *Academy of Management Executive* 18 (2) (2004): 69-83.

65.Thomas, Schermerhorn, and Dienhart, "Strategic Leadership of Ethical Behavior in Business."

66.For summaries and meta-analyses of the proposition that firms that satisfy social stakeholders have higher performance, see P.C.Godfrey, C.B.Merrill, and J.M.Hansen, "The Relationship between Social Responsibility and Shareholder Value: An Empirical Test of the Risk Management Hypothesis," *Strategic Management Journal* 30 (2009): 425-445; C.E.Hull and S.Rothenberg. "Firm Performance: The Interactions of Corporate Social Performance with Innovation and Industry Differentiation," *Strategic Management Journal* 29 (2008): 781-789; M.Orlitzky, F.L.Schmidt, and S.L.Rynes. "Corporate Social and Financial Performance: A Meta-analysis," *Organization Studies* 24 (2003): 403-441.

67.A.B.Carroll, " A Three Dimensional Model of Corporate Social Performance, " *Academy of Management Review* 4 (1979): 497-505.

68. "Our Approach," Merck.com, http://www.merckresponsibility.com/corporate-responsibility/our-approach/home.html (June 12, 2012).Reprinted with permission.

第 5 章

事业部层面战略

战略聚焦

乐高集团

"乐高"（LEGO）一词起源于两个丹麦词语"leg"和"godt"，意指"玩得开心"。乐高集团由奥尔·克里斯蒂森先生于1932年在丹麦比隆的一个小型木工坊创立。乐高集团的领导权父子相传，现任领导者克依尔德是创始者的第三代传人。奥尔·克里斯蒂森生产出的第一批产品包括熨衣板、折梯、搁脚凳以及木制玩具。如今，乐高积木举世闻名，是品质优良的儿童建筑玩具。

1935年，乐高推出了它的第一款建筑玩具——木鸭。一年后，公司采用了"锐意进取，只求最好"作为其座右铭，并展示在车间内。在20世纪30年代末期，乐高只有10个雇员。然而，仅仅10年之后，公司已生产出了约200种不同的木质和塑料玩具，其中的积木在各方面都与现在出售的版本极为相似。那时，乐高产品仅在丹麦出售。在20世纪50年代中期，乐高推出了开创性的"玩具体系"，并将销售市场扩张到了其他国家。1958年，乐高沿用至今的凸起管连接体系获得专利权。在接下来的几十年里，公司的国际化程度迅速发展，并推出了包括为幼儿设计的得宝系列在内的多种新产品。同时，乐高开始进军主题公园领域，并进行了多种形式的创意市场推广，包括与麦当劳在美国市场和加拿大市场的合作。

21世纪早期，乐高集团遭遇困境。公司在维持一定限度内的年营业亏损的同时，开始进行重组，这使得乐高集团的盈利率再度提高，销售额也持续增长。部分重组中包含了主题公园的销售。此外，公司将重点调整到了能够吸引男孩的产品上，同时，经多番考虑后，决定将制造部分重新归入公司内部。如今，乐高集团已成为世界第三大玩具公司，仅在美国就有超过10亿美元的销售量。

从乐高集团的发展史来看，男孩一直是其主要消费群。公司曾尝试多种方式制造出吸引女孩的产品，但都以失败告终。最近，乐高在研发方面投入大量资金，以期研发出能够更加吸引女孩的产品。最终，乐高团队研发出了29种新型迷你娃娃人物、6种新型乐高颜色和全新包装，用以鼓励在女孩中流行的角色扮演。

多年来，乐高集团曾多次经历来自仿造者的威胁，包括20世纪80年代的泰科积木，这次危机使乐高在不同国家陷入了多起诉讼。最近，在与美家宝公司的法律诉讼中，乐高宣布败诉，欧盟法庭决定允许美家宝公司生产和销售一款在各方面都与乐高产品相媲美的积木。孩之宝公司同样推出了一款竞争游戏系统。'事业部层面战略决定了组织增长和在目标市场上竞争的方式。乐高集团的国际玩具产业是基于产品差异化。公司保证行业内的产品质量最优化；同时在研发领域注入大量资金，用以进行产品创意和推广，并以高端价格售出。乐高坚持一贯的事业层战略。然而，高度多元化企业，如通用电气，可以在不同竞争部门发展多样化的事业层战略。战略会因领域的不同而不同，这是由于战略的制定和形成会受不同竞争力量及企业内不同业务部门所拥有的不同资源影响。

正如在乐高集团的例子中提到的，事业层战略具有优势，同时，也有其潜在劣势。例如，乐高集团的高质量和高成本使其与同行业的竞争产品相比，并没有成本优势。同样，由高成本导致的高销售价格使得乐高产品在经济欠发达国家并不具吸引力。针对这些问题的处理使得乐高集团面临着改变其差异化战略的风险，而这一战略正是公司竞争力的首要来源。类似的权衡取舍使得事业部层面战略管理者的工作有趣的同时也极具挑战性。

在单一业务企业以及多元化企业中的每个业务部门，事业部层面管理者必须能够决定如何定位其业务，以期达到增长预期和目标利润。图表5-1列出了事业部层面管理者的一些主要管理职责，包括确立事业部的整体方向，对不断变化的经营环境进行现状分析，选择战略以满足顾客需求并获取竞争地位，以及管理资源，以支持企业战略并产生竞争优势。本章重点将阐述如何选择明确的事业部层面的战略和如何发展与众不同的能力以获得竞争优势。

图表 5-1 主要的事业部层面战略的管理职责

主要职责	关键内容
方向设定	树立并传达单一事业部的使命、愿景、伦理以及长期目标
	设定并传达短期目标
分析业务环境	汇总和评估从利益相关者或其他来源得到的信息
	识别优势、劣势、机会、威胁以及竞争优势的来源
选择战略	确定增长战略类型——内部战略、外部战略,并且确定扩张力度
	选择基本竞争战略类型——成本领先、差异化、集中或者是最优成本
管理资源	获取能带来可持续竞争优势的资源或发展
	职能战略开发并打造适合的管理结构支持业务战略

事业部层面战略的分类方式有很多。其中一种有效的方式是通过这种战略是用于满足顾客需求的企业一般战略,还是用于同竞争者竞争的策略来区分。一般事业部层面战略会涉及企业如何定位,以便通过与竞争对手不同的方式为顾客创造价值。竞争策略指的是企业采取的旨在促进发展、增强力量以及保护其竞争地位的竞争行为。竞争环境的不断变化使得两种战略的存在都十分必要。缺少用于应对多变的竞争环境的发展策略的企业很难在长期发展中取得成功,这是由于它们将很难适应最新竞争形势。显然,两种事业部层面战略紧密相关,却并不相同。企业可以将任何一种一般事业部层面战略与任何一种竞争策略结合实施。

5.1 一般事业部层面战略

一般事业部层面战略的目标是建立一种区别于其他竞争者的竞争能力,从而为顾客创造价值。[2]企业要寻求竞争优势,通常通过提供:(1)与竞争对手有差异的产品或服务,且这种差异对顾客而言是有价值的,如新颖的设计、高质量和独有的特征;(2)以较低成本生产并通常以低价售卖的标准化的产品或服务;(3)上述两种选择的组合,即一种可称之为"最优成本"的混合战略。目的在于以一种与竞争者不同,能够更好地满足顾客需求的方式为顾客创造价值,从而为企业带来高额经济利润。任何企业追求的可能都是同一种远大战略,但因其实现方式的不同最终会带来不同程度的成功。现在我们将详细探讨一般战略中包括的差异化、成本领先和最优成本。

5.1.1 差异化

在差异化战略中,重点集中在通过独特性来创造价值,如乐高集团。独特性可以通过产品创新、高质量、优质服务、创意性广告、品牌建设以及较好的供应关系获得。然而,差异化战略能否成功取决于客户是否愿意为厂商创造的产品或服务的独特性支付高于其成本的价格。苹果电脑公司是采用差异化战略的典型例子。在过去几年中,该公司在计算机、数码音乐播放器、手机,以及在线音乐商店方面提供新奇的产品和服务。该公司一再展示出其开发颇具创造性的、新奇的产品和服务,及横跨多个业务单元控制品牌溢价的能力。这方面的例子还有强调式样和性能的 BMW、提供高品质服务并为顾客带来高绩效的 IBM,以及不断更新游戏版本和产品创意的任天堂公司。

企业实施差异化战略不能忽视成本问题,如果成本相对于竞争者而言过高的话,即使定高价也无法收回额外的成本。因此,该战略的制定者必须对整个价值链上的成本,尤其是与差异化战略没有直接联系的领域的资源成本进行管理。要使差异化战略有效的唯一方法就是使购买者愿意为产品或服务的独特性支付更高价格或者愿意优先从该企业购买。

因此，与差异化战略有关的风险主要集中在附加成本和价格增加间的差价上。其中一个风险是当成本过高时，客户将放弃某些用途、服务或者特殊产品及服务所特有的形式。另一个风险是客户不再将某种特质视为有差异的。例如，顾客对某种产品非常熟悉以至于不会只凭品牌来决定是否购买。

如果一个企业在产品或者服务上成功做到差异化，它将很快成为其他竞争者努力模仿的目标。随着竞争者的模仿，以前差异化的性质将成为共同点，而不再是差异化声明的基础。乐高集团正面临着这样的威胁。竞争对手的存在使得要长期维持从创新中获得的竞争优势变得很困难。例如，竞争者在新产品开发后一年内能够获得70%新产品详细的信息。[3]因此，要想在产品开发中占有领先地位需要持续的创新。正像一个商务作家所阐述的：“一个公司若想取得显著绩效，则必须在竞争中获胜，可麻烦在于竞争者们也知道这一点。”[4]

5.1.2　成本领先

采用成本领先战略的企业应努力成为某种产品或服务的最低价格提供者。采用该战略的企业包括极为成功的美国钢铁企业纽柯钢铁公司和美国最大的平价零售商必乐透公司。在沃尔玛的例子中，沃尔玛对低成本的注重使其成为世界最大的零售商。沃尔玛通过大规模战略性的安置仓库以及技术水平发展出了一套高效的配送体系。沃尔玛的大型经营规模为其提供了规模经济，使其有能力对供货商施压，迫使其降价，以便最终为顾客创造价值。为支持其成本领先的战略，沃尔玛的雇员薪酬普遍偏低。最近，为节约成本，沃尔玛解雇了所有店内迎宾员。[5]

一般的，当需要降低价格，并且这样也不会完全无利可图时，采用成本领先战略进行竞争是合适的。当供不应求时，一个低价格的领先者可以通过将价格定在平均或稍微有利的水平上来获得比竞争对手更高的利润。当供应不足时，竞争对手将会降价以争取消费者，而低价格的领先者就可以保有一小部分利润，即使竞争对手正在赔钱。因此，与其他战略相比，成本领先战略在应对经济衰退时具有明显优势。沃尔玛在最近的经济萧条中所采取的战略和取得的成功就是最好的佐证。其中一种成功战略被重新设计并增加了其在低价品牌价值中的使用。

要全面评价价格领先战略的意义，重要的一点是了解那些决定企业成本结构的要素。追求成本领先的企业要想确立自己的地位，往往需要具备以下几点要素：（1）高生产能力利用率；（2）规模经济；（3）先进技术；（4）经验效应。[6]例如，塔塔汽车公司将规模经济与先进技术相结合，生产出了它的低成本产品塔塔微型车。[7]无论公司是明确追求低成本领先，抑或采用其他竞争战略，各产业的成本特征对采用任何一种战略获得利润而言都非常重要。下面我们对每个要素进行解释。

高生产能力利用率。当顾客需求充足并且公司的能力（建筑面积、员工、设备）完全得以利用时，固定成本将会被分摊至更多的单元，这样单位成本就会降低。这一观点既适用于制造工厂，也适用于医院、零售店和软件开发商。当顾客需求下降时，固定成本只能被较少的单元（如顾客、产品、业务、病人）分摊，那么单位成本就会上升。这一基本观点告诉我们，通过更准确地对需求进行预测、备用产能扩张或更积极的定价政策来促成购买或交易，将能够使企业维持一个比同等规模或同等产能的竞争对手更低的成本结构。无法维持足够程度的产能利用，常常会削弱在控制或低成本方面作出的所有其他努力。

　　规模经济。第二个导致成本优势的要素是*规模经济*。规模经济常常同制造商的高生产能力利用率混淆起来。正如刚才描述的一样，生产能力上升或产量提高能够摊销固定成本，从而使单位成本下降。但是，真正的规模经济指的是凭借更大规模的生产能力带来的成本优势，而不是指对现有生产能力的更好利用。比如，一家 200 张床位的医院的成本不会是一家 100 张床位医院的两倍，而是会低一些。在所有其他条件相同的情况下，前者的单位固定成本会比较低。如果较大的企业不能获得更低的单位成本，那么该企业就没有获得规模经济。事实上，当企业的规模大到获得的成本节约不能抵消管理费用的上涨以及由于机构增加而带来的管理混乱时，*规模不经济*就会发生。

　　先进技术。对节约成本技术的投资通常依赖于对研发部门的投资。[8] 公司经常是以固定成本的上升换取可变成本的下降。虽然这类投资大多用于工厂生产方面的改进，但在办公和服务自动化方面的投入也很常见。比如，沃尔玛的自动分销系统、Lands' End 公司的自动订货和仓储系统，大多数银行提供的国际银行业服务系统以及主要航线上的机票预订系统等都表明，在技术上的投入可以降低总成本，并且使企业能够获得更多的信息和更好的控制，这些都是以前基本无法做到的。

　　经验效应。影响成本结构的最后一个要素是**经验效应**。**经验效应**告诉我们，当一件任务被不断重复达到一定的预计次数后，那么完成它的时间就会大大减少。当一个员工通过不断重复而学会更有效地完成某项工作时，就产生了**经验效应**。在理论上，累计产量每翻一倍，所需完成的时间会降低一个固定的比例。比如，企业可能会发现生产第二个单位产品的时间会比第一个单位减少 10%，而生产第四个单位产品的时间比第二个单位又减少了10%，同样，当生产第八个单位产品时所需时间又比第四个单位产品少 10%。经验效应又被称为学习效应。

　　经验效应可以用图表 5-2 中的经验曲线来描述。根据逻辑曲线，市场份额大的企业应该增加产出以便获得经验效应，从而取得相对于竞争者的成本优势。这种想法使许多企业采用极端的价格竞争试图获得最大的市场份额，尽可能快地靠近曲线右端。当曲线变得平缓时，从经验效应中获得价格优势的难度将变得越来越大。

图表 5-2　　　　　　　　　　　　　　　**一条典型的经验曲线**

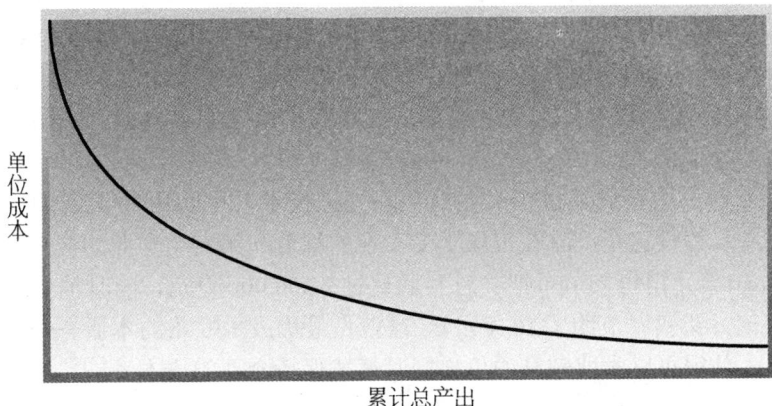

累计总产出

　　如果一个企业能够具备高生产能力利用率、规模经济、技术领先或经验效应，那么它就可能获得最低的成本，但是它并不一定要制定最低的价格。换句话说，成本领先者未必一定是*价格领导者*。如果企业能够获得最低成本，而同时又和竞争对手制定一样的价格，它将获得更高的利润。不过，这种策略也可能使企业丢失成本领先的地位。因为这可能使部分顾客转而购买其他品牌或者使销售额降低，从而降低生产能力使用率或经验效应，以至损害规模经济效益。如同所有的战略一样，低成本领先的成功是市场供求状况、顾客偏好、竞争对手的产能和行动以及公司战略执行有效性的函数。

　　过分关注成本领先战略可能会带来一些风险。首先，采用成本领先的企业可能由于专注于成本控制而忽略产品或市场的变化。其次，这些企业可能在对厂房设备进行大量投入后却发现由于竞争对手的技术突破，这些投入已经落后了，但巨大的投资又使得企业不愿及时更新自己的技术。最后，一些企业在寻求低成本的道路上走得太远以至于牺牲了其他重要的因素，如安全、质量和服务。

5.1.3　最优成本

　　在当今竞争激烈的全球市场中，世界上一些最成功的组织将追求低成本领先和顾客眼中的差异化有效结合起来。与其把差异化和低成本领先视作两个极端，不如把两者视作基本技能，作为反复的、不间断的战略管理过程的一部分，它们应当不断得以加强和改善。成功的差异化使得产品更具吸引力，从而增加销售量。进而，管理者才有机会利用前述的成本驱动（产能利用、规模经济、学习、自动化）来压低单位成本。来自于低成本的盈余可以被再投资于差异化和成本有效性的新形式。因此，这种战略被称之为"最优成本"，意味着这个战略要在低成本战略和差异化战略之间进行最合理的权衡。[9]

　　对丰田公司的例示和分析已经证实，最高水平的产品质量和可靠性可以与低成本领先互补。[10]技术上的投入也常常使企业在降低成本的同时，还能改善其产品或服务以体现它们在顾客眼中的差异化特征。网上银行服务和贷记卡/ATM卡在降低直接劳动成本的同时提高了出纳服务的可得性和便利性。与咨询服务小组相比，一个设计良好的网站能够以较低成本向顾客提供更详细、更容易获取的信息。通用电气前CEO杰克·韦尔奇认为为了在国际竞争中获得立足之地，企业必须拥有好的绩效以及低成本的优势。[11]

　　最优成本战略可以通过供求经济学来理解。例如，假定三个企业组织生产打猎的刀具。第一个企业实行低成本战略，它能够以10美元的成本生产一把刀并且以20美元的价格每年卖出100 000把，则其总利润为1 000 000美元。另一方面，第二个企业利用差异化战略，生产具有额外用途的产品，该产品很具市场吸引力，其生产成本为40美元。这个企业以60美元的价格每年卖出50 000把。尽管销售量是低价竞争者的一半，但它的总利润也是1 000 000美元。两个公司看上去都是成功的，但它们各自通过不同的基本战略取得了成功。

　　然而，假定第三个企业通过产品多样化和先进技术，可以用20美元的价格制造非常好的产品。进一步假设这个产品在市场上受欢迎的程度和第二个企业的产品几乎一样。如果企业能够以50美元销售75 000把，总利润超过2 000 000美元，同时消费者还会认为他们自己作了一笔好买卖（节约了10美元）。这就是最优成本战略的本质——寻找一个合适的差异化水平，使得可以索取较高的价格同时还能保持合理的成本。

5.1.4 聚焦

企业一般战略的另一个要素是集中满足某一细分市场顾客的需求，这被称作聚焦战略。一些类似于丰田的公司具有多样化的生产线，不难看出这类公司追求的是广阔的消费市场。与丰田相反，一些类似保时捷的公司将重点集中在某一特定消费群体。一个企业所追求的聚焦量对于指导企业执行一般事业层战略的相关决定至关重要。

聚焦战略定义了企业所期望服务的目标客户群，然而，怎样服务却并不在这一范围内。因此，企业通常将聚焦策略与其他三种方式结合使用。这就是说，有三种类型的聚焦战略，分别为：差异化聚焦战略、成本领先型聚焦战略和最优成本型聚焦战略。例如，企业可能使用集中在老年消费群体中的成本领先战略，集中在外籍游客消费群中的差异化战略或集中在素食主义消费群体中的最优成本战略。

5.1.5 商业模式

商业模式是指"企业用以向顾客提供价值、诱使顾客支付价值以及将支付款转化为利润的方式。"[12]西南航空采取了与多数运输者不同的商业模式，其根本目的在于顾客希望得到直飞航班，并且可靠性、价格和服务都更有竞争性，而当时的主要竞争者们对这些额外服务并不感兴趣。西南航空没有采用当时应用广泛的辐射状交通系统建设自己的航线。而且，公司将运输工具全部换成了播音737，用以节约运营和维护成本。在欧洲，瑞安航空采用了相似的商业模式。两个公司在业内都非常成功。

商业模式中最重要的要素包括（1）识别目标细分市场（外部市场或集中在一个或某个特定市场）；（2）决定顾客可能从产品和服务创造价值的来源中取得的利益；（3）选择将要嵌入产品或服务中的独特特征和技术；（4）决定在创造收益和利润的同时获得价值，通常包括价格策略；（5）证明足够的需求在目标市场中的有效性。[13]

这五个要素是在业务起步期，制定任何优秀商业模式时必须考虑的。然而，它们在现有业务中同样有效。例如，在企业重新定义与目标市场和价值创造相关的商业模式时，它同样需要决定怎样从提议改变中获取价值以及如果变化发生，足够的需求是否被期望存在。在一些产业，决定怎样为收到的服务进行支付是很困难的。这在以互联网为基础的业务中尤其重要，消费者并没有为其所收到的大部分服务进行支付的预期。

值得一提的是，本章前面提到的一般事业层战略应被嵌入企业商业模式。[14]它们为顾客提供关于企业用以与创造价值的基本途径有关的重要信息：成本领先、差异化或成本最优，以及之前提到的要素（2）和要素（3）。同样，集中或不集中的决定包含在要素（1）中。商业模式也与企业的业务定义相关，这在第4章中讨论过。然而，商业模式是企业对顾客价值定位的精炼描述，也用专业术语提出了企业打算如何在服务顾客的过程中赚取利润。

另一种定义商业模式的有力途径是考虑公司出售的资产类型，并赋予顾客使用这些资产的权利。企业可能出售实物资产（产品）、人力资产（服务）、财务资产（现金、证券）以及无形资产（专利、知识）。就公司提供的权利来说，一些公司有创造或转让全部资产的权利，如产品；分配他人制造产品的权利；出售资产在一定时间内的使用权，如酒店房间、知识产权；收取平衡卖家和买家关系的服务费的权利，如经纪人。最近研究表明，高股东红利公司的商业模式通常基于创新制造和知识产权许可。[15]商业模式相关要素和相关资产相结合的结果在图表5-3中得到了体现。

图表5-3　　　　　　　　　　　　　　　商业模式

市场	资产	价值创造	价值获取
目标细分市场	资产出售	独特价值来源	获利途径的测定
1. 外部市场	1. 物质资产	1. 差异化：嵌入资产	（财务可行性）
2. 聚焦在某一	2. 服务	中的独有特点与技术	对产品、服务或
特定市场单元	3. 财政资产	2. 低成本：基本产品、	其他定义资产在
	4. 无形资产	服务或低价资产	某一特定价格的
	资产使用权	3. 最优成本：高价值	需求测定
	1. 完全转让（出售）	与成本比率	
	2. 分配他人创造的		
	资产		
	3. 一定时间内使用资		
	产的权力		
	4. 经纪人（匹配资产		
	买家与卖家）		

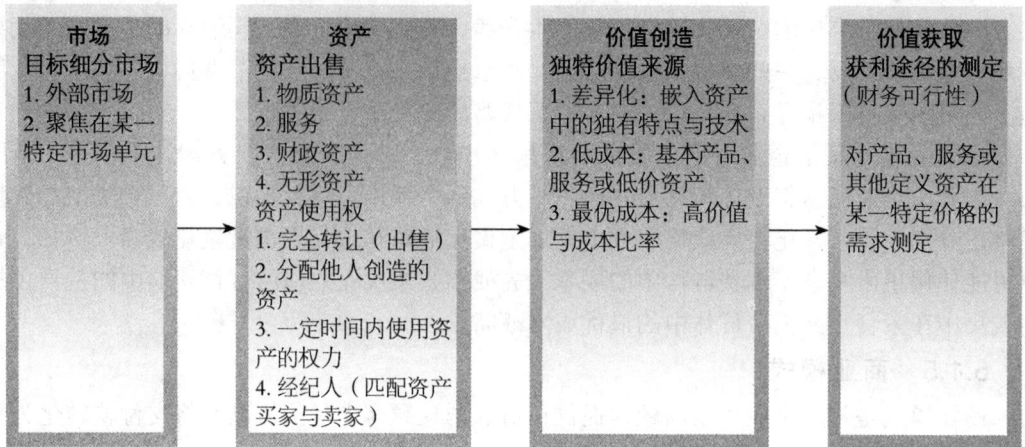

这一模式的一些应用是有益的。沃尔玛在外部市场中寻找需求，分配物质产品，并运用包含有效配置和规模经济的成本领先策略进行价值创造。持续增长的需求和高盈利能力证明，沃尔玛的商业模式是有效的。高朋网是致力于为潜在消费者提供每日特惠的营销公司，它同样是物质产品和服务之间的经纪人。通过互联网途径运行的高朋网成本很低，公司从它服务的业务中获利。洛克希德·马丁公司服务于航空航天业的多个市场，然而，它的首要客户是美国政府。它的资产包括物质产品，如喷气式战斗机和轮船；服务以及无形资产。公司既出售全部资产，同时也出售资产的使用权，如知识产权。因为公司涉足多元业务，它具备多种商业模式。也就是说，它的价值创造和价值获取途径能够适应它所面临的每个竞争环境。

5.2　竞争战略

前面讨论的一般事业部层面战略和商业模式是描述企业用以满足顾客需求的途径。这一部分讨论的是企业在与对手合作与竞争过程中所采取的策略。正如在第2章中提到的，企业的竞争环境不断变化，因此，不具备应对这种变化的能力的企业将会有失去竞争力的风险。

著名经济学家约瑟夫·熊彼特认为，由于竞争者不断追求创造性机会，如果最终其中一个机会使竞争者获得最优的产品或服务，那么，领军企业就会不可避免地受到冲击。熊彼特将这个过程称之为"创造性破坏"。[16]这种理论可以应用于任何一种能够为企业提供竞争优势的资源。即使这种资源不能被模仿，也就是说，这种资源可能是可持续竞争优势的来源，最终，它也会随着环境的变化而失去价值。没有一种优势是永恒的。设想一下，吉利德公司怎样改变了艾滋病药物市场。吉利德公司是最初研发用每日一次药物代替混合型药物，甚至静脉注射的公司之一。前任艾滋病药物市场领导者因为缺乏创造力失去了竞争优势。如今，吉利德艾滋病药物公司在美国最新诊断出的艾滋病患者中已占到了80%的市场份额。[17]

很多竞争策略描述了企业在应对多变的竞争环境时所采取的行动。这些策略可以归纳为增长战略、进攻策略、防卫策略、协作策略、政治策略和回避策略。企业在所追求的策略中同样强调战略弹性。这一部分将依次讨论每种策略。

5.2.1 增长战略

企业用以发展的竞争策略，又叫增长战略。这些策略可被分为内部增长战略和外部增长战略，如图表5-4。在第4章中，我们将企业规模定义为其在市场、功能、资源转换过程和产品领域的活动广度。企业会选择能够加强其在当前业务中竞争能力的增长战略。内部增长战略（如市场渗透）的目的仅在于提高企业在既存业务中的市场份额。同样，横向一体化的外部增长战略能够迅速提高市场份额，这是由于这种战略包含服务于同一市场的联盟企业。然而，增长战略可能引起企业扩大其进入新兴业务领域的活动范围，这被称为多元化。旨在多元化发展的增长战略会在第6章进一步讨论。

图表5-4 **常见增长战略**

内部增长战略	
市场渗透	通过促销、广告等加强的营销手段在现有业务上增加市场份额，以及为已有顾客找到使用产品的新方法
市场开发	为已存在的产品识别新的细分市场
产品、服务开发	改变现有的产品、服务或者开发新的产品、服务以满足现有的或潜在的顾客
纵向一体化	通过在产业供应链上前移(向最终顾客)或后移(向供应商或原材料生产者)来增加业务活动，可以通过合资或并购的形式实现外部增长
外部增长战略	
战略联盟、合资企业	同其他组织进行联盟通过发展新产品、改善流程、合资制造、新的市场机遇和提高政治影响力以获得更好的竞争地位
并购	为强化竞争优势而收购企业，以期获得新的客户，进入新的市场，获取新的技术，获得有价值的稀有资源或为了其他战略原因降低成本
横向一体化	为降低成本以及增强市场力而购买具有相同业务的企业

5.2.2 进攻策略

进攻策略削弱了对手的竞争能力，包含积极竞争和先动优势。

积极竞争

一些企业通过利用其拥有的大量资源优势致使竞争对手的对抗手段无效来击垮竞争对手。[18]例如，沃特·迪士尼凭借其顶尖技术和极具天赋的执行者及生产人员，旨在创造出一鸣惊人的电影作品。随后，公司利用主题公园、企业内部商店以及自身媒体等对电影进行了大量的宣传推广活动。类似的，为研发新产品并利用其强大的销售网对这些产品进行销售，微软公司雇用了大量软件产业的最优人才。

为确保进攻战略的有效性，企业必须拥有巨大的价值资源供应量，而且要保证其中一些资源是独有的。[19]如果这些资源难以被模仿，那么企业将有能力长期维持其积极的竞争方式。迪士尼公司积极策略的成功实施依赖于其能够强化行动力量的强大并独有的品牌效应以及互补的业务部门网络。其他一些资源也能够为企业进攻策略的实施提供强大的支持，如财务状况和独有价值资源的拥有量（如商标、专利、强有力的利益相关者关系或有价值的地理位置）。对于拥有足够资源的企业来说，与不断实施大量竞争举措的对手竞争有利于提高企业绩效。[20]

先动优势

企业还可以通过成为行业变革的先驱者来形成竞争优势。例如，英特尔的强大的研究项目为企业生产出了先进的计算机微处理器，使得英特尔成为业内的领头羊。然而，企业的先动优势不仅体现在高科技产业方面。例如，达美乐比萨饼通过率先为顾客提供30分钟送货服务、直邮优惠券和带有当地达美乐比萨饼电话号码的便捷磁铁，成为业内的先驱者。[21]

为发挥先动优势，企业需在研发新产品及服务方面进行重要资源投资。与创造性破坏相同，行业领导者在实施积极举措的同时同样需要承担相应的高风险，企业可能因此失去领导者的位置。此外，早期模仿者或"后进者"同样有可能达到高企业绩效。迅速对竞争者创意进行模仿的企业可能享受和先驱者几乎相同的利益，却不必承受所有的研发成本。[22]

5.2.3 防守策略

一些竞争策略的目的并不在于打压竞争者，而是防止企业卷入某些特定竞争行为之中。

反击威胁

企业可以通过实施反击威胁来试图阻止竞争者采取可能威胁自身竞争地位的举措。为确保这一策略的有效性，实施反击的组织必须有足够的资源来应对可能发生的竞争战争。资金流动性好的企业，例如具有高现金余额、产能过剩或新兴技术的企业，通常具备改变竞争格局的能力，这类企业也同样处于强有力的反击威胁地位。[23]

多点竞争是指企业在多元市场中竞争，作为一种竞争策略，反击在多元市场中更为有效。[24]如果竞争者在一个市场实施竞争举措，企业可以在另一个市场中对其进行反击威胁。包含大量多点竞争公司的行业通常具有相互约束的特点，这种特点对竞争来说是一种限制。对竞争的限制有利于提高利润率，反之，多重市场竞争的缺乏会使竞争增多，进而降低行业利润率。[25]

模仿壁垒

模仿是一种非常常见的对抗手段，因为对于处于追随地位的组织来说，向处于领导者地位的组织学习是最为简单有效的。然而，一些企业试图为这种模仿创造障碍。[26]企业创造出的很多模仿壁垒与第2章讨论过的进入壁垒相似，唯一不同的地方是，模仿壁垒的目的在于防止竞争者对于成本节约和差异化来源方面的模仿；反之，进入壁垒则是为了阻止企业进入相关行业。这种差异非常重要，因为大多数行业内的企业都拥有很多进入壁垒来源。例如，酿造业的大竞争者都具备规模经济。另一方面，通常只有需要阻止被业内竞争者模仿的企业需要拥有模仿壁垒。

常见的模仿壁垒包括强大的品牌或商标、专利、技术秘密、独特的地理位置、独家经销合同、与供应商及顾客的特殊关系或规模经济等其他竞争者不具备的优势。企业也可以通过提供大量的新服务、在宣传方面的巨额投资或是隐瞒新产品、服务的获利信息以使竞争者失去兴趣等方式来阻止模仿的发生。[27]正如在第3章中讨论的，无形资产通常是最难以模仿的。因此，先进的研发过程比某种特定的产品或服务更难模仿。同样，高绩效的组织文化也非常难以模仿。

5.2.4　协作策略

现代战略管理中一个不断重复的主题就是与利益相关者的组织协作，对于竞争优势的获得极具价值。[28]协作有多种形式，包括合资（将在第 6 章深入讨论）、组织联盟、产业联盟、调研组或工会。[29]同样，正如在第 2 章中讨论的，企业可以加入联盟网络，联盟网络是指一种用以彼此合作及共享信息的松散的企业联盟。[30]

协作既可用于进攻策略，也可以用于防守策略。企业可以通过加入合资企业来发展尖端产品或与大竞争者进行竞争。就后者来说，例如，索尼和谷歌为挑战亚马逊在数字图书市场的主导地位建立了合作关系。[31]加入独家联盟能够阻止竞争对手获得独特优势，如在联盟内获得知识创造的能力。有时，为了打击其他企业或将某些企业挤出行业，领军企业会选择某些企业组成联盟。例如，希尔顿酒店、凯悦酒店、六洲集团和喜达屋集团的联合打折经营使业内其他竞争者处于竞争劣势。[32]协作关系难以模仿，因此，提供了可持续竞争优势的潜在来源。

5.2.5　政治策略

正如在第 2 章中提到的，政治策略包括将为企业创造友好的政治局面作为目标之一的组织活动。企业可能想要通过影响与行业内商业行为的管理相关的法律和规定来改变"游戏规则"。例如，一位美国地方法院法官曾规定维萨信用卡和万事达信用卡不再具备阻止其成员银行发行竞争信用卡（如美国运通卡和美国发现卡）的资格。[33]

政治游说和竞选捐献是两种使用最为广泛的政治策略。为了与当地政府组织或其他同企业相互作用的利益相关者建立良好的关系，企业也可能会涉足社区服务。大部分大型企业拥有公关部门及公关人员。很多关于公共关系推广、发布可持续性及社会责任的报告，目的在于将企业推向最佳状态。

共同努力可能比个体企业的游说努力更为有效。[34]很多企业以不同的协作形式进行联合，如贸易协会、商会和劳动力以及专家小组。企业通过这些协作方式来获得能够影响其业务的决策者眼中的合法性，这种合法性能够使企业获得接纳，进而影响决策者的决策。贸易协会也能为成员进行信息管理和监管。企业同样可以通过涉足产业和劳动力专家组来促进其与工会和激进组织的沟通。

5.2.6　回避策略（蓝海策略）

目前我们讨论过的策略都包含广泛的管理注意力并需要重要的资源。然而，企业也可以通过将重点放在与大部分企业不存在竞争的市场壁龛上来回避竞争行为。这种策略与之前讨论过的聚焦非常相似。市场壁龛是指由于其自身的增长潜力限制而对大部分竞争者不存在吸引力的特定地理区域或市场或产品。例如，在酒店业，连锁酒店倾向于聚集在旅游交通发达的区域。然而，很多独立酒店和度假酒店则通过坐落于对连锁酒店不存在吸引力的地域来获得成功。同样，很多企业也是因为致力于找到吸引小众人群的方式，并为其提供定制的产品或服务而得以存活。

另一种回避竞争的方式是为你的产品或服务创造新的市场空间，也就是"蓝海策略"。[35]蓝海策略利用的是成本最优的一般性策略以及低成本优先和差异化策略的结合，但是，这种策略必须通过一种独有的方式来实现。蓝海策略的早期尝试是福特 T 型车。在

20世纪早期，数百家制造商可以生产定制汽车。亨利·福特推出了可以大批量生产的汽车，由高质量的元件制成。这使得大部分美国消费者都能够负担得起。同样，邦诺书店通过增加阅读区域及提供茶点将书店进行了重新定义。在这种创意下，传统书店对店内阅读的方式表达了不满，这是由于其担心这种阅读会降低读者的购买力。[36]

5.2.7　战略弹性

与战略弹性相关的策略使得企业可以在享受高收益的同时管理其所面对的风险。[37]施行这种策略的企业可以在最短的时间内以最少的代价将资源从不景气的市场中转移。保持战略弹性的方法之一是避免向具有重要退出壁垒的产业投资。退出壁垒能够阻止企业转变投资方向，这是由于这种转变会带来持续的损失。重要的退出壁垒通常存在于大的资本投资中，如限制用途的工厂建设。企业可以通过减少对导致高退出壁垒的产业进行投资来保持战略弹性。例如，避免与高成本制造厂相关的退出壁垒的方式之一就是将制造工作分包给其他企业。

为保持弹性，很多服务行业，如酒店业或航空业，都会出租资产。连锁酒店会在保留品牌名字及运营合同的基础上将建好的酒店出售给其他公司。同样，如今的航空业也会出租喷气式飞机。另一种能够增加战略弹性的策略是分包支持活动，包括研发、薪资管理外包服务、市场和销售、服务，甚至是管理。然而，企业应保持谨慎，避免将与能够成为竞争优势来源的稀有独特的资源相关的活动外包出去。而且，实际情况是，所有与战略弹性相关的活动都能够降低企业对自身业务流程及其未曾涉入的活动中存在的盈利潜力的控制力。

在讨论过一般事业层战略、商业模式、增长战略和竞争策略后，我们现在来重点讨论国际背景下的事业层战略。

5.3　国际背景下的战略

通常，公司应当于进入他国市场之前，在国内利用其自身商业模式解决相关问题，并开发自身的业务、增长和核心竞争战略。公司一旦在母国掌控了各个要素，就可以使其核心战略适应独特的国际环境。于是，在一家公司成功融入各种国际背景后，它就能基于总体战略在各国开展业务，并通过规模经济、资源共享和知识共享来使效率最大化。[38]

5.3.1　全球扩张策略

公司在寻求全球发展机会时，可以采取多种多样的扩张策略。常见的有以下这些：

1. *出口*。通过批发商或国外公司将产品拿到其他国家销售。

2. *许可证经营*。它是指将企业产品生产权或商标权转让给海外企业使用。

3. *特许经营*。这一策略与许可证经营相辅相成，是指国外公司购买在其母国使用美国公司的名称以及管理方法的合法权利。

4. *合资企业*。两个或多个公司在国外市场上为了追求共同的业务目标而签订合作协议。

5. *绿地投资*。建立单独控股的国外子公司。[39]

决定是否进行国际化扩张的一些重要标准是成本、财务风险、潜在利润以及控制。在某种程度上，将可供选择的标准从1个增加到5个意味着更高的成本和更高的财务风险，同时也会带来更高的潜在利润以及更多的控制。笼统而言，这些选择一方面代表了成本和财务风险之间的折中，另一方面代表了利润和控制之间的折中。当然，这只是一般化的情况。其他选择，如合资企业，由于企业与企业之间签订协议的实质不同，因而很难在这四条标准的基础上进行判断。

5.3.2 国际市场中的业务层面的战略

已经涉及多国市场的组织在实施其事业部层面战略方面具有优势。[40]例如，采用成本领先来改善竞争定位的公司，可能选择从成本更低的国际供应商那里购买原料或零件，将装配车间或产品制造厂转包给拥有廉价劳动力和较低管理费用的国际公司，或者从国际公司购买产成品以便消费者铭记和在母国转售。除了自供应商处获得的成本优势之外，公司还可能会追击国际市场，以便扩大销售量、保护与销售量和规模有关的成本优势。最后，一些公司可能选择与国际合作伙伴达成战略联盟或合资，以便有权使用可以节约成本的技术。[41]

如果对国际战略加以适当管理，它也有助于公司推进差异化竞争战略，具体包括以下备选策略：（1）获得国外的产品技术认可；（2）在美国高价销售优质的进口产品；（3）通过将高价的国内产品销售给高端国际市场来培育国际品牌。

高层管理者在组织追求国家化战略过程中面临的关键问题之一是，确定所提供的产品和服务应当在多大程度上定制以满足顾客的独特需求。如果世界上某些国家和地区的顾客拥有不同的需求，或者他们作出购买决策的方式非常与众不同，那么企业就有必要开发出满足这些特殊需求的产品和服务。这一方法称为多国化战略，包括为满足独特市场需求定制产品与服务，还可能包括在国与国的基础上进行产品设计、组装和营销。[42]大部分时尚产品、一些家具和家用电器、一些娱乐产品都是基于这一战略被开发和销售的，而有些产品则对世界市场具有吸引力，这意味着可以采用统一模式将一种产品设计行销世界各地。采用这种全球化战略的范例有钢铁及其他商品材料和电子设备。

康明斯发动机公司采用多国战略打入印度和中国市场。康明斯公司对研发加以管理，在每一个国家确定唯一的合作伙伴，帮助康明斯公司在当地进行市场营销和制造产品，培养当地的管理人才，并建立当地的供应安排。[43]多国化战略最初是根据直觉从利益相关者的角度提出来的，因为利益相关者特别强调对细分顾客市场需求的满足。但是，定制将增加产品或服务的成本，并且增加的成本难以通过提高定价成功追回。

全球战略适用于下面这些情况：（1）产品或服务存在全球市场；（2）采取全球战略能够提高经济效率；（3）不存在外部限制，例如，有政府规制限制全球战略的实施；（4）不存在完全的内部限制。[44]例如，宝马公司在美国的南卡罗莱纳州斯帕坦堡市设有很多汽车生产制造车间，并将装配好的汽车运往世界各地。

一些组织现在正采取一种混合的跨国策略，将全球战略的效能与多国战略的本土反应结合起来。[45]例如，尽管迪士尼拥有享誉国际的品牌，中国香港迪士尼乐园的始建也吸取了其他主题公园的经验，却依然算不上成功，使得迪士尼不得不根据中国环境特性作出相应调整。具体来说，迪士尼降低了门票价格、顺应当地游客的风俗、改变布置和装饰风格、转变劳动力的实践方式。这种转变直接导致了游客人数和收益的增长。[46]这种转变方式有时被称为"全球本土化"。

　　在此，我们完成了有关事业部层面战略以及与国际扩张有关的特殊问题的讨论。本章最后一部分讨论了产业和产品生命周期如何被用于拟出市场的变化以及影响战略的竞争条件的改变。一般说来，即使变化的速度和各种力量的强度因产业而异，大多数产业和产品经历的阶段均可预知。

5.4　战略随时间的变化

　　正如本书一再强调的，战略管理是一个反复的、不间断的企业管理过程。产业和产品的典型变化可以用生命周期阶段这一术语来描述，即导入期、成长期、成熟期和衰退期。对生命周期概念的研究有助于理解战略的动态本质。[47]由于产业、产品乃至组织都要经历生命周期的不同阶段，所以组织需要各种战略和组织资源，以实现有效竞争。

　　*产业生命周期*描述的是产品或整个产业的销售量在它的生命周期中是如何变化的。对于参与战略制定和实施过程的经理而言，能够理解发生在不同产业生命周期中典型的竞争和战略变化是非常有用的。一些全新的产业在过去的50年中相继涌现，包括个人计算机、手机和在线零售店等。一般说来，产业是新的创新和社会需求的产物。组织获知产业和产品生命周期的能力有助于其了解需求和设计战略。[48]

　　在新产业的初创期或导入期，尚未为世界所知的产品和服务被引入。第一个产品通常是高价的，吸引的顾客群是极为特殊的高端群体。在成长期，更多的顾客开始购买该产品或服务。需求的增长吸引了新的竞争对手。经过一段较长的时期——有时是几年，有时是几十年——销售增长最终趋于稳定，这标志着成熟期的到来。销售量的缓慢增长导致一些较弱的生产者在竞争中被淘汰，最终只剩下很少的竞争者。在稳定期或者衰退期，需求曲线呈现出不同的形状。传统的曲线代表衰退，如图表5-5中C曲线所显示的那样。然而如果产品成了日用品，意味着这些产品可以在很多其他产品中得到利用或者对于一些客户而言成为生活中的必需品，其需求可能趋于稳定，如图表5-5中B曲线所示；或者需求在延续的时间段中逐渐增加，如图表5-5中A曲线所示。[36]

图表5-5　　　　　　　　　　　　　　**产业生命周期**

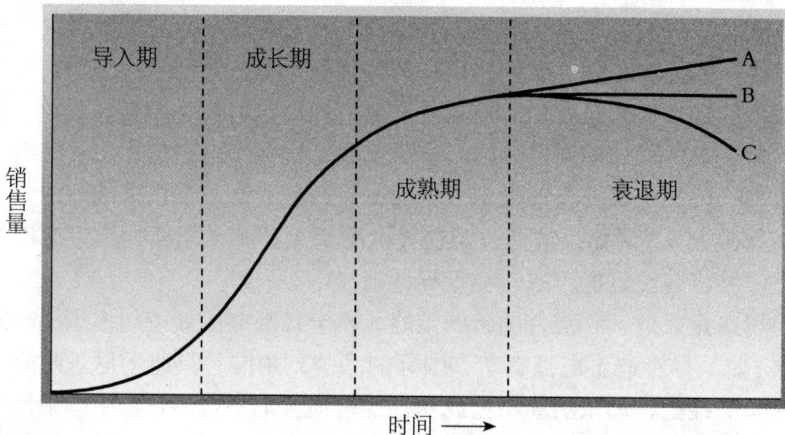

注：A=适度增长，B=保持平稳，C=衰退

　　企业战略随产业的发展而发展。在导入期，对新产品的需求逐渐出现，先期进入的组织主要关注的是生存问题——以低成本生产并以高价出售，从而维持运营，进入生命周期

的下一阶段。这一阶段的竞争环境经常是动荡的。顾客对新产品的需求常常未得以充分理解，新的企业凭借不同的产品样式和新方法进入。在产业生命周期的早期，一些事业部必须更多地投资于业务增长而非从中获得回报，这可能产生财务危机。

如图表 5-5 所示，在导入期，顾客开始了解产品及其用途，进而产生需求。例如，在个人计算机产业的最初阶段，大多数顾客是运用计算机来编程的电脑爱好者。经过一段时间，继第一家个人计算机公司付出了大量的产品和市场开发努力之后，新顾客为个人计算机的新用途所吸引。在导入期，大多数顾客在家使用计算机，如编程、玩游戏（Atari 和 Commodre），以及较少的文字处理（Tandy）。在导入期，企业也试图生产高质量的产品，这样它们能够在市场上建立良好的声誉。该阶段的重点通常是在研发和市场教育上。早期的生产者有时喜欢把握"先发优势"，根据他们的经验，越是有机会建立起良好的声誉，也就越有机会树立起进入壁垒，这些进入壁垒包括专利权或专有的分销渠道等。[49]

如果竞争者成功地满足了早期顾客需求，需求就会增长得更加迅速，产业也将进入成长期。在个人计算机产业，成长期由被称作 Visicalc 的电子表格程序推进，亦为当 IBM 进入市场之时。这些事件标志着个人计算机作为商用机器的合法性，它能刺激增长。

在成长期，新的竞争对手进入市场，但是由于需求急速增长，因此市场机会对每个企业来说都很充足。竞争对手关注产品和服务设计，以满足顾客需求，避免直接面临竞争。随着需求的大幅扩张和竞争者的增加，已有的竞争者可能尝试通过建立足够大的能够享受规模经济的新工厂、用合同掌握产品的供应和分销或者通过广告和新的产品功能及售后服务获得产品差异化，从而达到建立进入壁垒的目的。在成长期期末，成长趋于稳定，一些企业无力开发对顾客有价值的产品功能，或者它们试图使长速度快于资源所能允许的极限，因而常常会出现竞争性轻度衰退，使竞争者减少。

在许多产业中，竞争对手开发新的、有创新性的产品，可能出现主流产品设计，以满足大部分市场需求。[50]当它显而易见时，顾客会优先选择特别的包装设计或整套服务。许多竞争对手都会跟风，开始生产相同的产品，以便进入大的、主流的细分市场。那些未采用主流产品设计的竞争对手将被迫服务于处于市场高端和低端的利基细分市场。在个人计算机产业，Wintel（意指计算机的体系结构由英特尔微处理器和微软操作系统组成）成为主流产品设计。大多数个人计算机制造商至今一直采用主流产品设计。未采用主流产品设计的苹果电脑公司便生存于利基细分市场。[51]随着主流设计的出现，产品更为标准化，竞争倾向于集中在成本降低、产品质量及实用性方面。如果市场增长率趋于缓慢，实力薄弱的竞争者会发现他们无法维持足够的销售量和利润，用以维持自身发展。这时，他们会转卖资产、宣布破产或被强有力的竞争者并购。

在成熟期，随着需求的稳定增长，高效的大批量生产逐渐成为制造战略的主导。自从产品标准化（主流产品设计）以来，客户们更多地关心价格和可靠性。当企业成功地研发出新产品时，其他企业很快就会推出相似产品。因此，产品差异化变得越来越难。在这个阶段，市场营销、分销渠道的效率和对成本的控制显得越来越重要。戴尔计算机凭借其低成本和直销途径在个人计算机产业的成熟期取得了巨大成功。

最后，在产品成熟期或衰退期，严格的成本控制而带来的效率是成功的关键。既然此时产品标准化程度很高，那么价格就成为非常重要的竞争基础了。竞争将会非常激烈，企业可能再次选择退出，特别是当需求像图表 5-5 中曲线 C 时或当退出壁垒非常低的时候。拥有大量不能挪作他用的资产、中断合同或推倒厂房的高昂成本以及解雇工人的社会成本等退出壁垒都可能会迫使企业难以退出。[52]个人计算机产业毫无疑问地处于成熟期。企业并购和收购使得制造商在价格上竞争激烈。这些制造商将原始的个人计算机作出了一些改变，如手提电脑、笔记本电脑、智能手机及平板电脑。这些产品经常用于替代原始的台式电脑。

为避免衰退期的所有不利影响，企业可能会集中力量瞄准那些仍在成长中的产品市场，有些创新型企业也许能够开发出一种能够完全替代原有产品或者使原有产品过时的新产品。例如，台式电脑及CD的出现替代了打字机和唱片。一些企业则将坚持生产直到另外一些企业最终离开该市场为止，到那时竞争的减弱将带来利润的增加与市场份额的扩大。[53]如同目前烟草业正在发生的那样。一个最近的例子就是奥驰亚公司对于UST的收购。奥驰亚公司是莫里斯公司的总公司，是最大的烟草制造商，UST是美国最大的无烟烟草生产者。

我们能从生命周期理论中吸取的一个教训是企业在产品演化过程中必须不断地改进产品。尽管产品创新及产品差异化在早期是有价值的，不过一旦出现了受到广泛认可的主流产品，即使企业仍然在产品开发进行投入，其战略重心也必须转移到低成本和服务上。

总之，识别产品或产业生命周期的每个阶段能够在企业制定业务层面的战略时提供方向性指导。随着企业组织调整它们的战略，它们需要确定开发何种与众不同的能力以获得竞争优势。

要点总结

本章讨论了事业部层面的战略，它们指出了企业在特定市场上进行竞争的途径。本章中重要的内容有以下几点：

1.事业部层面的经理的职责包括：为事业部设定总体方向，实时分析变化中的经营环境，选取增长战略和竞争战略，管理能够创造出用以支持事业部层面的战略并发展职能层面的战略的资源。

2.本章讨论的一般事业部层面战略是指成本领先、差异化和最优成本。聚焦战略将一种一般事业部层面的战略限制在某一有限的目标市场中。

3.成本领先的企业积极寻求以最低的成本生产产品和服务的途径。可以通过高生产能力利用、规模经济、先进技术和学习/经验效应来获得低成本领先地位。

4.实施差异化战略的企业试图通过与众不同的产品和服务显示自己对顾客的价值。差异化战略是以满足顾客为基础的，过硬的质量、超前的研发、出色的人力资源管理或者通过广告建立起的良好的声誉和品牌都可以成为差异化战略的实现方式。

5.最优成本战略是结合了差异化和成本领先战略双方特征的战略。

6.商业模式定义了企业为顾客实现价值的方式、顾客的支付方式以及这些报酬如何转变为利润。商业模式中最重要的要素包括识别目标细分市场、决定顾客可能从产品和服务创造价值的来源中取得的利益、选择将要嵌入产品或服务中的独特特征和技术、决定在创造收益和利润的同时获得价值、价格策略以及证明足够的需求在目标市场中的有效性。

7.竞争策略是指企业在动态竞争环境中采取的举措。它包括增长战略、进攻策略、防守策略、协作策略、政治策略、回避策略和促进战略灵活性的策略。

8.各种国际战略为公司选择不同的国际扩张途径来实现自身的增长和竞争战略提供了机会。

9.了解产业生命周期能够帮助企业确定其业务战略的独特性，或者帮助企业理解产业增长速度和竞争状况的改变是如何影响战略抉择的。

注释

1.T.F.Mortensen，"The LEGO History，" http：//aboutus.lego.com/en-us/lego-group/the-lego-history/（January 9，2012）；B.Wieners，"Lego Is for Girls，" Bloomberg Business Week（December 19，2011）：68-73；D.Meister and P.Bilgus，Lego Group：Building Strategy（London，ON：Richard Ivey School of Business Foundation，September 13，2011）.

2.This discussion of generic strategies draws heavily from concepts found in M.E.Porter，Competitive Strategy：Techniques for Analyzing Industries and Competitors（New York：The Free Press，1980）：Chapter2.

3.E.Mansfield，"How Rapidly Does New Industrial Technology Leak Out？" Journal of Industrial Economics 34（December，1985）：217.

4.P.Ghemawat，"Sustainable Advantage，" Harvard Business Review 64（September/October，1986）：53.

5.J.Ellis，"The Obsolete Jobs Club，" Bloomberg Business Week（February 6，2012）：22-24.

6.This discussion of factors leading to cost sayings is based，in part，on R.Stagner，"Corporate Decision Making：An Empirical Study，" Journal of Applied Psychology 53（1969）：1-3.

7.A.Taylor，III，"Tata Takes on the World，" Fortune（May 2，2011）：87-92.

8.J.Uotila，M.Maula，T.Keil，and S.Zahra，"Exploration，Exploitation and Financial Performance：Analysis of S&P 500 Corporations，" Strategic Management Journal 30（2009）：221-231.

9.A.A.Thompson，Jr.，and A.J.Strickland，Jr.，Strategic Management：Concepts and Cases，11th Ed.（Boston：Irwin/McGraw-Hill，1999）；C.W.L.Hill，"Differentiation versus Low Cost or Differentiation and Low Cost：A Contingency Framework，" Academy of Management Review 13（1988）：403.

10.N.Shirouzu and J.Murphy，"A Scion Drives Toyota Back to Basics，" Wall Street Journal（February 24，2009）：A1，A4；M.Walton，Deming Management at Work（New York：G.P.Putnam's Sons，1990）.

11."A Conversation with Roberto Goizueta and Jack Welch，" Fortune（December 11，1995）：98-99.

12.D.J.Teece，"Business Models，Business Strategy and Innovation，" Long Range

Planning 43（2010）：172.

13.Ibid：172-194.

14.C.Zott and R.Amit，"The Fit between Product Market Strategy and Business Model：Implications for Firm Performance，"Strategic Management Journal 29（2008）：1-26.

15.P.Weill，T.W.Malone，and T.G.Apel，"The Business Models Investors Prefer，"MIT Sloan Management Review 52（4）（2011）：16-19.

16.J.Schumpeter，The Theory of Economic Development（Cambridge，MA：Harvard University Press，1934）.

17.A.McConnon，"Making It Easier to Treat HIV/AIDS，"Business Week（April 6，2009）：46-47.

18.F.Mas-Ruiz and F.Ruiz-Moreno，"Rivalry within Strategic Groups and Consequences for Performance：The Firm-Size Effects，"Strategic Management Journal 32（2011）：1286-1308；K.G.Smith，C.Grimm，and M.Gannon，Dynamics of Competitive Strategy（London：Sage Publications，1992）.

19.G.Clarkson and P.K.Toh，"Keep Out Signs：The Role of Deterrence in the Competition for Resources，"Strategic Management Journal 31（2010）：1202-1225.

20.G.Young，K.G.Smith，and C.Grimm，"Austrian and Industrial Organization Perspectives on Firm-Level Competitive Activity and Performance，"Organization Science 73（1996）：243-254.

21.C.M.Grimm and K.G.Smith，Strategy as Action：Industry Rivalry and Coordination（St.Paul，MN：West Publishing，1997）.

22.S.Ethiraj and D.H.Zhu，"Performance Effects of Imitative Entry，"Strategic Management Journal 29（2008）：797-817.

23.P.Ghemawat，Strategy and the Business Landscape（Upper Saddle River，NJ：Prentice Hall，2001）.

24.T.Yu，M.Subramaniam，and A.J.Cannella，Jr.，"Rivalry Deterrence in International Markets：Contingencies Governing the Mutual Forbearance Hypothesis，"Academy of Management Journal 52（2009）：127-147.

25.J.Gimeno and C.Woo，"Multimarket Contact，Economies of Scope，and Firm Performance，"Academy of Management Journal 42（1999）：323-341.

26.F.Polidoro，Jr.，and P.K.Toh，"Letting Rivals Come Close or Warding Them Off? The Effects of Substitution Threat on Imitation Deterrence，"Academy of Management of Journal 54（2011）：369-392.

27.Grimm and Smith，Strategy as Action.

28.V.Navickas and V.Mykolaityte，"The Alternation of the Strategic Alliances Paradigm in the Global Economy，"Economics and Management，15（2010）：155-158；S.H.Ang，"Competitive Intensity and Collaboration：Impact on Firm Growth across Technological Environments，"Strategic Management Journal 29（2008）：1057-1075.

29.B.R.Barringer and J.S.Harrison，"Walking a Tightrope：Creating Value Through

Interorganizational Relationships," Journal of Management, 26 (2000): 367-404.

30.C.Dhanaraj and A.Parkhe, "Orchestrating Innovation Networks," Academy of Management Review 31 (2006): 659-669.

31.G.A.Fowler and J.E.Vascellaro, "Sony, Google Mount Challenge to Amazon over Digital Books," The Wall Street Journal (March 19, 2009): B5.

32.R.Abramson, "Pegasus Gets a Lift from Online Hotel-Reservation Deal," The Wall Street Journal (February 12, 2002): B4; J.N.Ader and T.McCoy, "Web Storm Rising," Lodging Industry (August 2002): 1.

33.J.Sapsford and P.Beckett, "Visa and Master-Card Must Allow Banks to Issue Rivals' Credit Cards, Judge Rules," The Wall Street Journal (October 10, 2001): A3.

34.Empirical support of this phenomenon is found in K.B.Grier, M.C.Munger, and B.E. Roberts, "The Determinants of Industry Political Activity, 1978-1986," American Political Science Review 88 (1994): 911-925; a descriptive review of this problem id found in I. Maitland, "Self-Defeating Lobbying: How More Is Buying Less in Washington," Journal of Business Strategy 7 (2) (1986): 67-78.

35.W.C.Kim and R.Mauborgne, Blue Ocean Strategy: How to Create Uncontested Market Space and Make the Competition Irrelevant (Boston: Harvard University Business School Press, 2005).

36. "BOS Strategic Moves", http: //www.blueoceanstrategy.com/about/lead/BandN. html (April 6, 2009).

37.K.Z.Zhou and F.Wu, "Technological Capability, Strategic Flexibility, and Product Innovation," Strategic Management Journal 31 (2010): 547-561; K.R.Harrigan, "Strategic Flexibility in the Old and New Economies," in M.A.Hitt, R.E.Freeman, and J.S.Harrison, eds., Blackwell Handbook of Strategic Management (Oxford, UK: Blackwell Publishers, 2001): 98-123.

38.G.S.Yip, Total Global Strategy II (Upper Saddle River, NJ: Prentice Hall, 2003).

39.M.Szalucka, "Acquisitions versus Greenfield Investment - The Impact on the Competitiveness of Polish Companies," Journal of Business Management 3 (2010): 5-13; C. W.L.Hill, P.Hwang, and W.C.Kim, "An Eclectic Theory of the Choice of International Entry Mode," Strategic Management Journal 11 (1990): 117-128; C.W.L.Hill and G.R. Jones, Strategic Management: An Integrated Approach (Boston: Houghton Mifflin, 1992): 254-259.

40.A.Rugman, C.Oh, and D.Lim, "The Regional and Global Competitiveness of Multinational Firms," Journal of the Academy of Marketing Science 40 (2012): 218-235.

41.J.Yu, B.A.Gilbert, and B.M.Oviatt, "Effects of Alliances, Time, and Network Cohesion on the Initiation of Foreign Sales by New Ventures," Strategic Management Journal 32 (2011): 424- 446; H.Zhang, C.Shu, X.Jiang, and A, J, Malter, "Managing Knowledge for Innovation: The Role of Cooperation, Competition and Alliance Nationality," Journal of International Marketing 18 (2010): 74-94.

42.J.D.Townsend, S.T.Cavusgil, and M.L.Baba, "Global Integration of Brands and New Product Development at General Motors," Journal of Product Innovation Management 27 (2010): 49-65.

43.P.Engardio and M.Arndt, "How Cummins Does It," Business Week (August 22, 2005): 82-84.

44.S.P.Douglas and Y.Wind, "The Myth of Globalization," Columbia Journal of World Business 22 (Winter, 1987): 19-29.

45.A.M.Rugman and A.Verbke, "A Regional Solution to the Strategy and Structure of Multinational," European Management Journal 26 (2008): 305-313; C.A.Bartlett and S. Ghoshal, "Managing across Borders: New Organizational Responses," Sloan Management Review 29 (Fall, 1987): 43-54.

46.J.Matusitz, "Disney's Successful Adaptation in Hong Kong: A Globalization Perspective," Asia Pacific Journal of Management 28 (2011): 667-681.

47.M.Peltoniemi, "Reviewing Industry Life - Cycle Theory: Avenues for Future Research," International Journal of Management Reviews 13 (2011): 349-375.

48.M.L.Verreynne and D.Meyer, "Small Business Strategy and the Industry Life Cycle," Small Business Economics 35 (2010): 399-416; C.R.Anderson and C.P.Zeithaml, "Stage of the Product Life Cycle, Business Strategy and Business Performance," Academy of Management Journal 27 (1984): 5-24; C.W.Hofer and D.Schendel, Strategy Formulation: Analytical Concepts (St.Paul, MN: West Publishing, 1978).

49.B.Shao, "First - Mover Advantage: Flexible or Not?" Journal of Management and Marketing Research 7 (2011): 1-13.

50.P.H.Soh, "Network Patterns and Competitive Advantage Before the Emergence of a Dominant Design," Strategic Management Journal 31 (2010): 438-461.

51.C.H.St.John, R.W.Pouder, and A.R.Cannon, "Environmental Uncertainty and Product-Process Life Cycles: A Multi-level Interpretation of Change over Time," Journal of Management Studies 40 (March, 2003): 513-543.

52.K.R.Harrigan and M.E.Porter, "End - Game Strategies for Declining Industries," Harvard Business Review 61 (July-August, 1983): 111-120.

53.N.Hensel, "Can Industry Consolidation Lead to Greater Efficiencies? Evidence from the U.S.Defense Industry," Business Economics 45 (2010): 187-203.

第6章

公司战略

战略聚焦

塔塔集团

塔塔集团创建于1868年，是印度最大的商业集团，业务遍及欧洲、亚洲、大洋洲、北美洲和南美洲，超过80个国家。塔塔公司的商业运营涉及7个业务领域，包括通信和信息技术、工程、材料、服务、能源、消费产品和化工产品。塔塔集团的主要公司包括塔塔钢铁公司、塔塔汽车公司、塔塔咨询服务公司、塔塔电力公司、塔塔化工公司、印度酒店集团以及塔塔通信公司。塔塔钢铁公司是世界前十大钢铁制造商之一。塔塔汽车公司是世界排名前5位的商用车辆制造商之一。塔塔集团的综合收入超过800亿美元，其中58%来自于海外业务，集团在全球拥有雇员425 000多人。

每个塔塔公司或企业都是独立运作的，但会分享部分资源。例如它的顾问团队，塔塔咨询服务公司在为包括英国航空公司和荷兰银行在内的很多外部公司提供咨询服务的同时，也在塔塔公司内部提供咨询。塔塔集团的管理中心由董事长拉丹·塔塔和其他高管构成，他们通过制定总体政策、保护并推广塔塔品牌以及评估集团内部不同商业领域间的业务组合来对企业进行领导。

尽管塔塔实行多样化的运营，董事长仍然希望能够将创新精神融入集团内部。最近，《商业周刊》将塔塔集团评为世界最具创新精神的25家企业之一。纵观它的发展史，塔塔创立了印度第一家轧钢厂、发电厂、航空公司以及国产汽车生产厂。塔塔化工公司致力于研发无电低成本抗菌水体系，塔塔电力公司在智能电网技术领域处于领先地位。然而，最近引起轰动的创新是塔塔汽车公司的低价汽车——塔塔纳米。这款汽车以大量的创新为特点。塔塔的首家汽车研发中心并不在印度，而是在英国。

除了内部创新和市场渗透带来的增长，公司同样实行强有力的收购策略。塔塔收购了一家四星级纽约酒店——皮埃尔酒店和英荷钢铁公司——康力斯集团。最近几年，塔塔相继收购了豪华车制造商捷豹路虎、美国咖啡连锁企业八点钟咖啡以及美国通用化工产品公司。[1]塔塔集团实行的公司层面战略被称为非相关多元化，是指集团涉足多项业务，并且其中的多数业务并不享有共同技术或市场。因此，不同的业务领域实行独立运作，公司管理策略基本由制定总体政策以及管理业务组合构成。尽管各企业独立运营，塔塔集团仍尝试在整个集团内发展独创精神。

本章研究的是在制定公司战略时高层管理人员的作用、他们使用的战略工具（比如兼并和收购），并为公司层行为如何提高组织价值提供理论。我们还要讨论业务单元彼此相关的方式，并提出在这些业务相似性的基础上，建立公司竞争能力的原理。然后，我们将分析企业多元化的策略。

公司层面的主要战略责任包括设定整个组织的方向、确立公司战略、选择竞争的业务、选择多元化和增长的策略以及公司资源和能力的管理。图表6-1列出了这些责任和每个责任的关键问题。

图表6-1　　　　　　　　　　主要的公司层面战略的管理职责

主要职责	关键问题
方向的制定	组织任务、愿景、企业战略和长期目标的制定和交流
公司层面战略的形成	公司层面战略的选择——集中、垂直一体化、多元化、国际扩展，选择能建立整个公司优势的资源和能力
业务和组合管理的选择	公司组合管理 关注每个事业部的资源——资产设备资源、研发等的分配
多元化和增长战略的选择	多元化方法的选择——内部风险投资、收购、合资
资源管理	资源的收购或可持续竞争优势的能力的发展 事业部战略和适当的公司管理结构的形成 适当的公司结构的形成

6.1　公司战略的形成

三个主要的公司战略是集中战略、垂直一体化战略和多元化战略。多元化战略可分为非相关多元化和相关多元化。这些话题将在本章深入讨论。

6.1.1　集中

大多数组织的业务是从单一产品组和服务组，或者单一市场开始的。这种公司层面的战略叫做集中。联邦快递、达美乐比萨饼、Lands' End和三角航空公司都经营的是单一业务。集中战略能获得的收益很大程度上依赖于企业所属的行业及所处的国家。当一个行业和国家的条件比较具有吸引力时，集中战略的优势则很明显。

首先，单一业务战略可以使组织掌握一个业务和行业环境。专业化可以使高层管理者获得业务和行业的深层次的知识，这样将会减少战略失误。

其次，所有的资源都是为了发展单一的业务，这样比较有利于组织发展建立可持续竞争优势所需要的资源和能力。通过集中于单一业务，企业能将资源集中于一些可获得增长和收益的战略，正如第5章中所讨论的一样。

再次，集中战略能防止大型多业务企业常具有的管理机构和人员的臃肿，避免由此增加的管理费用，防止业务单元灵活性受限。

最后，集中战略能使企业在与其他公司的竞争中，把在业务中获得的收益用于投资，而不是仅仅拥有投资资金。

从另一个角度说，集中战略也具有风险，尤其是当环境不稳定的时候。因为组织仅仅依赖一个产品或业务领域的发展，外界的变化将明显地降低组织绩效。美国航空业就是组织绩效不确定性效应的一个很好的例子。因为航空产业在解除管制之前，大多数大的航空公司是盈利的，因为它们有受保护的航线和固定的价格。然而解除管制和随之而来的竞争损害了所有航空公司的收益。因为大多数大的航空公司都追求集中战略，它们没有其他的业务领域来弥补损失。结果，一些航空公司被收购或者破产。美国公务机运营商的放松管制和财务危机也使得支线运营商（如西南航空）有机会扩张它们的核心市场。

产品淘汰和产业的成熟也使追求集中战略的组织产生了额外的风险。如果一个组织的主要产品进入成熟期或衰退期，在组织研发出另一种能在市场畅销的产品之前，组织的绩效都会受到影响。一些组织因为仅仅拥有在一个业务领域内经营的经验，永远都不能复制它早期的成功，所以当这个业务领域发展势头不好时，它们转而从事其他领域的能力就比较有限。

集中战略也会导致不平衡的现金流和收益。因为业务是增长的，需要在资本设备和市场方面的额外投资，所以组织可能发现自己陷入"现金匮乏"的状况。另一方面，一旦增长稳定，组织发现自己"现金充裕"，但在这个业务中可获益的投资机会却很少。实际上，这可能是成熟市场的组织开始多元化的重要原因之一。[2]当现金不能投资于进行创新、业务复兴时，组织管理者可能要寻找其他增长的领域。最后，集中战略对于领导者来说不具有足够的挑战或刺激。换句话说，他们可能会开始对年复一年地做同样的事而感到厌倦。但也有例外，快速增长的组织就不是这样的，因为增长能产生刺激和晋升机会。

许多成功的组织因为市场饱和、竞争加剧或其他原因而放弃集中战略，公司战略是从集中战略向垂直一体化，或向产品、市场、资源多元化转换的过程演化的（如图表6-2所示）。[3]资源转换过程描述了企业将投入转化为产品或服务的技术。企业可能一段相当长的时间内继续实施多样化或垂直一体化策略，在某种程度上，它们会经历企业绩效的严重下滑或其他形式的危机。就这一点来说，大多数企业会通过不同形式的重构来改善绩效。重构将在第7章讨论。

图表 6-2　　　　　　　　　　　　　　　　**公司层战略的形成**

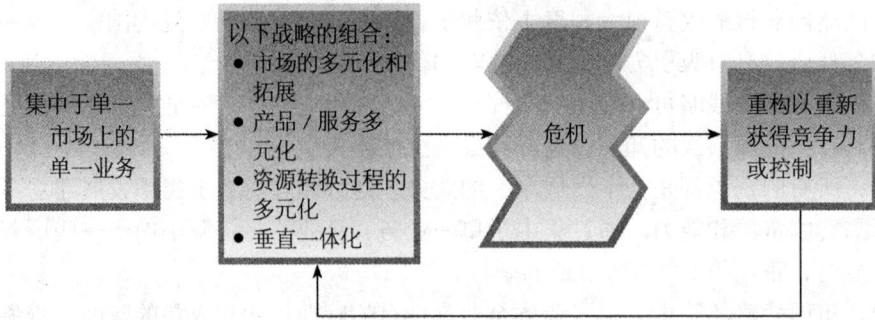

6.1.2　垂直一体化

*垂直一体化*是用来描述一个企业深入到产业供应链某些阶段的程度。[4]图表6-3列出了一个典型的产业供应链是从*原材料*（如木材、矿石、原油）*提取*开始的。在*初级加工*阶段这些原材料被转换为商品，比如木质纸浆和铁。初级加工阶段指制造那些用于装配最终产品（比如汽车的发动机、转换机和刹车系统）的零部件的阶段。*最终产品制造阶*段指消费前的最终产品的制造（比如汽车的最终装配）的阶段。在这一阶段，品牌变得十分重要，因为消费者把最终产品的品牌和一定水平的质量、服务与信誉联系起来。最后，*批发*是最终产品销售到零售终端的渠道，*零售*是把这些产品销售到最终消费者的环节。一些产品的销售越过批发和零售阶段，而通过制造商直接销售到消费者手中。同样，当企业逐渐使用因特网组织消费者的购买行为时，一些产业中的批发分销渠道也几乎可以省略。

图表 6-3　　　　　　　　　　　　**制造企业的产业供应链**

一些产业（如钢和木制品）中的企业是垂直一体化，而另一些产业，如服装产业是有限的垂直一体化（大多数企业只从事一个或一些阶段）。企业追求垂直一体化可能具有各种各样的原因，比如提高效率，希望能逐渐控制供应质量或者产品销售方式，得到关于供应商和市场的更完全的信息，以及通过协调而更容易形成产品差异化，或者仅仅因为它们相信它们能通过承担一项其他公司良好运作的业务而提高它们的收益。[5]比如，迪士尼公司和其他娱乐业巨头从事电影、电视演播室、电影发行、广播和有线网络、主题公园，企图通过产品的概念控制消费者。

交易成本经济学是研究经济交易和交易成本的，它从成本的视角为研究垂直一体化提供了新的角度，有助于解释垂直一体化所适用的情况。[6]从交易成本的视角来看，在开放市场上企业能为它们需要的产品和服务讨价还价，自己也能生产这些产品和服务（如垂直一体化）。如果在契约制定过程中或执行中没有花费过多的时间和资源，且组织能从竞争性开放市场上获得所需要的资源，它们的最佳战略可能是从市场中购买而不是垂直一体化。然而，当交易成本非常高，组织必须在组织内部生产商品或服务，而不是在开放市场上购买时，这种情况叫做市场失灵，意思是相对来说，市场并不是具有吸引力的选择。

以下四种情况中最常发生市场失灵。第一，未来高度不确定，识别所有可能发生的情况及在契约内表现这些可能性的成本太高了，甚至是不可能的。第二，只有一个或少数供应商提供商品或服务，并且这些供应商只追求自己的利益。在这种情况下，企业只需决定是选择一个供应商来购货还是在内部生产所需产品或服务。第三，交易的一方比另一方有更多关于交易的知识。在就合同条款的讨价还价中，这些知识倾向于被用来维护自己的利益。第四，如果供应商投资的资产只能被用作生产一种消费者所需的特定产品或服务，为了对这种投资风险负责，供方将会提高定价。也就是说，如果消费者取消对某种商品或服务的订单，供方的这种资产就将失去价值。这就是资产专用性。例如，假设自行车装配公司需要一种特殊的钛合金自行车架，这种车架的供应商必须建造新的机器来生产这种车架。而且，这种新型机器只能用来生产这种新型材料。那么，为抵消这种风险，供应商将会征收高额保险费用。在很多情况下，顾客会选择自己建造这种机器，并生产所需的自行车车架。

并没有大量的研究表明垂直一体化战略能比其他公司层面的战略获得更多的收益。[7]垂直一体化战略常要求公司具有一些目前不具备的技能。一个企业能掌握该产业供应链中的一个阶段，就没有必要在其他阶段也做得很好。从这个角度来说，垂直一体化与我们在后面讨论的非相关多元化比较相似。[8]而且，垂直一体化可能将企业锁定到无利可图的相邻业务，从而增加协作成本，限制了企业从供应商和顾客方面得到的价值信息。[9]

然而，这并不意味着所有的垂直一体化战略都是无利可图的。一项研究表明垂直一体化能减少管理、销售、研发成本，但是生产成本较高。研究认为生产成本高可能是因为缺乏对内部供应商的激励，因为内部供应商具有稳定的客户，他们没有在竞争市场上所具有的降低成本的动力。[10]如果企业能够克服这一问题，垂直一体化战略将会非常成功。另一项研究发现，垂直一体化与外包的结合有助于提高盈利能力，并使企业的选择权保持一定程度的开放性。[11]这种结合战略被称作锥形一体化。研究者认为垂直战略在国际扩张中对发展竞争优势非常重要。[12]关于所有这些战略应该记住的重要的一点是：一些公司正在成功地实施这些战略。

6.1.3 多元化

公司的多元化战略按照其所在的产业和市场描述了公司的经营范围。图表6-4列出了一些多元化的原因[13]，分为战略原因和个人动机两类。前者常在普遍的商业压力中被董事们引用，后者是CEO们追求多元化的个人动机。正如我们在第5章中讨论过的，如果CEO以牺牲股东和其他利益相关者的利益为代价，通过多元化来追求自身利益，就产生了代理问题。[14]

多元化可被分成两大类：相关多元化和非相关多元化。相关多元化是指组织的活动与主要或"核心"业务相关，这些活动通常具有共同的市场或相似技术。非相关多元化是不依赖于任何形式的多元化。大量研究表明，多样化与企业绩效之间存在曲线相关关系。[15]企业开始多样化的同时，会获得更高的绩效，但是在一些情况下，当企业多样化水平进一步提高时，企业绩效会趋平甚至降低，如图表6-5所示。

图表6-4 多元化的原因

战略原因

通过投资于不同的业务或在动荡较小的环境中投资而减少风险

稳定或提高收益

提高增长率

在低增长传统领域能产生的现金,超过它们获得利润需要的现金(组织障碍)

资源、能力和相关业务核心能力的应用

协同/范围经济的产生

过度债务的使用(组织障碍)

希望学习新技术

提高市场能力

希望挽救失败的业务,产生高收益

CEO个人动机

希望提高权力和地位

通过运营更大的企业获得补偿

希望提高企业价值

渴望得到更有趣和更具挑战的管理环境(厌倦)

图表6-5 多元化水平与企业绩效的关系

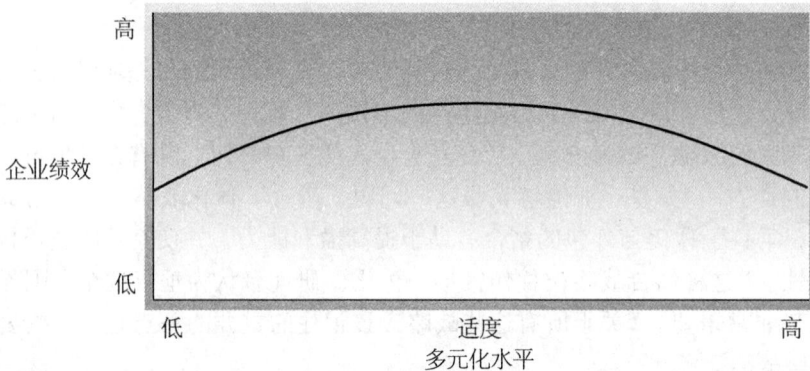

非相关多元化。一些大型非相关多元化的企业常被称为*集团*,因为这些公司是非相关业务的集合。之前讨论过的塔塔集团就是一个例子。荷兰皇家飞利浦电子公司也是,该公司涉足各个不相关行业,包括医疗保健、电子照明、保健和健康、家用电器、咖啡、个人护理用品和电子产品。[16]从理论上讲,非相关多样化企业可以通过金融经济获得高收益。[17]一种类型的金融经济来自企业向组织中最具增长和盈利潜力的业务领域分配资本的能力。另一种类型的金融经济是指企业对其他组织的并购以及对所并购的公司资产的重构。后一种类型的金融经济来自大型集团企业,从理论上来讲,这会引起更具吸引力的金融选择（如低债务利息率）。

许多针对美国公司的研究证实,追求非相关多元化的公司的盈利能力要比追求其他公司层战略（如集中或相关多元化）的公司稍弱一些。[18]证据还表明非相关多元化比其他战略具有更多的风险。[19]因为产业的复杂性以及技术的变化,非相关多元化非常需要公司层面的管理者。实际上,在一个非相关多元化企业中,对于一个管理者来说,理解每一个核心技术及评价非相关多元化中每一个个体单元的特殊要求是很困难的,因此管理的效率比较低。

虽然非相关多元化的整体效果可能不尽人意，但一些采用该战略的企业依然运营良好。荷兰皇家飞利浦电子公司和日本日立公司的绩效良好。通用电气作为世界最大的企业集团之一，其财务绩效同样连年维持高水平，尽管它在近年来面临很多挑战。此外，越来越多的证据表明，在欠发达国家，多元化程度较高也会使得公司取得良好的财务绩效。[20]大型企业，如塔塔集团，看起来在向盈利能力较强的业务领域配置资源方面比缺乏效率的资本市场更有效。而且，企业集团因其拥有巨大资源而能克服一些与基础设施落后有关的困难。例如，一家高度多元化的大型企业可能在运输、建设、发电等业务领域拥有相应的技能和资源，它们能帮助企业解决在这些业务领域中遇到的问题。

相关多元化。 大多数关于多元化战略的研究表明在多元化业务中，相关多元化能产生较高的绩效。[21]而且，相关多元化看似可以降低金融风险，可能是因为它使得公司能够享有金融方面的优势，减少对管理者不足支配的业务领域的依赖。[22]日本本田汽车公司实行相关多元化战略。本田公司的多元化战略集中在发展和制造使用其高效内燃机的产品上。公司提供不同种类、不同风格的汽车，以适应销售国的不同需求。本田的摩托车业务包括越野车和水上摩托。除了它的汽车和摩托车业务，本田公司的业务同样包括能源产品生产线，如除雪机、操纵杆、剪草机和船外马达发动机。[23]

相关多元化是建立在相似性基础上的，可能是两个业务的产品、服务、市场或资源转换过程等方面的相似性。就本田的例子来说，内燃机是其常见的运营标准。这些相似性可以产生协同，也就是整体大于部分之和。[24]换句话说，一个组织生产两个相关产品或服务应该比两个组织各自独立生产一个产品或服务更有效。同理，相似的市场和相似的资源转换过程也是这样的。比如说，强生公司多元化业务范围较广，然而，实际上所有的业务都与把化学元素转换为药品和化妆品的这个过程有关。

相关性有两种形式：有形和无形。[25]有形相关性指组织具有使用同样的物理资源实现多样目的的条件。有形相关性会通过资源共享引起协同。比如，如果同一个车间生产制造两种相似产品，那么这两种产品能从运营协同中获益。有形相关性产生协同包括以下方面：（1）大量相关产品使用同样的市场或分销渠道；（2）通过中心采购办公室为相关产品购买相似原材料，以获得采购经济性；（3）为从事相同类型工作的不同岗位的员工提供培训；（4）同时推出大量产品，比如美国第三大家电生产商美泰（Maytag）使用它的家用电器业务，尤其是冰箱业务中许多相同的材料、机器、设备制造饮料售货机。

一个领域的能力被用到另一个领域的时候常出现*无形相关性*。如果管理得当，无形相关性能导致管理协同。[26]比如，沃尔玛在零售方面的技能也能直接用于推广山姆会员店。同样，金宝汤公司（Compbell Soup）已经把制造和包装汤的技术运用于其他的许多产品。因为无形资源很难模仿并且永远不会被消耗，所以建立在无形资源（如商标或管理技能及知识）基础上的协同更能创造可持续竞争优势。[27]

一些类型的相关性比实际更需要深入理解。比如，石油和其他形式的能源如太阳能和煤之间的相关性对于一些大石油公司而言更需要深入理解。这些大石油公司面临"相关业务投资"的绩效问题。除此之外，即使相关性比较明显，也要创造协同，也就是说两个相关业务必须相互匹配，且组织领导者必须在业务的合并过程中，为努力创造效率而发挥作用。而且，协同所带来的利益必须超过创造协同所需的成本。增加协调成本具有抵消由相关多元化产生的潜在协同收益的潜力。[28]

有两种形式的匹配：战略匹配和组织匹配。*战略匹配*指组织战略能力的高效率的匹配。比如，两个组织从事两种相关业务，但是它们在同样的领域都比较强，或在同样的领域也都比较弱，将资源合并，协同的潜力被削弱。一旦合并，它们将继续表现出相同的强弱能力。然而如果一个组织在研发上较强，但是缺乏营销能力；而另一个组织在研发上较弱，但是市场营销能力较强，如果管理得当的话，两个组织就有潜力能发展得更好。当两个组织或业务单元具有相似管理过程、文化、系统和结构时，就说两个组织的*组织匹配*。[29]组织匹配使组织更易于兼容，这样会加速资源共享、交流及知识和技能的转移。战略匹配和组织匹配大幅增加了在两个相关业务之间创造协同效应的可能性。

假定组织的领导者决定把追求多元化作为公司战略，他们还必须决定贯彻执行这一战略的方法。我们将在下一部分讨论追求多元化的方法。

6.2　多元化方法

一旦一个组织决定采用多元化战略，可以采用三个基本方法：内部风险投资（自己开展新的业务）、收购或战略联盟，如合资。

6.2.1　内部风险投资

内部风险投资成功与否取决于组织的研发能力，因为只有在核心组织内部，对风险投资项目才具有较大的控制。例如，塔塔集团通过自己的研发努力创造了纳米汽车。此外，资产信息不必和其他公司共享，所有的收益都被保留在组织内。3M公司具有很长的内部发展新风险投资的历史。3M公司拥有各种基于化学的核心能力，在这个基础上，公司成功地发起新业务，新业务应用于光学材料、研磨剂，以此来接近消费者、产业和医药市场。维珍公司是一个英资企业，它使用内部风险投资成功地开展大量的业务，比如航空、音乐、移动通信、休闲度假、葡萄酒和出版业等业务。

尽管内部风险投资具有较大的收益，但失败的风险高，即使是成功的投资仍然需要很多年后才开始获利。[30]事实上，内部风险投资的低速常常导致管理者在希望企业多元化发展的时候认真考虑收购。[31]如果企业取得既有的业务，收益就会立即进入新的业务领域。此外，如果被收购的公司业已取得了成功，收购公司的管理者就会觉得失败的风险较低。然而，收购也存在风险和问题，对此我们将在下一部分阐述。

6.2.2　并购行为

作为企业投资的另一种方式，许多组织选择采用收购的方式实现多元化。实际上，收购常被看作"创新的机构"。[32]兼并是两个组织合并成为一个组织。收购是兼并的最一般的形式，是指一个组织购买另一个组织的股票或资产，或者通过直接从所有者那里购买这个组织，来获得对这个组织的控制权。例如，金宝汤公司用16亿美元收购了健康快餐和有机果汁制造商博尔豪斯，以便更好地利用有机食品市场不断增长的机会。[33]再比如，强生用197亿美元及股权收购了辛迪斯。强生计划将它旗下的帝普公司与辛迪斯进行整合，以创造出世界上综合性和创造性最强的整形业务。[34]

收购能较快地达到以下目的：（1）进入新市场；（2）接受新产品或服务；（3）学习新的资源转换过程；（4）接受需要的知识和技能；（5）垂直一体化；（6）开拓市场；（7）满足企业领导者的需求；（8）在既有业务领域增加市场份额（之前提到的横向一体化战

略）。[35]不幸的是，大多数研究结果似乎表明：一般来说，并购并不能增加被收购企业股东的财务收入。[36]一项研究发现，收购会导致收益的下降、研发支出的减少、专利项目的减少和财务杠杆作用的增强。[37]另一项关于多元化的研究记录了将近40年间的大部分大企业的多元化发展过程，认为这些企业对被收购的企业的剥夺多于给予。[38]图表6-6列出了一些收购降低收益的原因。平均来说收购降低了收益，至少在短期内降低了收益。

图表6-6 **并购行为的许多潜在问题**

高财务成本

1. 收购企业需要支付溢价。如果一个公司在被收购前，在相对有效的金融市场上每股价值50美元，而购买这个企业需要支付75美元(一般溢价)或更多

2. 利息成本增加。许多收购是通过以高利息率借款获得财务支持的。在收购中，杠杆作用一般会增强

3. 高顾问费用和其他交易成本。雇用经纪人、律师、金融家、顾问等通常要花费数百万美元。此外，文件归档费、文件准备和谈判中的法律费用也是非常高的

4. 毒丸。这些反并购机制使组织对于潜在购买者不具吸引力。目标企业的高层管理者在设计大量的毒丸方面非常具有创造力。毒丸的一个例子是"金色降落伞"，意思是如果企业管理者因为恶意的收购失去了他们的工作，他们应该接受巨额离职金(常常是数百万美元)

战略问题

1. 收购企业管理者的高跳槽率。在大多数组织中，最有价值的资产是它的员工、知识和技能。如果大多数管理者离职了，收购这个企业的价值在哪里？

2. 短期的管理脱离。"做一项业务"使管理者长期脱离核心业务中的关键任务。在这个时期内，企业由谁来掌舵

3. 长期的管理脱离。有时候组织因为运行多元化业务分散了精力，从而没有发现核心业务中那些导致成功的因素

4. 较少的创新。收购导致创新行为减少，影响长期绩效

5. 缺乏组织匹配。如果文化、主导逻辑、系统、结构和并购过程、目标企业不匹配，协同效应是不可能产生的

6. 增长的风险。并购中的杠杆作用的增强会导致更大的财务风险。收购企业可能因为不能成功地管理新收购的企业而产生风险

资料来源 Information in this table came from S.Chatterjee, M.H.Lubatkin, D.M.Schwerger, and Y. Weber, "Cultural Differences and Shareholder Value in Related Mergers: Linking Equity and Human Capital," Strategic Management Journal 13 (1992): 319-334; J.S.Harrison, "Alternatives to Merger-Joint Ventures and Other Strategies," Long Range Planning (December 1997): 78-83; J.P.Walsh, "Top Management Turnover Following Mergers and Acquisitions," Strategic Management Journal 9 (1998): 173-184; J.P.Walsh and J.W.Ellwood, "Mergers, Acquisitons, and the Pruning of Managerial Deadwood," Strategic Management Journal 12 (1991): 201-207.

这并不意味着所有的兼并都注定要失败。最近的一些研究者已经发现一些和兼并成功与否相关的因素。不成功的兼并往往具有以下特点：大额的债务、领导者过于自信或不合格、道德败坏、高层管理或收购组织结构的变动、实施兼并之前的分析（尽职调查）不充分，以及与公司最强的核心业务背离的多元化战略。

成功的兼并常具有的特点是：具有少量或适中的债务、业务的高度相关性并产生协同、友好地谈判（不抵制）、持续地集中于核心业务、仔细选择收购企业并与之谈判（尽职调查）、用现金而不是股权进行兼并以及强大的金融交易地位。[39]此外，研究者发现当

参与兼并的两个企业的文化和高层管理模式相似时，最大的股东将从兼并中受益（组织匹配）。[40]而且，共享的资源和行为对于以后兼并行为的成功是很重要的。[41]事实上，一项研究表明，直到收购企业能够通过自身调整最大限度地利用企业并购所形成的协同优势时，它们的竞争潜力才能被真正释放。[42]

组织通过并购所追求的多元化目标同样能通过战略联盟和合资的形式达到，下面我们讨论这两种形式。

6.2.3　战略联盟和合资

正如我们在第2章中提到的，两个或两个以上组织联合起来就构成了*战略联盟*。战略联盟的形成通常是为了开发新产品和服务，进入新市场，影响政府机构，进行研究，提高技术或其他原因。各类战略联盟均受到企业的青睐。[43]当这种安排是建立在契约的基础上的，联盟的行为独立于组成联盟的企业时，这种联盟就是合资。鉴于本章内容，联盟在这一部分既指建立在平等基础上的合资，也指其他形式的联盟。

世界医药技术领导者美敦力公司对联盟的优势进行了广泛利用。例如，公司与礼来制药公司的联盟以及与医疗保健领域的专业协同，改善了为使用胰岛素的糖尿病患者和其护理者所提供的专业教育。美敦力为联盟提供了先进的技术，而礼来则提供了糖尿病治疗、教育和研究的相关经验。美敦力公司与强生公司在心律失常病人的护理领域也结成了相似联盟。为了共享市场和产品，美敦力公司与中国山东威高医药聚合物集团进行了合资。美敦力享有51%的合资利润，威高享有49%的合资利润。[44]

通过包括并购和合资在内的联盟，企业可以实现共同目标。提高销售额、增加收益以及平衡业务组合是企业收购最为常见的几个原因。[45]然而，组建合资企业最大的好处是资源共享，如美敦力的例子。因为合资行为涉及多个公司，这些公司具有巨大的资源基础。最可能通过合资行为转移的资源包括以下几种：

1. *营销*。企业能获得通过其他方法无法获得的营销信息和资源，比如竞争信息、消费者行为、产业条件和分销渠道。

2. *技术*。参与合资行为的企业能使用一般难以获得的技术技能和专有知识。

3. *原材料和零部件*。一些企业合资的目的在于获得制造过程中的不同的原材料和零部件。

4. *财务*。公司常通过与其他资源合资而获得外部资金。

5. *管理专长*。参与合资的企业通常会使用特定的管理、企业家能力、技能连同其他资源。

6. *政治*。由于正式或非正式的政治要求，一些企业采取合资后能进入发展中国家（如中国或印度），一些企业建立合资能获得一定政治承诺。[46]

合资除了具有资源共享这些优势外，还能提高进入新的领域和市场的速度，因为合资能得到资源扩展的基础。最近，很多人关注通过合资和其他形式的伙伴关系达到学习的目的。正如第3章中提到的，因为组织知识会影响组织的所有部分，所以是特别重要的资源。[47]

合资行为还能在所有参与合资的企业之间分散失败的风险。也就是说，失败将会使每一个合资成员受到的损失少于单个企业自己从事这样的投资失败时遭受的损失。除此之外，合资允许企业更容易地撤离某个业务或者投资于别的资源，因此能增强战略灵活性。[48]对于不平等的合资来说，尤其如此。因此，和兼并、内部投资相比，有时候合资被认为是低风险多元化的选择。

尽管合资具有很多战略优势，但是在一些情况下还是受到一定的限制。比如，每个合资的组织都只控制项目的一部分，并仅按一定比例享有自己创造的增长和收益。因为需要平等地安排多个组织，并管理合资项目，所以产生了高管理成本。[49]和并购一样，如果合资缺乏组织匹配将减少合作的效应，并导致失败。而且，一旦合资一方决定撤资，合资的成功就将受到威胁。[50]

合资将由于投资伙伴的机会主义行为而产生风险。例如，一家公司可能从它的合资伙伴那里获得知识或联系，在切断合作伙伴关系后，即可将之用于未来与同一合作方竞争。良好的契约能减缓，但是不能消除这样的风险。与他国的公司进行合资增加了更多的风险，这是因为存在一些潜在的问题，如沟通不畅（特别是语言不通），企业间管理制度和风格存在差异，对合作伙伴公司的政治、经济和法律环境不甚了解等。

成功的合资行为和联盟需要精密的计划和管理。在合资的形成阶段，三个要素对选择好的合资伙伴至关重要。第一，是伙伴互补性，是指每个伙伴应为联盟贡献出不同的资源。第二，企业间应在文化和工作安排方面互相兼容。第三，合资的每一方都应对联盟尽到相应的义务。这三个要素对使整个联盟创造出的价值大于每个企业单独创造的价值至关重要。此外，合资的成功形成也取决于对协调机制的有效利用，这使得每个企业可以最大限度地利用有效资源。另外，信任度的发展和有效的冲突解决机制也是成功必不可少的因素。[51]

对联盟的管理是成功的另一重要因素。三种基本的管理机制是（1）在合资企业内股权共享；（2）就联盟如何管理以及对可能情况的处理方式等方面签订详细的合同；（3）依赖声誉、友好和信任的自我管理。产权所有权有益于调整合资伙伴的共同利益，并为使合资伙伴的收益与其投资成比例创造基础。合同可以规定合作伙伴间的相互权利、联盟的管理模式以及争端的处理方式，但合同的签订和实施都需要付出高昂价格。

另一方面，关系型治理会导致交易成本降低，这是由于企业相信合作伙伴间行为得当，不需要第三方对此进行监督，并且，当遇到意料之外的情况时，合作各方之间能够灵活地合作解决问题。本质上说，就是信任可以取代书面合同。然而，关系型治理缺乏法律保证，可能导致机会主义行为。对有效治理机制的选择取决于具体情况，而且，这种机制可以联合使用。[52]

就所有的公司层战略而言，执行都是尤为重要的。即便是一个不具吸引力的战略，只要执行有力，也会取得成功。下一节介绍通用电气公司以及其他多元化公司管理它们业务资产时使用的工具。

6.3 组合管理

组合管理指企业资产中混合业务的管理。[53]大型多元化组织如通用电气公司或塔塔集团的 CEO 一直面临着如何在多元化业务单元中划分组织资源，以及投资于什么新的资产的问题。业务资产组合模型就是用来帮助管理者制定这些决策的。[54]

尽管在许多组织中都适用，但是组合管理技术也遭到相当强烈的抨击。[55]然而，因为它们仍然在被使用，所以对于学生来说，理解这些组合管理技术能做什么和不能做什么很重要。[56]我们开始介绍最简单和被广泛使用的业务资产组合模型——波士顿咨询矩阵。模型有很多缺点，主要是因为它的简单以及一些组织没有明白波士顿咨询矩阵暗含的假设而盲目使用模型。然而，大多数其他的资产组合工具都是从波士顿咨询矩阵中转换而来的，因为它简单、易于使用，所以它成为好的起点。后面我们将介绍另一个更完美的模型。

6.3.1 波士顿咨询矩阵

图表6-7介绍的波士顿咨询矩阵（简称BCG矩阵）建立在产业增长率和相对市场份额这两个因素基础上。产业增长率是某一个业务所在产业的增长率。相对市场份额是本企业业务的大小和最大的竞争对手业务的大小的比率。这两个因素被用来衡量这个组织的所有业务，被标记为明星、问号（也称为问题儿童）、现金牛和瘦狗。图表6-7中的圆圈的大小代表了一个组织各种业务的大小。记住，在一个矩阵里只能表现一个组织，这个组织是由许多不同业务组成的。

图表6-7　　　　　　　　　　　波士顿咨询矩阵

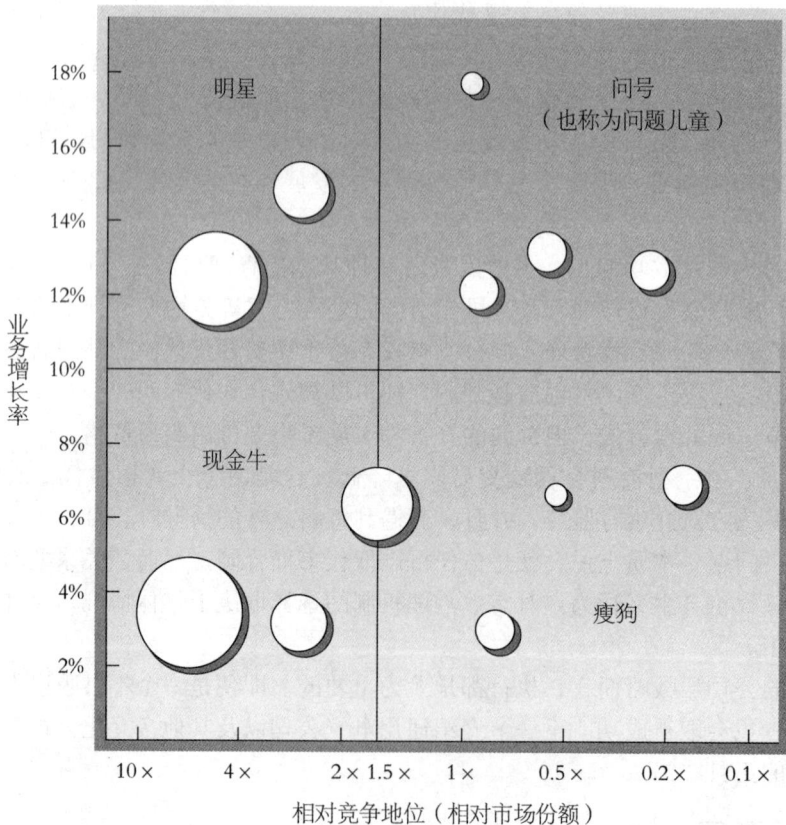

资料来源　Reprinted from Long Range Planning, Vol.10 （February）, by B.Hedley, "Strategy and the Business Portfolio," page 12.Copyright © 1977 with permission from Elsevier.

波士顿咨询矩阵有时被用作规划现金流。用简单的话来说，现金牛能产生多于企业有效投资而产生的现金。然而问号需要额外的现金以维持快速的增长，明星一般能产生它们所需要使用的现金量。[57]最初使用这个模型时，使用市场份额代替组织参与到这个产业的时间的长短，得到的结论是在一个产业中具有更多经验的企业更可能获得规模经济，并可通过学习和经验积累来降低成本。因此，因为巨大的市场份额，明星和现金牛是收益最大的业务。[58]

因此，最优的波士顿咨询矩阵包括明星、现金牛、问号型业务的平衡的组合。明星的增长潜力最大，获利能力最高。然而，当明星业务所在的产业成熟、增长缓慢时，明星业务就自动变成现金牛。因此，作为组织中将来有可能发展成为明星型的问号业务就十分重要了。瘦狗是四个业务类型中吸引力最小的。正确的处理办法是剥离这些瘦狗业务。[59]然而，只要瘦狗业务不造成企业资源消耗，也会在投资组合时常常被保留。同时，一些组织也成功地把自己的瘦狗业务定位到产业中具有吸引力的领域。

波士顿咨询矩阵的缺点是没有考虑到因为环境的变化导致战略发生变化。标准的波士顿咨询矩阵的目标是要获得高市场份额，变成明星业务和现金牛业务。这个做法存在一个问题，这可能仅仅对于追求低成本战略的企业比较有效。使用市场份额作为竞争战略，隐含的假设是市场份额的大小导致规模经济和学习效应，而且这些效应通过创造低成本地位获得竞争的成功。这个模型不包括差异化和集中竞争战略。同时，在产业内成功地追求集中战略（通过低成本或差异化）的低增长企业，即使它们具有较强的现金流，也可以被划分为瘦狗类。

波士顿咨询矩阵的其他缺点就是它太简单。因为它仅仅考虑了两个因素，每个因素只有高和低两个层次。同时，本书认为增长和获利前景决定产业的吸引力，而增长和获利前景是由企业的宏观运营环境决定的。因而，简单的增长率作为产业吸引力的唯一的标准是不够的，但对额外投资来说是值得的。一些增长快速的产业并不是获利能力特别强的。[60]因为从前面的分析可以看出，市场份额也是一个衡量竞争地位的不充分的标准。其他变量，如企业形象、成本定位或研发优势，对于业务的竞争性具有同样重要的作用。

对于许多资产组合模型，尤其是波士顿咨询矩阵的批判者认为：波士顿咨询矩阵是建立在过去的基础上而不是在将来基础上的。[61]如果确定一个企业在变动环境下的战略选择，这个批判就很有道理。同样，过去，产业增长率和业务市场份额是产业内广为人知的信息。因此，根据僵化的波士顿咨询矩阵的解释制定的战略选择（投资或撤资）逻辑将被竞争对手都知晓，这样长时间后会减弱竞争地位。

总而言之，波士顿咨询矩阵仅仅适用于那些竞争战略是建立在经验曲线基础上的、追求低成本领先战略的企业。不过，波士顿咨询矩阵能帮助企业预测现金需求和现金流。大量的组织管理者和商务作家研究了投资组合矩阵，来克服波士顿咨询矩阵的不足。我们现在介绍其中的一种方法。

6.3.2 GE矩阵

实际上，变量或战略变量组合的重要性能通过资产组合矩阵中的横纵轴表现出来。组织所认为的重要因素形成变量。许多矩阵的变量是由一些变量混合组成的。通用电气公司（GE）研究的矩阵是最有名的矩阵之一（如图表6-8所示）。GE模型也称为GE资产组合矩阵、九单元格或GE业务格。

图表6-8　　　　　　　　　　　　GE 矩阵

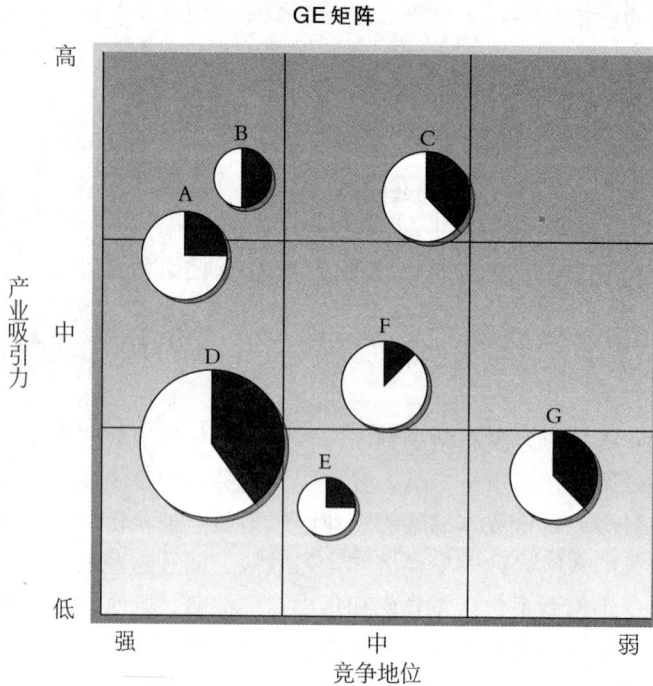

资料来源　C.W.Hofer and D.Schendel，Strategy Formulation：Analytical Concepts（St.Paul：West Publishing，1978）：32.

在 GE 矩阵中，圆圈里的区域表示每个业务竞争的产业的大小。圆圈中的阴影部分是每一个产业业务单元的市场份额。用来评估产业吸引力的变量来自于组织的目标和特征（比如企业对于增长、利润率或社会责任的看法）以及产业自身。竞争地位的评估建立在产业中企业对关键成功因素的评价。[62]一个组织所有的业务可能都在左上角。这些业务被叫做赢家。然而，一些赢家会建立一些并非快速增长的业务，这样它们的现金流的一部分可以被用作支持其他正在发展的赢家。

组织分配自己内部资源的方式证实了它们对业务的选择。比如，应该在资源分配过程中优先考虑那些被组织认为是企业将来成功的关键的业务单元，而为不重要的业务提供维持正常水平的支持。从资产组合的角度看，具有吸引力的产业中的具有强竞争地位的业务，在资源分配过程中应该给予高度的优先权。

总之，所有的组合模型都有缺点和局限性，它们给组织管理者提供工具，在参与现金流和制定资源分配决策中提供了一定的帮助。尤其是 GE 矩阵非常灵活，能适应各种衡量产业吸引力和竞争实力指标的变化，可以用来分析前面章节中提到的许多概念。

要点总结

公司战略集中阐述了组织竞争的业务选择、进入并管理这些业务以及其他公司层面资源的策略。本章要点总结如下：

1.公司层面的管理责任包括方向设定、公司战略研究、业务选择和投资管理、实现多元化和增长的战术的选择以及公司层面资源的管理。

2.三大公司战略是集中、垂直一体化和多元化，多元化包括相关多元化和非相关多元化。

3 集中战略指组织集中于把一个业务做好；然而，这种战略的劣势是组织的生存依赖于这一个业务。

4.垂直一体化是把另外一个组织变成自己的供应商或客户。然而，根据交易成本经济学理论，如果在契约拟定过程中或执行中没有花费过多的时间和资源，且组织能从竞争性开放市场上获得所需要的资源，那么它们的最佳行为可能是从市场中购买而不是垂直一体化。

5.研究表明非相关多元化不是一个特别成功的战略，然而，一些企业却使用得很成功。

6.相关多元化是备受青睐的战略。如果一些业务共享相同的市场、技术、原材料或其他要素，那么我们就说这些业务是相关的。然而，为了让相关多元化战略完全发挥积极作用，战略和组织必须相匹配。

7.多元化可以通过内部风险投资、收购已有业务、战略联盟或合资的途径完成。每一个战略都具有优势和劣势。

8.资产组合模型有利于组织管理它们的多元化业务。比较典型的常用的就是波士顿咨询矩阵和 GE 矩阵。

注释

1. "Group Corporate Centre," http：//www.tata.com/aboutus/articles/inside.aspx? Artid=HRrcG3jvdLA=&sectid=+WjDO3hy9ls=（July 12，2012）；"Tata Steel," http：// www.tata.com/company/profile.aspx?Sectid=jsA69xFbDUA=（July 12，2012）；M.Kripalani, "Tata Taps a Vast R&D Shop-Its Own," Business Week（April 20，2009）：50；"Leadership with Trust," http：//www.tata.com/ aboutus/sub_index.aspx?Sectid= 8hOk5Qq3EfQ= （April 27，2009）.

2.R.Guo，"What Drive Firms to Be More Diversified," Journal of Finance and Accountancy 6（2011）：1-10；H.I.Ansoff, Corporate Strategy：An Analytical Approach to Business Policy for Growth and Expansion（New York：McGraw-Hill，1965）：129-130.

3.A.D.Chandler, Jr., Strategy and Structure：Chapters in the History of the Industrial Enterprise（Cambridge，MA：MIT Press，1962）.

4.A.Chongvilaivan and J.Hur，"Trade Openness and Vertical Integration：Evidence from the U.S.Manufacturing Sector," Southern Economic Journal 78（2012）：1242-1264.

5.L.F.Mesquita, J.Anand, and T.H.Brush，"Comparing the Resource-Based and Spillover in Vertical Alliances," Strategic Management Journal 29（2008）：913-941；K.R. Harrigan，"Formulating Vertical Integration Strategies," Academy of Management Review 9 （1984）：639.

6.S.H.Seggie，"Transaction Cost Economics in International Marketing：A Review and Suggestions for the Future," Journal of International Marketing 20（2）（2012）：49-71；O.E. Williamson，Markets and Hierarchies：Analysis and Antitrust Implications （New York：The

Free Press，1975）and The Economic Institutions of Capitalism （New York：The Free Press，1985）．

7.G.R.Jones and C.W.L.Hill，"Transaction Cost Analysis of Strategy-Structure Choice，" Strategic Management Journal 9 （1988）：159−172；R.P.Rumelt，Strategy，Structure and Economic Performance （Boston： Harvard Business School Press） ； R.P.Rumelt， "Diversification Strategy and Profitability." Strategic Management Journal 3 （1982）：359−369.

8.R.E.Hoskisson，J.S.Harrison，and D.A.Dubofsky，"Capital Market Implementation of M - Form Implementation and Diversification Strategy，" Strategic Management Journal 12 （1991）：271−279.

9.Harrigan，"Formulating Vertical Integration Strategies."

10.R.A.D'Aveni and D.J.Ravenscraft，"Economies of Integration versus Bureaucracy Costs：Does Vertical Integration Improve Performance?" Academy of Management Journal 37 （1994）：1167−1206.

11.F.T.Rothaermel，M.A.Hitt，and L.A.Jobe，"Balancing Vertical Integration and Strategic Outsourcing：Effects on Product Portfolio，Product Success and Firm Performance，" Strategic Management Journal 27 （2006）：1033−1056.

12.M.Huang，M.Xu，and J.Shi，"Internationalisation，Vertical Integration and Performance：A Case Study of BOE，" International Journal of Networking and Virtual Organisations 10 （2012）：346−360.

13.W.P.Wan，R.E.Hoskisson，J.C.Short，and D.W.Yiu，"Resource-Based Theory and Corporate Diversification：Accomplishments and Opportunities，" Journal of Management 37 （2011）： 1335− 1368；Guo，"What Drives Firms to Be More Diversified?"；Ansoff，Corporate Strategy：130− 132；J.S.Harrison，"Alternatives to Merger - Joint Ventures and Other Strategies，" Long Range Planning （December 1987）：78−83；C.W.L.Hill and G.S.Hansen， "A Longitudinal Study of the Cause and Consequence of Changes in Diversification in the U.S.Pharmaceutical Industry，" Strategic Management Journal 12 （1991）：187−199；W.G.Lewellen，"A Pure Financial Rationale for the Conglomerate Merger，" Journal of Finance 26 （1971）：521−537.

14.S.Chatterjee，J.S.Harrison，and D.Bergh，"Failed Takeover Attempts，Organizational Governance and Refocusing，" Strategic Management Journal 24 （2003）：87−96.

15.Z.F.Guo，"An Analysis of the Degree of Diversification and Performance，" International Journal of Business and Finance Research，6 （2） （2012）：53−58；L.E.Palich，L.B.Cardinal，and C.C.Miller，"Curvilinearity in the Diversification - Performance Linkage：An Examination of over Three Decades of Research，" Strategic Management Journal 21 （2000）：155−174.

16. "Business，" http：//www.philips.com/About/company/businesses/Index.page （July 13，2012）．

17.D.Lee and R.Madhaven，"Divestiture and Firm Performance：A Meta - analysis，" Journal of Management，36 （2010）：1345−1371.

18.A few examples of the many studies that demonstrate low performance associated with unrelated diversification are J.Shyu and Y‑L.Chen, "Diversification, Performance, and the Corporate Life Cycle," Emerging Markets Finance and Trade 45 (6) (2009): 57–68; J.M. Campa and S.Kedia, "Explaining the Diversification Discount," Journal of Finance 57 (2002): 1731–1762; R.Amit and J.Livnat, "Diversification Strategies, Business Cycles, and Economic Performance," Strategic Management Journal 9 (1988): 99–110; R.A.Bettis and V.Mahajan, "Risk/Return Performance of Diversified Firms," Management Science 31 (1985): 785–799; D.Ravenscraft and F.M.Scherer, Mergers, Selloffs, and Economic Efficiency (Washington, DC: Brookings Institution, 1987); P.G.Simmonds, "The Combined Diversification Breadth and Mode Dimensions and the Performance of Large Diversified Firms," Strategic Management Journal 11 (1990): 399–410; P.Varadarajan and V.Ramanujam, "Diversification and Performance: A Reexamination Using a New Two‑Dimensional Conceptualization of Diversity in Firms," Academy of Management Journal, 30 (1982): 380–393.n the other hand, the following studies are among those that support the superiority of unrelated diversification: R.M.Grant and A.P.Jammine, "Performance Differences between the Wrigley/Rumelt Strategic Categories," Strategic Management Journal 9 (1988): 333–346.

19.M.Lubatkin and R.C.Rogers, "Diversification, Systematic Risk and Shareholder Return: A Capital Market Extension of Rumelt's 1974 Study," Academy of Management Journal 32 (1989): 454–465; M.Lubatkin and H.G.O'Neill, "Merger Strategies and Capital Market Risk," Academy of Management Journal 30 (1987): 665–684; M.Lubatkin, "Value Creating Mergers: Fact or Folklore," Academy of Management Executive (November 1988): 295–302; C.A.Montgomery and H.Singh, "Diversification Strategy and Systematic Risk," Strategic Management Journal 5 (1984): 181–191.

20.C.J.Chen and C.M.J.Yu, "Management Ownership, Diversification and Firm Performance," International Business Review 21 (2012): 518–534; W.P.Wan and R.E. Hoskisson, "Home Country Environments, Corporate Diversification Strategies, and Firm Performance," Academy of Management Journal 46 (2003): 27–45; R.E.Hoskisson, R.A. Johnson, D.Yiu, and W.P.Wan, "Restructuring Strategies of Diversified Business Groups: Difference Associated with Country Institutional Environments," in M.A.Hitt, R.E.Freeman, and J.S.Harrison, The Blackwell Hand‑book of Strategic Management (Oxford: Blackwell Pubhshers LTD, 2001): 444.

21.A detailed review of this literature is found in R.E.Hoskisson and M.A.Hitt, "Antecedents and Performance Outcomes of Diversification: A Review and Critique of Theoretical Perspectives," Journal of Management 16 (1990): 468.More recent evidence is found in P.S.Davis, R.B.Robinson, Jr., J.A.Pearce, and S.H.Park, "Business Unit Relatedness and Performance: A Look at the Pulp and Paper Industry," Strategic Management Journal 13 (1992): 349–361, and in J.S.Harrison, E.H.Hall, Jr., and R.Nargundkar, "Resource Allocation as an Outcropping of Strategic Consistency: Performance Implications,"

Academy of Management Journal 36 （1993）: 1026−1051.

22.M.Lubatkin and S.Chatterjee, "Extending Modern Portfolio Theory into the Domain of Corporate Diversification: Does It Apply?" Academy of Management Journal 37 （1994）: 109−136.

23. "Corporate Profile, " http: //world.honda.com/business− overview/index.html （July 13, 2012）.

24.B.Melnikas, "Knowledge Economy: Synergy Effects, Interinstitutional Interaction and Internationalization Processes," Engineering Economics 22 （2011）: 367−379; G.Hoberg and G.Phillips, "Product Market Synergies and Competition in Mergers and Acquisitions: A Text−Based Analysis," Review of Financial Studies 23 （2010）: 3773−3811.

25.T.Ravichandran, Y.Liu, S.Han, and I.Hasan, "Diversification and Firm Performance: Exploring the Moderating Effects of Information Technology Spending, " Journal of Management 25 （2009）: 205− 240; M.E.Porter, Competitive Advantage: Creating and Sustaining Superior Performance （New York: The Free Press, 1985）: 317−363.

26.H.I.Ansoff, Corporate Strategy （New York: McGraw−Hill, 1965）.

27.H.Itami, Mobilizing Invisible Assets （Cambridge, MA: Harvard University Press, 1987）.

28.Y.M.Zhou, "Synergy, Coordination Costs, and Diversification Choices," Strategic Management Journal 32 （2011）: 624− 639; E.Rawley, "Diversification, Coordination Costs, and Organizational Rigidity: Evidence from Microdata, " Strategic Management Journal 31 （2010）: 873− 891; P.R.Nayyar, "On the Measurement of Corporate Diversification Strategy: Evidence from Large U.S.Service Firms, " Strategic Management Journal 13 （1992）: 219−235.

29.M.A.Hitt, J.S.Harrison, and R.D.Ireland, Mergers and Acquisitions: A Guide to Creating Value for Stakeholders （Oxford: Oxford University Press, 2001）; D.B.Jemison and S.B.Sitkin, "Corporate Acquisitions: A Process Perspective, " Academy of Management Review 11 （1986）: 145−163.

30.E.R.Biggadike, "The Risky Business of Diversification, " Harvard Business Review （May/June, 1979）: 103−111.

31.K.Ruckman, "Externally Sourcing Research through Acquisition: Should It Supplement or Substitute for Internal Research?" Industry and Innovation 15 （2008）: 627− 645.

32.M.A.Hitt, R.E.Hoskisson, R.D.Ireland, and J.S.Harrison, "Effects of Acquisitions on R&D Inputs and Outputs," Academy of Management Journal 34 （1991）: 693−706.

33.A.Gara, "Campbell Soup Cuts Share Diet, Buys Bolthouse, " The Street （July9, 2012）, http: //www.thestreet.com/story/11609056/1/campbell−soup−cuts−share−diet−buys−bolthouse.html （July 13, 2012）.

34. "Johnson&Johnson Announces Completion of Synthes Acquisition," Market Watch （June 14, 2012）, http: //www.marketwatch.com/story/johnson − johnson − announces −

completion-of-synthes-acquisition-2012-06-14 (July 13, 2012).

35.C.Lausberg and T.Stahl, "Motives nd Non-Economic Reasons for Bank Mergers and Acquisitions," ICFAI Journal of Bank Management 8 (1) (2009): 7-30; F.Trautwein, "Merger Motives and Merger Prescriptions," Strategic Management Journal 11 (1990): 283-295; J.Pfeifer, "Merger as a Response to Organizational Interdependence," Administrative Science Quarterly 17 (1972): 382-394.

36.One of the most active proponents of the view that mergers and acquisitions create value for acquiring-firm shareholders is Michael Lubatkin: see M.Lubatkin, "Value-Creating Mergers: Fact or Folklore?".However, he reported strong evidence that contradicts his earlier conclusions in S.Chatterjee, M.H.Lubatkin, D.M.Schweiger, and Y.Weber, "Cultural Differences and Shareholder Value in Related Mergers: Linking Equity and Human Capital," Strategic Management Journal 13 (1992): 319-334.Other strong summary evidence that mergers and acquisitions do not create value is found in W.B.Carper, "Corporate Acquisitions and Shareholder Wealth," Journal of Management 16 (1990): 807-823; D.K.Datta, GE Pinches, and V.K.Narayanan, "Factors Influencing Wealth Creation from Mergers and Acquisitions: A Meta-Analysis," Strategic Management Journal 13 (1992): 67-84; for more recent evidence, see D.K.Oler, J.S.Harrison, and M.R.Allen, "The Danger of Misinterpreting Short-Window Event Study Findings in Strategic Manageemnt Research: An Empirical Investigation Using Horizontal Acquisitions," Strategic Organization 6 (2) (2008): 151-184.

37.M.A.Hitt, R.E.Hoskisson, R.D.Ireland, and J.S.Harrison, "Are Acquisitions a Poison Pill for Innovation?" Academy of Management Executive (November 1991): 20-35.

38.M.E.Porter, "From Competitive Advantage to Corporate Strategy," McKinsey Quarterly (Spring, 1988) (2): 35-66.

39.J.Haleblian, C.E.Devers, G.McNamara, M.A.Carpenter, and R.B.Davison, "Taking Stock of What We Know About Mergers and Acquisitions: A Review and Research Agenda," Journal of Management 35 (2009): 469-502; M.Hitt, J.Harrison, R.D.Ireland, and A.Best, "Attributes of Successful and Unsuccessful Acquisitions of U.S.Firms," British Journal of Management 9 (1998): 91-114; J.B.Kusewitt, Jr., "An Exploratory Study of Strategic Acquisition Factors Relating to Success," Strategic Management Journal 6 (1985): 151-169; L.M.Shelton, "Strategic Business Fits and Corporate Acquisition: Empirical Evidence," Strategic Management Journal 9 (1988): 279-287.

40.S.Chatterjee, M.H.Lubatkin, D.M.Schweiger, and Y.Weber, "Cultural Differences and Share-holder Value in Related Mergers: Linking Equity and Human Capital," Strategic Management Journal 13 (1992): 319-334; D.K.Datta, "Organizational Fit and Acquisition Performance: Effects of Post-Acquisition Integration," Strategic Management Journal 12 (1991): 281-297; D.B.Jemison and S.B.Sitkin, "Corporate Acquisitions: A Process Perspective."

41.S.Teerikangas, P.Very, and V.Pisano, "Integration Managers' Value-Capturing Roles and Acquisition Performance," Human Resource Management 50 (2011): 651-683; T.H. Brush, "Predicted Change In Operational Synergy and Post - Acquisition Performance of Acquired Businesses," Strategic Management Journal 17 (1996): 1-24.

42.H.G.Barkema and M.Schijven, "Toward Unlocking the Full Potential of Acquisitions: The Role of Organizational Restructuring," Academy of Management Journal 51 (2008): 696-722.

43.H.Adobor, "Alliances as Competitive Regimes," Competitiveness Review 21 (1) (2011): 66- 88; F.T.Rothaermel and W.Boeker, "Old Technology Meets New Technology," Strategic Management Journal 29 (2008): 47- 77; B.R.Barringer and J.S. Harrison, "Walking a Tightrope: Creating Value through Interorganizational Relationships," Journal of Management 26 (2000): 367-403.

44. "Medtronic and Weigao Announce Joint Venture in China," http://wwwp. medtronic.com/Newsroom/NewsReleaseDetails.do?Item- Id=1197951419689lang=en- US (July 13, 2012); "Medtronic and Lilly Form Alliance to Provide Solutions for Diabetes Management," http://wwwp.medtronic.com/Newsroom/NewsReleaseDetails.do?ItemId= 1242735726660&lang=en-US (July 13, 2012).

45.L.D.Qiu, "Cross - Border Mergers and Strategic Alliances," European Economic Review 54 (2010): 818-831; Harrison, "Alternatives to Merger-Joint Ventures and Other Strategies."

46.A.C.Inkpen, "Knowledge Transfer and International Joint Ventures: The Case of NUMMI and General Motors," Strategic Management Journal 29 (2008): 447-453; C.E. Schillaci, "Designing Successful Joint Ventures," Journal of Business Strategies (Fall, 1987): 60.See also J.Hennart, "A Transactions Costs Theory of Equity Joint Ventures," Strategic Management Journal 9 (1988): 361-374.

47.K.M.Nam, "Learning through the International Joint Venture: Lessons from the Experience of China's Automotive Sector," Industrial and Corporate Change 20 (2011): 855- 907; M.Kotabe, X.Martin, and H.Domoto, "Gaining from Vertical Partnerships: Knowledge Transfer, Relationship Duration, and Supplier Performance Improvement in the U. S.and Japanese Automotive Industries," Strategic Management Journal 24 (2003), 293-316.

48.B.B.Barringer and J.S.Harrison, "Walking a Tightrope: Creating Value through Interorganizational Relationships."

49.Harrigan, "Joint Ventures and Competitive Strategy"; R.N.Osborn and C.C. Baughn, "Forms of Interorganizational Governance for Multinational Alliances," Academy of Management Journal 33 (1990): 503-519.

50.Y.Luo, "Structuring Interorganizational Cooperation: The Role of Economic Integration in Strategic Alliances," Strategic Management Journal 29 (2008): 617-637.

51.P.Kale and H.Singh, "Managing Strategic Alliances: What Do We Know Now, and Where Do We Go from Here," Academy of Management Perspectives 23 (3) (2009): 45- 62; H.Mitsuhashi and H.R.Greve, "A Matching Theory of Alliance Formation and

Organizational Success: Complementarity and Compatibility," Academy of Management Journal 52 (2009): 975-995; P.W.Beamish and N.C.Lupton, "Managing Joint Ventures," Academy of Management Perspectives 32 (2) (2009): 75-94.

52.Kale and Singh, "Managing Strategic Alliances: What Do We Know Now, and Where Do We Go from Here"; Beamish and Lupton, "Managing Joint Ventures."

53.M.Nippa, U.Pidun, and H.Rubner, "Corporate Portfolio Management: Appraising Four Decades of Academic Research," Academy of Management Perspectives 25 (4) (2011): 50-66.

54.U.Pidun, H.Rubner, M.Kruhler, R.Untiedt, and M.Nippa, "Corporate Portfolio Management: Theory and Practice," Journal of Applied Corporate Finance 23 (2011): 63-76.

55.R.A.Kerin, V.Mahajan and P.R.Varadarajan, Strategic Market Planning (Needham Heights, MA: Allyn & Bacon, 1990): 94; J.A.Seeger, "Reversing the Images of BCG's Growth Share Matrix," Strategic Management Journal 5 (1984): 93-97; S.F.Slater and T.J.Zwirlein, "Shareholder Value and Investment Strategy Using the General Portfolio Model," Journal of Management 18 (1992): 717-732.R.Wensley, "PIMS and BCG: New Horizons or False Dawn," Strategic Management Journal 3 (1982): 147-158.

56.Pidun, Rubner, Kruhler, Untiedt, and Nippa, "Corporate Portfolio Management."

57.D.C.Hambrick, I.C.MacMillan, and D.L.Day, "Strategic Attributes and Performance in the BCG Matrix-A PIMS-Based Analysis of Industrial Product Businesses," Academy of Management Journal 25 (1982): 518.

58.Hambrick, MacMillan, and Day, "Strategic Attributes and Performance in the BCG Matrix."

59.B.D.Henderson, Henderson On Corporate Strategy (Cambridge, MA: Abt Books, 1979): 164.

60.C.W.Hofer and D.Schendel, Strategy Formulation: *Analytical Concepts* (St.Paul: West Publishing Company, 1978): 31.

61.Slater and Zwirlein, "Shareholder Value"; Seeger, "Reversing the Images."

62.Hofer and Schendel, Strategy Formulation: 73-76.

战略实施

战略聚焦

麦当劳

麦当劳是世界最大的餐饮服务公司。公司拥有超过33 000家餐厅,每天在119个国家为接近6 800万人服务。有研究显示,罗纳德·麦当劳的面孔辨识度位居世界第二位,仅次于圣诞老人。

在世界范围内,约有五分之四的麦当劳餐厅由加盟商所有。尽管如此,麦当劳仍力图通过与供应商和加盟商之间的联盟为顾客提供高质量的消费体验。通过其市场支持、研发、财务纪律以及合同,麦当劳始终运营良好,为利益相关者带来了丰厚的收益。

作为其"制胜计划"的一部分,麦当劳围绕五个元素(人、产品、价格、地点、促销)在公司内部大力发展首创精神。公司承诺提供优质的食品和服务,并经常调整菜单以便更好地达到顾客的预期。麦当劳利用社交媒体(如推特)得到大众关于其菜单和店面的反馈。为响应健康饮食的趋势,公司推出了更健康的食物选择,如儿童套餐中的新鲜苹果片。研究表明,顾客在具备更健康的食物选择的餐厅就餐感觉更好,即使他们没有选择那个选项。麦当劳也以高效闻名,它在研究如何更高效地为消费者提供食品方面投入了大量资源。

为世界各地分店所提供的灵活菜单是促进麦当劳成功的另一个关键因素。在印度，麦当劳提供烤面包皮加咖喱蔬菜以及鸡肉版本的巨无霸汉堡；在亚洲提供虾堡；在加拿大提供带有肉汁和芝士的炸薯条；在拉丁美洲则提供带有豆类的英式松饼、芝士和萨尔萨辣酱。在法国，公司提供由著名的夏洛莱牛肉制成的汉堡以及法国长棍面包夹法制埃曼塔拉奶酪。企业致力于在更高或更低收入阶层广泛吸引顾客的另一种方式是促销。在亚洲，麦当劳提供送货上门服务。

汤普森在 2012 年 7 月取代斯金纳成为了麦当劳的 CEO，他所面临的一个重要挑战就是如何保持公司的高绩效。事实上，在汤普森任职期间，公司在全球范围内的餐饮店曾经历了超过 100 个月的收益连续增长。麦当劳的增长潜力大都存在于发展中国家，如中国和印度，而在这些地区占统治地位的正是百胜餐饮旗下的肯德基品牌。汤普森的国际经验有限，然而，他的工程培训和领袖气质使很多加盟商和高级领导者望尘莫及。[1]

如今，一些最成功的公司，如麦当劳、沃尔玛、微软、丰田，都在竞争激烈的行业中运营。它们之所以取得了惊人的成功，原因就在于其对战略执行的关注。前面的案例阐述了职能层面的策略（如营销策略和运营策略）如何帮助企业在多种多样的国际环境中取得成功。

战略实施和战略制定是同时进行的，我们并不人为地制造这两个活动的表面差别。例如，第 5 章的事业层战略详细介绍了如何实施特殊战略，第 6 章关于公司战略的章节用整个部分讨论了实现多样化的策略。不过，一些相关主题对于理解如何确保战略成功实施非常必要。这些主题，包括职能层面的战略开发、组织结构设计和组织文化。在如今这个竞争激烈的环境下，创新精神和企业家精神是成功的必要因素之一，因此本章也会用独立的部分对此加以讨论。

7.1　职能战略

事业部层面的战略通过公司运营层面的日常决策制定来执行。[2]公司寻求的竞争优势和有特色的能力常常被嵌入职能层面的技能、资源和产能。职能战略是一系列旨在将事业部战略及公司战略与那些技能、资源、产能相匹配的计划。例如，美国最大的私人控股公司嘉吉公司是一家大规模的食品公司，经营范围包括农产品、肉类、鸡蛋和食品添加剂。这些薄利业务的竞争却十分激烈。嘉吉公司的成功源于执行力，源于其对生产效率和生产总量的强化，也源自其"比其他企业更明智高效"的经营理念。[3]

集体制定决策和创造价值活动的员工行为详述了资源管理和实施业务增长和竞争的职能战略，图表 7-1 对职能战略决策范围进行了总结，可以当作决定职能战略的需求和批评附加价值活动之间一致性的工具。

在后面的小节里，我们讨论组织中的营销、运营、研发、人力资源和信息系统决策的责任和模式。在对于每个领域不同责任的简要描述的基础上，讨论将着重介绍每个资源领域都是成功执行战略所需的必要体系和协作的一部分。[4]此外，每个领域都应支持企业多样化的事业层战略和公司战略。因此，成功的智能战略应有以下特点：

1.*每个职能内制定的决策之间应该具有协调性。*[5]比如，如果市场部门决定花费大量资金塑造一个新产品品牌，应该利用分销渠道，使产品到达那些会购买品牌商品的消费者手中。如果选择了错误的分销渠道，在包括广告、促销和产品布置在内的品牌管理方面的费用将损失。几年前，合成纤维产品把最好的品牌产品和折扣零售店联系起来，这样品牌方面的投资就立即损失了。

2.*在一个职能领域内作出的决策要和其他职能领域制定的决策相一致。*不幸的是，一个部门制定的决策和另一个部门制定的决策不相一致是很常见的。营销和运营部门制定它们之间许多相互依赖的决策时，经常提倡使用不同的方法。从自己部门利益的角度出发，在高层管理者没有要求的情况下，随着时间的推移，营销部门为了更好地服务于顾客将实施差异化战略。与此同时，运营经理很有可能随时间的推移实施低成本战略，因为他们承担着提高生产力和降低成本的双重压力。这些趋势在缺乏负责权衡优先事项的领导的情况下，是完全合乎逻辑的。

3.*职能部门制定的决策要和事业部战略相一致。*[6]例如，在一个健康的事业部环境下，营销部门追求市场份额和收入的增加。如果事业部环境发生变化——需求下滑、收益紧缩，市场的重点可能变为在销售收入增加的基础上追求稳定性和收益的增加，除非被组织要求，否则营销部门一般不会改变自己传统的做业务的方式。

图表 7-1　　　　　　　　　　　　　进行职能战略审计

职能战略审计是系统回顾每个职能领域决策的一个执行程序，以决定为了支持新战略和利益相关者的需求，哪一些职能需要改变。

	需要	目前	变化
营销战略决策			
目标顾客（少 vs 多，什么群体，什么区域）			
产品定位（额外费用、商品、多用途、专一用途）			
产品线组合（互补产品的组合）			
产品线扩展（产品线齐全）			
价格战略（折扣、原价、额外费用）			
促销活动（直接销售、广告、直邮）			
分销渠道（少或多、单一契约关系）			
顾客服务政策（灵活性、责任、质量）			
产品或服务政策（质量、合适价格、可信赖）			
市场研究（顾客和竞争者信息的精确性和频率）			
运营战略决策			
能力计划（领先于需求以保证可获得性或滞后于需求以得到能力有效性）			
设备场所（接近供应商、顾客、劳动力、自然资源、交通）			
设备规划（持续或间歇）			
技术和设备选择（自动化、计算机化的程度）			
货源安排（合作关系还是竞争要价）			
计划和日程（存货、下订单、顾客需求灵活性）			
质量保证（接受样品、过程控制、标准化）			
劳动力政策（培训层次、轮岗制度、奖酬系统）			
研发或技术战略决策			
研究内容（产品、过程、用途）			
导向（领导者 vs 追随者）			
项目优先权（预算、质量、创造性、时间）			
和外部研究组织的联系			

续表

	需要	目前	变化

人力资源战略决策
招聘（没有经验雇员 vs 有经验雇员）
遴选（遴选原则和方法）
绩效评估（评估方法、频度）
薪水和工资（与绩效、竞争力的关系）
收益（奖金、持股方案、其他收益）
个人行为（纪律计划、再就业计划、提前退休）
培训（培训类型、培训员工的范围）
财务战略决策
资本（债务 vs 资产净值 vs 内部融资）
给股东的财务报告
投资水平的最小回报（和资金成本的关系）
分配管理费用成本的基础（劳动力、机器的直接使用、销售数量、活动）
信息系统战略决策
硬件能力和组织整合能力（主要框架、网络、拨号）
软件能力和组织整合能力（用户支持、兼容、安全、标准化）
和顾客、供应商的联系（直接联系、共享系统）

新技术的投资（因特网、条形码扫描仪、卫星技术）
内部和外部信息的战略使用（决策支持、运营支持、市场支持、预测）
企业资源计划体系的发展（多元职能领域共享数据库）

7.1.1 营销战略

营销人员最关键的责任是跨越组织的边界，与现有的和潜在的消费者相互作用。市场能提供基本的关于消费者的新需求、将来的需求计划、竞争者行为和新业务机会的信息。这些信息将会影响关于持续增长、产能和劳动力的扩张、新技术以及新产品和服务的计划。

市场营销策略是在市场营销努力和资源（如广告、品牌、分销等）上进行投入以达到业务目标的计划。[7]为了支持增长战略，营销活动将识别新的消费者机会，建议产品机会，制定广告和促销策略，安排分销渠道，制定价格和有利于帮助企业的产品定位于正确的消费者群体的消费者服务政策。由于全球市场的快速变化，这个任务变得愈发困难。[8]如果企业在自己的一个业务领域内实施稳定或者收缩战略，市场上的需求将会变化。除了追求增长，营销活动还可能解决消费者群体数量的减少、分销渠道、产品线上的产品等问题——都是为了使企业集中在更能获益和更有发展前途的业务上。

企业的竞争战略也会影响企业的一般事业部层面战略。低成本竞争战略要求低成本分销渠道和产品及市场开发行为的低风险。如果广告或价格折扣能影响需求，市场会追求大量的广告和促销项目或深层次价格折扣以使需求提高，这样有利于完全利用能力以及在运营中企业形成规模经济。这就是软饮料企业用广告和促销来销售产品的原因。差异化战略要求市场能识别产品和服务的特性，要求能根据投资的不同，分销产品和服务，并能通过广告和促销推广差异化形象。

营销战略在企业通过多元化扩大其运营规模时变得更加复杂。相关多元化战略认为企业能够通过联合广告和推销战略对共同市场加以利用。例如，惠普公司有时会为购买其私人电脑的顾客提供特价打印机。企业也会与其他公司合作推出联合品牌。[9]今年来，"联合品牌"被赋予了多种含义，然而，最常见的意义是指同样的产品或服务用多个品牌名称进行推广。用多个品牌对同一种产品或服务进行宣传，有利于吸引更多的优质顾客。带有著名品牌标志的成衣制品就是一个明显的例子。赞助是联合品牌的另一个例子，可口可乐赞助了很多重要活动，如音乐会。另一个有趣的例子是一家餐饮公司在同一地点运营了两个不同的餐饮店，如肯德基和必胜客，这两家店都是百胜餐饮集团的子公司。

7.1.2　运营战略

运营战略是把有意图的事业部战略与公司生产及服务运营相结合的计划。运营经理就像营销经理，必须在每天的制定决策过程中考虑大量利益相关者的利益。供应链管理是运营管理中最重要的领域，包括关键企业、公司顾客和公司供应商的利益的一体化。但是，这些关键关系的管理常常是非常复杂的。例如，苹果公司的高级运营副总裁杰夫·威廉姆斯管理着一条全球供应链，以确保在降低成本的同时，保证苹果公司产品的高质量，并准时出货。[10]成功的供应链管理要求出色的沟通能力。正如我们之前讨论过的，开放并富有成效的沟通有赖于信任，而这种信任来源于对供应链及决策制定过程中各利益相关者价值分配的公平性。决策制定过程具体是指对利益相关者利益负责，并在交易过程中保证利益相关者利益的过程。运营经理在安排具体运营时需保证特殊战略的优先性，然而，这一原则却面临诸多挑战。

增长战略要求能力扩充、雇用员工、签订新资源合同。增长战略对系统和一些工作都有压力，这些工作包括安排消费者订单时间程序、规划职员工作安排、管理供应链关系。相似的，收缩战略先瞄准运营部门：生产线工人的解雇、设备老化、工厂（办事处和门店）关闭。比如，运营经理在安排具体操作时的原则是业务战略的优先性，并要保持均衡。建立在灵活性和高质量服务基础上的差异化战略可能要求灵活度高的工人或临时工、要求对供应商的特殊安排和对职员的高层次训练。为了提高生产率和确保标准化而采取自动化，可能会导致失业，这个结果和人力资源政策相违背，并影响员工士气。运营经理如何处理这三个问题的均衡，对企业的绩效具有根本的影响。例如，在试图复苏施乐复印机时，制造部门前任负责人，现在公司战略服务的高级副总裁乌苏拉·伯恩斯的主要精力集中于"公司的内脏"——我们如何购买部件？我们如何装配？我们如何在减少100万美元的成本后，却仍然能提高生产率？[11]

7.1.3　研发战略

在许多组织中，研发投入对于有效战略实施是很关键的。比如，大型制药公司阿斯利康、葛兰素史克和辉瑞投入了数十亿美元用以研发新药。[12]公司的研发战略应当确定下列各项活动的优先顺序：新产品和服务开发、长期创新努力、知识产权保护的作用、推进创新目标所需的联盟和合作伙伴关系。一个追求市场增长战略的企业投资于应用程序的开发，以确保自己的产品能被检验通过，并有资格被用于更多的用途。比如织布制造商为了证明他们的产品能制造运输带、帐篷和绷带等把他们的产品送去接受大量磨损检验。另一方面，如果通过产品线的开发企业得到增长，做研发的工程师和科学家将调整产品以提高产品的绩效或者把用途扩展到不同市场。

在很多企业中，技术研发和产品研究一样重要，甚至更重要。例如，美国嘉吉公司的产品主要是大宗商品，它的技术研发集中于用更加高效的方式处理和运输产品。正如之前提到过的，技术研发与企业运营战略密切相关。在很多领域，培育企业内的创造氛围都对成功至关重要。用于培育创造氛围的战略将在本章单独讨论。

7.1.4　人力资源战略

组织的人力资源战略确定了招聘、选拔、培训、绩效奖励和其他重要的人力资源管理实践的方法。有效的人力资源战略可以是竞争优势的出色来源。如波士顿咨询集团和谷歌这样的公司，依赖它们在员工待遇方面的良好声誉，往往能够成功招聘行业内的最优人才。[13]此外，优秀的人力资源体系有利于提升员工的工作积极性和绩效。IBM集团的很多成功与其强有力的人力资源密不可分。该公司不仅注重培育创新氛围，更注重培养员工间的信任感、个人责任感和相处方式。除了这些优厚的利益，IBM也成为了弹性工作安排和远程办公领域的领导者。人们以成为IBM的一员而骄傲。因此，IBM的人才流失率极低，很可能是业内最低的。[14]

人力资源部门的管理者在协调组织管理和员工、组织和外部利益相关者群体方面发挥作用。这些利益相关者包括工会、负责劳动力和安全条例的政府管制部门，如公平就业机会委员会、就业安全和健康行政部门。虽然人力资源的员工是企业的资源，但是大多数实际的人力资源决策由每个部门的直接上级经理制定。所有的经理，无论他们是主管市场的、运营的还是研发或者信息系统部门的，在决定员工绩效水平、培训需求、筛选的原则和薪资水平方面都具有关键的作用。因此，制定有效的人力资源政策以及与所有相关的经理进行交流非常重要。

当企业的国际化程度加深时，人力资源管理的挑战也变得更加错综复杂。[15]人力资源部门必须决定它们工作所需要的技能，这些工作包括管理不同文化背景的人、从全世界招募最好的员工、提供培训项目、帮助员工接受评估其他文化、在全世界分配员工。此外，因为员工的民族文化、价值取向、分配福利方案不同，它们可能需要为雇员创造薪酬战略。比如，在追求个人成就感方面，在美国、英国，这类国家的文化特点是掌握自己命运和保持独立性，薪酬战略可能重点在于个人绩效。而在那些强调集体成就感、为他人牺牲、认为外界决定命运的文化中，如许多亚洲国家的文化中，奖酬重点在于群体绩效和资历。

7.1.5　财务战略

财务会计功能在组织内发挥战略性作用，因为它们控制着用于获取、开发和使用战略资源的资金，而这些活动都是促进战略成功实施的必要因素。在实施战略时，资金发挥三种功能：（1）提供支持增长所需的资金；（2）提供发展和保持能够形成竞争优势的资源以及与企业战略保持一致性所需的资金；（3）支持将来和现在的业务活动的开支预算。财务战略的主要目的是给组织提供资本结构和实施增长、竞争战略的适当的资金，并最终扩大组织的财务收益[16]。

财务部门或会计部门在首席财务官的领导下，决定合适的负债、资产净值水平以及通过衡量每个战略的成本，确定支持战略所需要的内部资金水平，确定资金计划和各种内外部利益相关群体的财务利益。财务部门同样决定年息政策，通过准备财务报表，对给股东解释和提交财务绩效的方式具有一定的影响。实际上，财务报表可能是投资财团的成员、大多数股东和组织的唯一联系方式。

资本和支出预算是将资金分配到一些需要资金支持的部门、项目和活动的非常重要的方式，所有资金花费和预算支出都应该与企业战略相联系。"一个成熟企业在任何时候的资本结构基本上代表了先前长期的资源分配决策的积累。如果企业希望在某个特定的方向发展，则必须使这些资源分配方案符合组织的决策。"[17]

权衡财务决策对于战略实施具有明显的意义。企业应该将收入以红利的形式发放，以满足那些希望投资能快速收回的股东的利益，还是把收入投资回企业，使那些希望股价长期上涨的员工、财团及股东受益？在评估支出、投资和收入时，应该强调长期还是短期绩效？信息应该如何提交给股东和投资人？在资产分配决策中，哪一个内部利益相关者群体受到的影响最大——营销、运营、研发还是员工？这些决策都对利益相关者看待企业的方式具有重大影响。尤其是，在决策过程中，企业是否考虑到利益相关者的利益，以及在对利益相关者进行价值分配时，是否与他们所创造的价值相匹配。[18]

财务和会计职能最重要的作用之一是确保所有与道德和管理指导方针有关的文件和精神在企业财务资源管理中得以遵从。美国国会通过了《萨班斯-奥克斯利法案》以及《多德-弗兰克华尔街改革与消费者保护法案》，对公司进行具体指导。其他国家也存在类似法案。尽管针对新条例是否达到预定目的尚存在争议，但合规性是企业财务会计人员的一项重要职责已成定论。

7.1.6　信息系统战略

信息系统战略的目的是给组织提供运营、计划、控制业务需要的技术和系统。它以信息的创造、存储和分布为中心。在许多组织中，计算机信息系统影响业务操作的每一个方面，在连接利益相关者的过程中发挥着重要作用。设计优秀完整的信息系统可以通过比竞争者更为积极的成本管理、提供更及时有效的市场信息或为供应链两端的消费者和供应商提供集中交易来形成竞争优势。

信息系统和技术横跨商业组织的全部职能，必须有效地协调职能及其与企业总体战略的关系。通过现代决策支持软件，组织中最低层次的员工掌握制定决策的信息和工具，而这些信息和工具以前是中层管理者才拥有的。计算机辅助设计（CAD）系统可以帮助员工销售、制造和研发，减少失误的概率。在计算机集成制造（CIM）环境下，产品设计、生产进度和制造设备直接联系，这样能提高精确度、灵活性和满足消费者订单需要的速度。零库存系统和供货日期系统提供了有价值的信息，提高了消费者服务水平。通过计算机和消费者直接联系，为组织提供了实时销售数据，有利于为将来规划。一些公司雇用"数据科学家"来帮助它们合理利用搜集到的信息。[19]

很多组织也创造了企业资源计划（ERP）体系来管理整个组织中的信息流。[20]企业资源计划体系具有多种功能，如企业运营和供应链管理、财务和会计、人力资源、分布和来自共享数据的客户关系管理。每一个职能领域都有自身的软件和应用程序，用以为共享数据库贡献所需信息。数据库中的信息应即时、可靠并且容易获取。现在，一些组织用"云计算"来储存和管理其界外数据。

大部分成功的大型零售商都选择使用企业资源计划（ERP）体系。它们使用扫描器，一个产品、一个门店地记录销售数据。门店经理使用这些数据来更新存货记录和重新订货，以便于保证每个门店不缺货。数百个门店每一天的销售数据都会被传输到公司办公室，在那里根据产品和门店的记录研究这些数据，决定消费者购买行为的模式和趋势。从其他来源获取的消费数据，如人力资源和市场营销，与销售数据相结合形成了定期财务报表。这些实例仅仅触及了典型企业资源计划中所包含的可能应用和信息来源的表层。随着信息管理和存储成本的持续降低，这些体系的应用将在众多产业中不断增长。

组织间通过信息体系彼此相联。然而，它们同样通过定义报告程序及分配工作的体系紧密相关。这些都是组织结构的元素。

7.2　组织结构

正式组织结构说明了部门或集团的数量和类型，提供正式的上下级汇报关系以及内部利益相关者交流的关系。组织结构应该支持企业的战略。[21]基本的假设是：战略和结构相符将产生较好的组织绩效。[22]当制定如何构建组织结构的决策时，以下几点是十分重要的：

1. 结构不是目的，而是达到目的的一种手段，目的是成功的组织绩效。

2. 没有最好的结构形式。为了避免管理的低效率，组织战略的变化要求相应的结构也要发生变化，但是组织的大小、战略、外部环境、利益相关者的关系和管理模式都影响原有的结构是否恰当。所有的结构都包含一定的平衡。

3. 一旦新的结构成为组织的特征，将会限制将来的战略选择。

4. 管理的低效率、对客户不周到的服务、交流障碍或员工积极性的挫败都表现出战略和结构的不匹配。[23]

7.2.1　标准结构形式

结构需要从适合企业具体战略、任务和人力资源的角度进行设计，事实上，每个组织的结构都是独特的。图表 7-2 中的简单结构非常重要，不仅因为它为企业提供了一种可以直接使用的简单模式，更因为它为组织结构的创造提供了一些与基本原则相关的例子。其中一种原则是人们应依据付出的投入还是创造的价值进行区分。例如，图表 7-2（a）的职能结构的组织依据是投入以及生产产品或提供服务所需的活动，如营销、运营、财务或研发。[24]这种结构能够使人们尤为注重企业的某一特定职能部门。他们将成为这一领域的专家，并提高这一领域的质量和效率。相反，事业部结构依据组织的产出进行组织，如产品、顾客或地理位置。[25]人们仍然在一个职能部门工作，如营销部门或运营部门，但通过部门经理进行汇报。事业部结构常用于指代多部门机构，尽管有些人认为多部门机构一词更适合指代大型高度多元化企业。[26]

事业部结构有很多形式。图表 7-2（b）中的例子可以被称作产品结构，这是由于这一结构围绕企业产品进行组织。例如，一家电力公司可以被分成手持式电子、军事制导体系和家庭警报体系。区域也可用于指代顾客群，如消费者或军事，或市场，如南部区域、北部区域、中西部区域和西部区域。从国际层面来说，像北美、太平洋沿岸、西欧、东欧和中国都可以讲得通。重点是人们倾向于与自身区域紧密相连，这使得他们更注重自身消费区域的顾客需求。而不利因素则是，在事业部结构中，一种职能会被多人或多个群体重复执行。例如，在营销、研发和购买领域的职能很可能被重复执行。通常，企业通过集中部分职能来克服部分冗余，如人力资源、法律、公共关系及计划。

集中这一概念将另一个发展结构的重要原则引入了我们的视野。结构应依据集中程度进行组织，也就是企业作出关键决策的部分。在图表7-2（a）中，总经理倾向于为企业作出所有关键的战略决策。在事业部结构中，战略决策由总经理和生产经理共同制定。指导原则是产品经理适合制定与其生产领域相关的大部分战略决策，而总经理适合制定能够影响整个组织的决策。

矩阵结构结合了职能元素和事业部结构。[27]这种结构的决策制定既分散又充满制衡。例如，在图表7-2（c）中，营销经理需要对与所有项目组的产品营销相关的事物进行决策，然而，这些决策必须由每个项目组的负责人共同制定。这个例子是以项目组的划分方式为基础的，矩阵的对角可以简单地依据产品种类、地域市场或顾客种类进行划分。一部分研究者把项目矩阵结构当成功能结构和产品/市场结构两者之间的过渡阶段，但另一部分研究者则把这种结构看成是适应复杂环境所必需的复杂结构。[28]

矩阵结构在项目以工作量衡量的组织中最为普遍，如建筑公司、咨询公司、影视制作公司和工程公司等。在任何特定时刻，来自各职能领域的专家们被赋予多个项目职责，有时横跨几个项目。它为企业生产活动中人力资源的分配提供了很大的灵活性。福陆公司（Fluor）是世界上最大的工程设计和建筑公司之一，它采用的就是矩阵结构。在福陆公司，一个设计工程师向两个或更多的经理（一个特定合同的项目经理和特定设计领域的职能经理，比如电力和机械系统）汇报是非常普通的事。矩阵结构的相互汇报关系强调职能设计绩效和服务具有同等的重要性。

不幸的是，矩阵结构对于员工来说很不安，因为他们要面临"太多的老板"的问题。在执行中，产品经理不仅要平衡不同权威的需求、协调不同的人和进度（这一点很困难），而且所有涉及决策制定的人参与会减缓决策过程，这增加了管理成本。结构的复杂性会造成职能和产品经理之间、成员之间责任的不明确和冲突。

一些组织尤其是大型一体化服务组织，使用网络或"蛛网"结构。[29]网络结构非常分散，并且围绕顾客群和地理区域来进行组织。如图表7-2（d）所示，网络结构是独立的个体，几乎没有正式的等级来组织和控制它们之间的关系。独立个体为了获得和共享有用信息，松散地组织起来。除了信息共享，运营的个体间几乎没有正式的契约关系。当需要正式契约时，独立的个体会建立特别委员会和专门工作组。网络结构特别适用于知识密集型产业，因为这些产业为了服务于更广大的市场，资源需要分散和复制，但是没有制造或技术规模经济，从而不能形成产业集中，比如大型医药和法律事务、投资银行企业、慈善机构（如联合公益基金会和美国女童子军）。在网络结构中，大多数交流和知识分享是通过技术实现的，而非面对面进行的。

分散的高层管理主要发挥顾问职能，低层次的管理者制定大多数决策。如果组织需要达到高水平协同和资源共享，则不适合使用网络结构。网络结构的缺点包括对自治个体有失去控制的可能性以及资源大量复制而产生的高成本。

特许经营与网络结构非常相似，特许经营企业与经销商签订合同，但不归经销商所有。经销权是指两个独立企业间签订的合同，这种合同允许一个企业销售另一个企业的产品或服务，或在一定时间内允许其他企业在某一特定地点独家使用经销商商标。[30]经销商向加盟商就经销权收费，并从各经销地点获取一定百分比的收益。其他合同条款会略有不同。希尔顿国际酒店和麦当劳是对特许经营结构进行广泛使用的典型例子。[31]仅在美国，就有约825 000家特许经营企业，遍及约300种不同的业务领域。[32]

图表 7-2（a） **事业部结构的类型——职能结构**

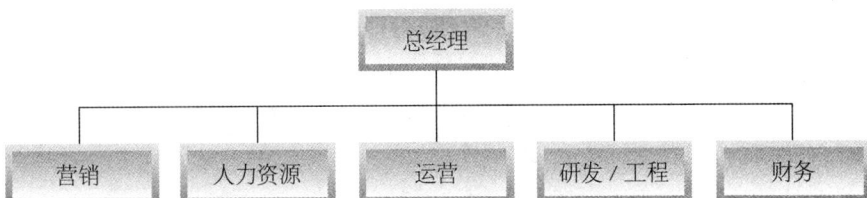

```
                        总经理
        ┌───────┬───────┼───────┬───────┐
      营销    人力资源   运营   研发/工程   财务
```

图表 7-2（b） **事业部结构的类型——产品组或市场组**

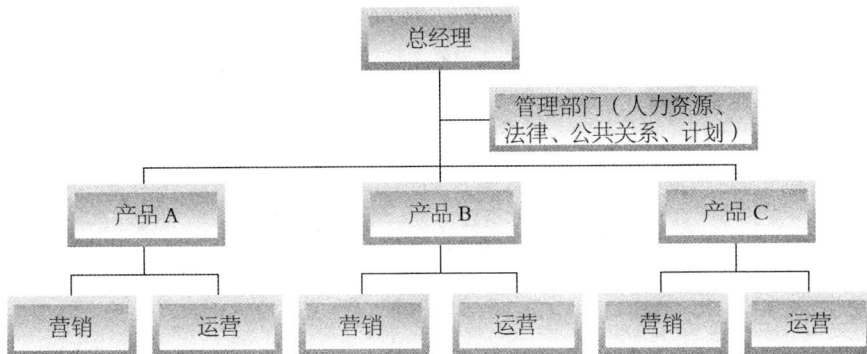

```
                  总经理
                    │
            管理部门（人力资源、
            法律、公共关系、计划）
        ┌───────────┼───────────┐
      产品 A       产品 B       产品 C
      ┌──┴──┐     ┌──┴──┐     ┌──┴──┐
    营销  运营   营销  运营   营销  运营
```

图表 7-2（c） **事业部结构的类型——矩阵结构**

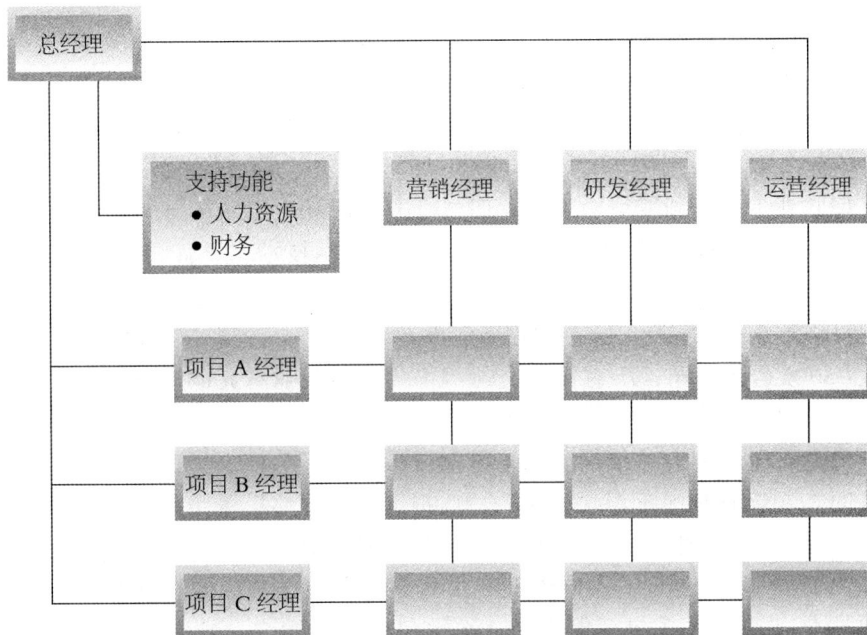

```
  总经理 ─────────────────────────────────
    │
    │    支持功能      营销经理    研发经理    运营经理
    │    ● 人力资源
    │    ● 财务
    │
    ├──  项目 A 经理 ────────────────────────
    │
    ├──  项目 B 经理 ────────────────────────
    │
    └──  项目 C 经理 ────────────────────────
```

　　特许经营结构的一个主要优势就是经销商在没有足够资本的情况下，仍然可以开辟新址，因为加盟商承担了建立新企业所需的大部分经济负担。因此，特许经营结构能够促进增长战略的迅速发展。当然，特许经营结构也会损害一部分由某一位置的特许经营所带来的收益。此外，经销商会失去对经营权的一部分控制，也会使企业声誉承担一定程度上的风险，这是由于特许经营企业所提供的服务或产品可能没有达到顾客的期望值。

图表7-2（d）　　　　　　　　**事业部结构的类型——网络结构**

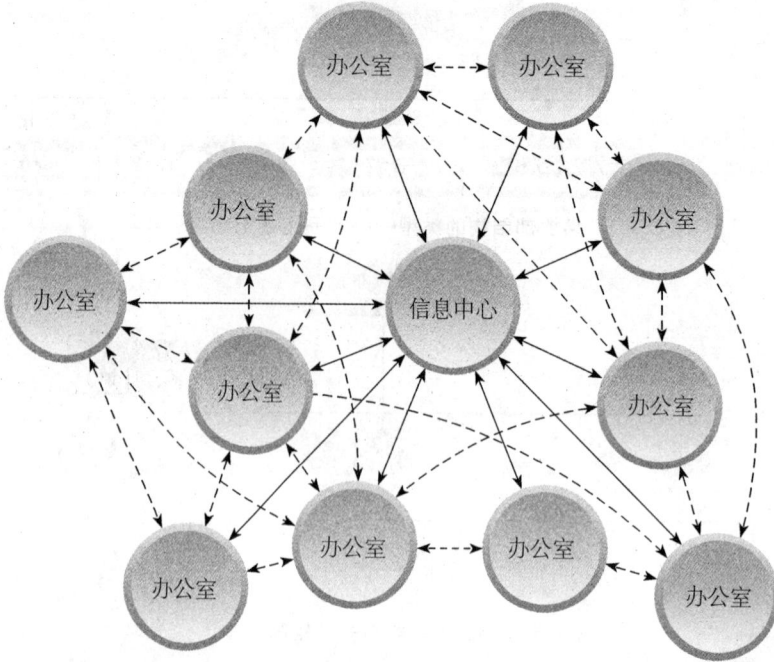

7.2.2　更复杂的结构

简单的职能结构可能在小企业或非多元化企业运行良好。然而，随着组织的发展和对不同商业机会的追求，行政问题和复杂性将会为组织进入可管理单元带来压力。[33]当一个组织在一些业务中更大范围内开展多元化时，对于高层管理者来说，知晓和理解许多不同的产业环境和业务情况则变得困难。管理层可能采用*战略事业单元*（SBU），每个业务单元均包含一些共同业务。共通性来自于几个因素，包括技术、产品、顾客、原材料或定位的相似性。相关业务被分为各战略事业单元，以促进信息共享和相关活动的协调。相关业务经理向战略事业单元经理汇报，战略事业单元经理再向公司总部汇报。例如，强生公司拥有超过250家运营公司，所有营业公司都符合战略事业单元的三条原则：药品、消费者、医疗设备和诊断。[34]

在竞争日益激烈的全球市场上越来越需要战略的灵活性，因而产生了对其他松散的结构形式的需求。有时候所谓"模块"、"虚拟"或"网络"的组织结构，松散地把具有边界的组织元素相互连接起来，这些仅有粗略定义的组织结构，可以归类到前面介绍的网络结构内。[35]和网络结构的不同之处在于，这些组织结构涉及和外部企业关系的延伸网络，这些外部企业关系包括供应商、次承包商、分销商、技术伙伴和其他的利益群体。在企业的这些类型中，通过大量的合作关系和合资行为，生产行为可能涉及许多企业。它们通过共同目标和元素联合起来，重组为多种架构。一些公司如戴尔、微软和锐步通过联盟和外包成功地采用这些方式。通常这些结构的类型是企业内现存结构（比如本章阐述的）的补充。

7.2.3　外国子公司

在一些跨国公司中，外国子公司被视为分支机构，但在另一些情况下，子公司更加自主。[36] 一般说来，外国子公司在以下三方面发挥作用：

1.当地执行。这些子公司关注一个国家，对经营战略作轻微的调整以满足当地市场需求，通过公司管理层执行战略规划，几乎不具有独立性。

2.特殊贡献。作为由多家子公司构成的相互依存的网络中的一员，作为网络中的生产部门，或作为特定区域的分销商，这些子公司发挥着独特的作用。

3.全球性任务。这些子公司对整个全球业务负责。它们更加自主，并且有责任制定和实施战略。[37]

总公司依据子公司的自主程度、与其他部门和子公司的协作需求以及与总体企业策略和途径的匹配度来决定子公司所扮演的角色。除首要责任外，外国子公司也可以用于研发。例如，一家授权管理的地方子公司可能会发现解决既有问题的新措施或新产品，而这种新措施或新产品可以应用于该企业在全球范围内的业务。[38]

7.3　组织文化和动力

组织文化——用于指引员工的共享价值体系——是另一个重要因素，它会影响战略的成功实施。组织文化往往能反映出主管和经理人员的价值观与领导风格。第 4 章中关于目的和价值的讨论与文化的概念紧密相关。组织文化是强有力的战略实施工具，这是由于它对人们在组织中的行为方式影响巨大。文化的特点可能是鼓励包括努力工作、创造力、诚信、忠诚、合作的价值观，也可能是鼓励与之相反的价值观，如"为达目的不择手段"的组织文化。

组织文化还反映了组织动力的根本所在——组织如何执着而充满热情地朝着它的目标前进。[39]组织动力可以根据其强度和鼓励员工集中精力达成企业主要目标的程度加以表述。[40]管理者所面临的挑战是如何确保组织的利益相关者对企业保有激情，同时驾驭这种活力并达成企业目标。

组织的动力和文化既可能是组织最大的优势，也可能是组织最大的劣势。一些组织由于士气不足以及对顾客的态度不恭常常会破坏组织绩效。其他一些组织则成功地创造了与组织的努力方向相一致的文化，即高绩效文化。一些富有激情的组织，如谷歌，通常由一群精力充沛积极向上的人组成，这种能量被直接注入了能够帮助企业在业内取得成功的活动中。在美国，最大的钢铁生产商纽可公司，宣称其所追求的低成本战略便是由注重效率的文化和紧缩的财务政策来支撑的。当这些价值观与强烈的、高质量的动力相结合时，结果就是极力追求卓越，培养深厚的组织情谊。纽可公司的执行副总裁约瑟夫·卢特考斯基将纽可公司描述成一个有"魔力"的地方，"代表了美国的叛逆性。"[41]

执行领导力的作用是确定价值观并以此为生，寻求、利用并重定向与组织重要战略事项有关的组织动力。而且，人力资源管理实践，如招聘、培训、绩效评估和补偿制度，可以巩固组织文化。试想，如果努力工作可以通过高绩效评估和补偿得到奖励，那么努力工作的价值就得到了巩固。战略领导者也可以通过战略计划过程和与利益相关者（如任务、价值陈述、演讲、新闻稿和个人沟通）的交流来影响组织文化。在当今不断变化的全球环境中，很多最为成功的公司拥有鼓励创新精神和企业家精神的组织文化。接下来将对此进行讨论。

7.4　扶植创新与创业

　　知名企业的战略竞争力通常取决于将创业精神融入战略管理的能力。[42]创业精神通过首创思想创造出新的企业价值观，使自身产品或服务在一众竞争者中脱颖而出，为顾客创造新的价值。创新精神与创业精神是企业取得竞争优势的两大重要因素。[43]此外，全球竞争市场瞬息万变，保持已有的竞争优势变得愈发困难。因此，企业必须不断创新，以便长期保持竞争优势。[44]

　　创新精神与创业精神是本书中的常见话题。第1章中，我们将创业精神定义为个人、团体或企业寻求能够创造新价值的机会的过程。第1章同样描述了鼓励创新精神和创业精神是企业战略思维的重要元素。第2章将创新精神定义为能够被复制的有意义的发明。第2章也描述了企业应如何将对广义环境和产业环境的分析作为跳板，追求更高层次的创新。第3章提到企业的学习资源和知识资源是发展和保持竞争优势的核心。有关战略方向和战略制定的章节（第4章~第5章）也同样包含了很多与创新精神和创业精神相关的原则和想法。图表7-3包含了本书中关于创新精神和创业精神的重要思想的总结，也同样包含了一些与战略实施相关的新思想。

图表 7-3　　　　　　　　　　　　　　**鼓励创新精神与创业精神**

富有创新精神和创业精神 ◀━━━━━━▶ 缺乏创新精神和创业精神

包含了强烈的创新精神和创业精神相关主题的战略方向（使命、愿景）	以经济收益和运营效率为主的战略方向
鼓励创造性思维和冒险精神的企业文化	奖励一致性扼杀新思想的企业文化
董事会通过具体事例和资源分配展现出对企业家精神的支持	董事会鼓励维持现状
企业内设有综合信息系统，保证内部各阶层各部门间能够进行开放交流	非公开办公，杂乱无章效率低下的信息系统
重视每位员工的意见想法	将大部分注意力放在研发者和管理者身上
大力嘉奖为公司创造出新价值的内部企业家	对失败处罚严厉，如降职、减薪或解雇
团队协作	独裁式领导
扁平化管理，强调分散决策	多层式组织结构，官僚习气严重，权限审批流程复杂
组织领导者具有识别优秀创意并集中资源将其付诸实现的能力	复杂的权限审批流程使新创意思想的收集变得尤为困难
注重学习	注重结果的衡量
拥有可以用于企业家精神投资的闲置资源	财务状况紧张（高负债、流动资产少）

　　正如图表7-3提到的，创新精神与创业精神较强的企业通常具有鼓励创造性、学习以及冒险的战略方向、文化和领导者。苹果公司前CEO史蒂芬·乔布斯极具传奇色彩，他

是激励企业创新精神的专家。他相信愿景的力量，也相信这种力量可以改变世界。他向管理者、研究者和员工发出挑战，鼓励他们追求更远大的梦想，并将这种梦想出售给顾客。乔布斯同样指出，鼓励创造力的另一个关键因素是将不同领域看似无关的想法、问题或难题联系起来。[45]乔布斯的领导使得苹果公司始终处于技术创新领域的前沿。

面对面互动交流及企业信息体系使信息更容易流向整个创造性组织。[46]如果企业拥有闲置的财务资源，那么这种传播将更容易，这些财务资源并未完全用于现有业务。高于必要性的现金余额中反映出的高流动性和低债务水平使企业在发展前景良好时更具灵活性。[47]此外，人力资源体系也可用于奖励首创精神和企业家精神。而且，这些体系也可用于促进能够创造价值的新产品、流程和服务的产生。这些体系包含一个简单的审批流程，这个审批流程将用于审批发展创造性思想所需的企业资源。

创新型企业不仅通过自身研发过程进行学习，也向外部利益相关者学习，如顾客、供应商和合资人。[48]这种学习可以通过交流或进行交易来实现，它们也可能形成新的合作。我们可以将合作创新定义为"在企业间通过共享创意、知识、专家和机会进行创新。"[49]合作可以帮助小企业获得寻求发展机会所需的资源。对于大企业来说，合作可以帮助它们克服在探索新机遇过程中所面临的挑战。

沃达丰几乎仅凭自己成为了世界最大的电信运营商。然而，随着竞争的不断激烈，公司转变了态度。沃达丰的CEO维托里奥·科劳表示"我们曾有些天真地认为，所有事都可以在企业内部独立完成……为创新提供肥沃土壤的唯一方式就是建立一个开放的平台，并充分加以利用。"这种新的经营理念在一个名为 "Betavine"的网站中得到了充分体现，这个网站允许创造或测试彼此的手机应用程序。这些应用程序可以通过任何无线网络进行下载。用户可以通过这些应用程序获取德国和英国的实时火车进出站信息。沃达丰也通过子公司和隶属机构进行创新。M-Pesa是一家肯尼亚公司，沃达丰拥有其35%的股份。该公司允许人们在没有银行账户的情况下，通过短信进行转账。沃达丰同样投资了英国公司t+Medical，该公司允许顾客通过手机在医生和病人之间传递医疗信息。[50]

要点总结

这一章我们阐述了战略实施时使用的职能战略和组织结构。我们同样讨论了组织文化以及企业如何培育创新精神和创业精神。主要内容如下：

1.有效的战略执行要求一致的职能战略、支持性的组织结构和高绩效文化。

2.战略通过日常决策和组织全体员工的行动得以执行。管理的挑战在于作出能够满足利益相关者需求并实现组织规划策略的完整协作的决定。

3.职能战略由营销、运营、研发、信息系统、人力资源和财务各个部门的人员的决策组成。管理者必须确保每个部门的决策和其他部门以及其他职能、企业规定的战略保持一致。

4.企业资源计划体系具有多种功能，如企业运营和供应链管理、财务和会计、人力资源、分布和来自共享数据的客户关系管理。

5.标准组织结构包括职能结构、事业部结构、矩阵结构和网络结构。职能结构鼓励职能专门化和集中，但是不利于职能或部门间协调。事业部结构把产品和市场细分为更小、更利于管理的分支，能提高对顾客的服务水平或规模经济，但是导致资源重复浪费。项目矩阵结构采用双重汇报关系，是职能结构和事业部结构的结合。网络结构是分散的形式，特别适用于办事处、店铺在区域上的扩张。除了信息和运营政策共享，各个个体独立地运营。特许经营结构与网络结构相似，但特许经营企业的所有权属于独立公司，经销商和加盟商之间的关系通过合同进行定义。

6.战略事业单元结构与相关业务相联系，以增强信息分享和彼此间活动的协调。

7.外国子公司在组织中发挥三方面的主要作用：有助于满足当地需求的当地执行；作为相互依存的网络中的一员作出特殊贡献；应当对整个全球业务负责的全球性任务。

8.组织的文化和动力为战略执行提供重要的支持。

9.创新型企业拥有鼓励创造性、学习和冒险精神的战略方向、文化和领导者。它们同样拥有可以用于奖励创新行为的人力资源体系，以及促进能够创造价值的新产品、流程和服务系统的产生。闲置的财务资源使企业在发展前景良好的新业务时更具灵活性。

注释

1. J. Jargon, "Can McDonalds Keep Up the Pace?" Wall Street Journal (March 23, 2012): B1; M.Issard, "To Tailor Burgers for France, McDonalds Enlists Baguette," Wall Street Journal (February 24, 2012): B4; J.Jargon, "Asia Delivers for McDonalds," Wall Street Journal (December 13, 2011): B1; "Company Profile," http://www.aboutmcdonalds.com/mcd/ investors/ company_ profile.html (July 20, 2012); T. Gierasimczuk, "The Obvious Ronald McDonald Rebrand," Marketing Magazine 116 (8) (2011): 18.

2.L. G. Hrebiniak and W.F.Joyce, Implementing Strategy (New York: Macmillan, 1984).

3.D.Whitford and D.Burke, "Inside the Quiet Giant That Rules the Food Business," Fortune (November 7, 2011): 172.

4.D. G. Sirmon, M.A.Hitt, R.D.Ireland, and B.A.Gilbert, "Resource Orchestration to Create Competitive Advantage: Breadth, Depth, and Life Cycle Effects," Journal of Management 37 (2011): 1390-1412.

5.N. A. Morgan, D.W.Vorhies, and C.H.Mason, "Market Orientation, Marketing Capabilities and Firm Performance," Strategic Management Journal 30 (2009): 909-920.

6.Y. H. Hsieh and H.M.Chen, "Strategic Fit among Business Competitive Strategy, Human Resource Strategy, and Reward System," Academy of Strategic Management Journal 10 (2011): 11-32.

7. J. Cronin-Gilmore, "Exploring Marketing Strategies in Small Businesses," Journal of Marketing Development and Competitiveness 6 (2012): 96-107.

8.D.W.Cravens, N.F.Piercy, and A.Baldauf, "Management Framework Guiding Strategic Thinking in Rapidly Changing Markets," Journal of Marketing Management 25 (2009): 31-49.

9.W. Chang, "A Typology of Co - branding Strategy: Position and Classification," Journal of American Academy of Business 12 (2008): 220-226.

10. J. P. Mangalindan, "Apple's Other Operations Whiz," Fortune (September 26, 2011): 67.

11. B. Morris, "The Accidental CEO: She Was Never Groomed to Be the Boss, but Anne Mulcathy Is Bringing Xerox Back from the Dead," Fortune (June 23, 2003): 58-59.

12. M. Herper, "The Truly Staggering Cost of Inventing New Drugs," Forbes (March 12, 2012): 38.

13. M. Moskowitz, R.Levering and C.Tkaczyk, "100 Best Companies to Work For," Fortune (February 7, 2011): 91-100.

14. R. M. Murphy, "Secrets of the Big Blue Leader," Fortune (November 21, 2011): 169.

15.Global Human Resource of Employment Services (London: MarketLine, 2012).

16.N. D. Voges, "Sustainable Financial Strategies," Healthcare Executive 27 (3) (2012): 4; B.Finley and J.Pettit, "Creating Value at the Intersection of Sourcing, Hedging and Trading," Journal of Applied Corporate Finance 23 (2011): 83-89.

17.R. H. Hayes, S.C.Wheelwright, and K.B.Clark, Dynamic Manafacturing (New York: The Free Press, 1988): 61.

18.D. A. Bosse, R.A.Phillips, and J.S.Harrison. "Stakeholders, Reciprocity and Firm Performance," Strategic Management Journal 30 (2009): 447-456.

19.M. Lev-Ram, "The Hot New Gig in Tech," Fortune (September 5, 2011): 29; C.St.John, A.Cannon, and R.Pouder, "Change Drivers in the New Millennium: Implications for Manufacturing Strategy Research," Journal of Operations Management 19 (2001): 143-160.

20.S. Chou and Y.Chang, "The Implementation Factors That Influence the ERP Benefits," Decision Support Systems 46 (2008): 149-157; E.W.T.Mgai, C.C.H.Law, and F.K.T.Wat, "Examining the Critical Success Factors in the Adoption of Enterprise Resource Planning," Computers in Industry 59 (2008): 548-564.

21. J. I. Galan and M.J.Sanchez - Bueno, "The Continuing Validity of the Strategy - Structure Nexus: New Findings, 1993-2003," Strategic Management Journal 30 (2009): 1234-1243; A.D.Chandler, Strategy and Structure: Chapters in the History of the American Industrial Enterprise (Cambridge, MA: The MIT Press, 1962).

22.F. A. Csaszar, "Organizational Structure as a Determinant of Performance: Evidence from Mutual Funds," Strategic Management Journal 33 (2012): 611-632.

23.B. Keats and H.M.O'Neill, "Organizational Structure: Looking through a Strategy Lens," in M.A.Hitt, R.E.Freeman, and J.S.Harrison, eds., The Blackwell Handbook of Strategic Management (Oxford: Blackwell Publishers, 2001): 520-542; P.R.Lawrence and J.W.Lorsch, Organization and Environment (Homewood, IL: Irwin, 1969): 23-39.

24.A. C. Hax and N.S.Majluf, The Strategy Concept and Process: A Pragmatic Approach

（Englewood Cliffs, NJ: Prentice Hall, 1991）.

25.Hax and Majluf, The Strategy Concept and Process.

26.Keats and O'Neill, "Organizational Structure."

27.G.Kesler and M.H.Schuster, "Design Your Governance Model to Make the Matrix Work," People and Strategy 32 （4） （2009）: 16-25; S.H.Appelbaum, D.Nadeau, and M.Cyr, "Performance Evaluation in a Matrix Organization: A Case Study," Industrial and Commercial Training 40 （2008）: 295-299.

28. J. Galbrith and R.Kazanjian, Strategy Implementation: Structure, Systems, and Processes （St.Paul, MN: West Publishing Company, 1986）.

29. J. B. Quinn, Intelligent Enterprise （New York: The Free Press, 1992）.

30. J. G. Combs, D.J.Ketchen, Jr., C.L.Shook, and J.C.Short, "Antecedents and Consequences of Franchising: Past Accomplishments and Future Challenges," Journal of Management, 37 （2011）: 99-126; J.G.Combs and D.J.Ketchen, Jr., "Why Do Firms Use Franchising as an Entrepreneurial Strategy? A Meta-analysis," Journal of Management 29 （2003）: 427-443.

31. J. Daley, "The Top 10 Franchises," Entrepreneur 40 （1） （2012）: 84-95.

32.L. Fenwick, "Franchises Aren't Running on Empty," Franchising World 43 （7） （July 2011）: 68.

33.D. Collis, D.Young, and M.Goold, "The Size, Structure and Performance of Corporate Headquaters," Strategic Management Journal 28 （2007）: 383-405.

34. Johnson&Johnson Annual Report 2011: 28.

35.G. Soda and A.Zaheer, "A Network Perspective on Organizational Architecture: Performance Effects of the Interplay of Formal and Informal Organization," Strategic Management Journal 33 （2012）: 751-771; M.A.Schilling and H.K.Steensma, "The Use of Modular Organizational Forms: An Industry-Level Analysis," Academy of Management Journal 44 （2001）: 1149-1168.

36.R. Mudambi, "Hierarchy, Coordination and Innovation in the Multinational Enterprise," Global Strategy Journal 1 （2011）: 317-323; N.Nohria and S.Ghoshal, The Differentiated Network （San Francisco: Jossey-Bass, 1997）.

37. J. M. Birkinshaw and A.J.Morrison, "Configurations of Strategy and Structure in Subsidiaries of Multinational Corporations," Journal of International Business Studies 26 （1995）: 729-754.

38.Mudambi, "Hierarchy, Coordination and Innovation in the Multinational Enterprise."

39.R. Cross, W.Baker, and A.Parker, "What Creates Energy in Organizations," MIT Sloan Management Review 44 （Summer, 2003）: 51-56; J.W.Dean, Jr., P.Brandes, and R.Dharwadkar, "Organization Cynicism," Academy of Management Review 23 （1998）: 341-352.

40.H. Bruch and S.Ghoshal, "Unleashing Organizational Energy," MIT Sloan Management Review 44 （Fall, 2003）: 45-51.

41.The quotations come from N.Byrnes, "The Art of Motivation," Business Week (May 1, 2005): 57.

42.K. Foss and N.J.Foss, "Understanding Opportunity Discovery and Sustainable Advantage," Strategic Entrepreneurship Journal 2 (2008): 191-207; R.D.Ireland, M.A. Hitt, and D.G.Sirmon, "A Model of Strategic Entrepreneurship: The Construct and Its Dimensions," Journal of Management 29 (2003): 963-989.

43.R. Amit, C.Lucier, M.A.Hitt, and R.D.Nixon, "Strategies for the Entrepreneurial Millennium," in M.A.Hitt, R.Amit, C.Lucier, and R.Nixon, eds., Creating Value: Winners in the New Business Environment (Oxford: Blackwell Publishers, 2002): 1-12.

44.R. A.D' Aveni, G.B.Dagnino, and K.G.Smith, "The Age of Temporary Advantage," Strategic Management Journal 31 (2010): 1371-1385.

45.C. Gallo, The Innovation Secrets of Steve Jobs: Insanely Different Principles for Breakthrough Success (New York: McGraw-Hill, 2010).

46.A. Sleptsov and J.Anand, "Exercising Entrepreneurial Opportunities: The Role of Information - Gathering and Information - Processing Capabilities of the Firm," Strategic Entrepreneurship Journal 2 (2008): 357-372.

47. J. P. O' Brien, "The Capital Structure Implications of Pursuing a Strategy of Innovation," Strategic Management Journal 24 (2003): 415-431.

48. J. S. Harrison, D.A.Bosse, and R.A.Phillips, "Managing for Stakeholders, Stekeholder Utility Functions and Competitive Advantage," Strategic Management Journal 31 (2010): 58-74.

49.D. J. Ketchen, R.D.Ireland, and C.C.Snow, "Strategic Entrepreneurship, Collaborative Innovation, and Wealth Creation," Strategic Entrepreneurship Journal 1 (2007): 371.

50.K. Capell, "Vodafone: Embracing Open Source with Open Arms," Business Week (April 20, 2009): 52.

第8章

战略控制与战略重构

战略聚焦

通用汽车

通用汽车作为别克控股公司于1908年成立于美国密歇根州的弗林特市。在最初几年，公司收购的品牌包括：奥茨莫比尔、凯迪拉克、埃尔默和庞蒂克的先驱奥克兰。在1911年，通用汽车创立了通用卡车公司（后被称为GMC）。1918年，公司收购了雪佛兰品牌，并将业务扩展到加拿大。1919年，为帮助消费者支付汽车或卡车价格，通用汽车成立了通用汽车金融服务公司。

通用汽车在其成立初期迅速将业务扩展到了包括德国、澳大利亚、新西兰、日本、英国、埃及和印度在内的其他国家。在20世纪70年代开始，通用汽车通过收购、合资以及内部开发的方式不断扩充自己的品牌，包括土星、悍马、萨博和大宇。多年以来，通用汽车在多个产业实现了收购以及新产品和新技术的开发，包括航空航天、国防、制冷、计算机、电力和土木工程设备领域。然而，公司却选择出让了大部分非汽车领域资产。

在20世纪后50年，整个美国汽车产业遭遇了来自外国竞争者的重创，尤其是日本制造商，如丰田、本田和尼桑。在燃油价格不断上涨的时期，这些日本公司将更小更高效的高质量汽车带进了美国。此外，尽管日本汽车公司需要支付高额进口关税，高薪工会协定仍使得美国制造商失去了成本优势。最终，外国制造商开始在美国生产汽车，进一步增加了其成本优势。通用汽车以极慢的速度回应了这种市场变化。公司发现，相比同类竞争者，自身生产的汽车成本昂贵、燃油利用率低且质量差。

通用汽车在经济大萧条中处于不利地位。继在 2007 年损失 380 亿美元，2008 年损失 310 亿美元之后，通用汽车开始进行重构。在政府的大规模资金援助下，公司得以继续运行。通用汽车总经理决定将公司重心放在包括雪佛兰、别克、凯迪拉克和卡车在内的核心品牌的经营上。土星、萨博和悍马或被转让或被淘汰。此外，公司减少了汽车品牌的数量，同时缩小了经销网络的规模。资金被重新应用于研发部门和车间现代化方面。

通用汽车仍在不断努力，2009 年 6 月，公司申请改组。一家新公司 NGMCO 收购了通用汽车的全部资产，并将其更名为通用汽车公司。美国政府向通用汽车公司投资了 300 亿美元，拥有了该公司 60% 的股权。到 2010 年，公司再次盈利。同年 11 月，公司通过首次公开募股募集了 181 亿美元的资金。2011 年，日本的大地震使得丰田及日本其他主要竞争公司的生产力遭遇重创，通用汽车公司由此再次回到龙头地位，以强有力的姿态吸收了日本公司流失的销售额。目前，仍有许多问题尚无法确定，诸如，通用汽车公司能否延续近期的成功。[1]

全球金融危机对全球各产业的经济都具有深远的影响。在困难时期，弱势竞争者的挣扎最为显著。当其他企业或被收购，或走向破产时，重构显得尤为重要。然而，如果没有政府的介入，通用汽车公司必然无法以现有形式存在。可以说，通用汽车是管控不力的典型例子。高层领导者对于市场方向有着清楚的认识，却没有及时对市场变化作出反应。成功的历史使通用汽车的管理者们或多或少地怀有自大心理，这种自大正是惯性的来源，表现为拒绝改变。也许是通用汽车的规模和国际影响力使其高层领导者相信，通用汽车毫无疑问地会从衰退中反弹回来。

战略控制与战略重构是本章的主要话题。在这一章的前半部分，我们将强调战略控制系统的发展，它会在业绩与目标偏离或即将到来的趋势对组织业绩造成影响时，对经理人员发出警告。在后半部分，我们将讨论重构方法。重构是用来给那些曾经脱离控制，或是必须经过重新调整才能适应环境趋势的组织重新定位的。我们也将讨论怎样应对经济周期。

8.1　战略控制系统

从高层管理人员的角度来说，战略控制系统是"用来帮助经理人员评估组织战略在实施过程中是否与组织目标的实现一致，并且在差异出现时，找出需要注意的区域"。[2]战略控制系统存在于组织中的各个层次；组织作为一个整体为发展进度建立目标；在多部门企业的每个分部门之中也是如此。战略控制也可能存在于部门、小组甚至个人层面。

从历史上说，战略控制系统曾被基于财务状况的衡量措施长期支配。也就是说，目标单纯地用财务术语来设定，进步的取得仅仅取决于是否完成或超越金融目标。正如我们在第 3 章衡量企业绩效中提到的，将重心全部放在财务绩效上容易使管理者过于关注短期利益，而这种对于短期利益的关注在很多时候是以牺牲长期利益为代价的。例如，管理者可能会出于短期利益的考虑而放弃昂贵的项目或长期市场计划，尽管这种项目会在未来几年使公司受益良多。[3]此外，经理人员可能会关闭高成本的生产线、取消高成本的服务，而只关注生产效率高的产品和服务。只要顾客不喜欢更高成本的产品和服务，这些决定就都是正确的。但是，最终的结果常常是，这些过度生产的"高效"产品必须进行打折销售才能刺激顾客的购买兴趣。

除了这些以财务为基础的控制所带来的问题之外，有时在商业交易的发生和财务报告的出台之间存在时间延迟，这就使得快速对环境的变化作出反应变得尤为困难。[4]最后，太过于依靠会计信息的话，经理人员可能会产生有关组织绩效失真的观点。[5]失真是一个特殊问题，经常发生在当管理人员不能理解诸如存货、工厂和设备的定价，以及间接运营成本如何分摊到不同部门等政策的影响的时候。

如果管理者很难从会计数据中获得有用的解释，那么这对利益相关者来说就更加困难了。美国国会于2002年通过的《萨班斯–奥克斯利法案》（SOX）要求管理者确保内部控制能够使得一家公司的财务报表与美国其他同类公司可比。一些经理和会计师担心，《萨班斯–奥克斯利法案》的报告要求是对一些公司的不道德行为的过度反应，会抑制小企业特别是那些通过IPO（首次公开募股）转换为上市公司的私人实体的增长。[6]有人则认为，它为"持续改进以适应不断变化的商业环境"[7]奠定了基础。由于在国外运营的美国企业的分公司和在美国运营的外国企业的分公司必须遵守法案的规定，因此新标准正对全球范围内的报告要求产生影响。一些外国企业通过遵从法案向投资者表明，它们的财务报表与美国同类企业可比。

传统的以会计为基础的控制并不一定要被淘汰，它们应该与其他类型的控制相制衡。下述现象日渐普遍，即首席财务官不单单注重财务控制，他们被寄望于监督其他类型包括与运营和风险评估相关的控制和审计程序。[8]一些组织决定定期执行运营审计，以确保管理者和员工遵循组织的程序和政策。虽然这些审计是由内部群体执行的，但也能非常有效地发现表面问题。例如，由内部调查机构对联合国维和行动执行的审查，发现了采购政策被滥用和组织内部控制被忽视的证据。[9]

由于拥有先进的信息系统和实时的数据收集过程，越来越多的公司采用自下而上的控制。此类控制系统收集客户的相关资料，并依靠操作层的员工制定决策和采取行动以纠正问题。[10]这种形式的控制系统如果要起作用，就要求从客户端得到的反馈要尽量传达给组织的每一个生产人员，以便他们能够按照要求对组织的活动进行持续改进。自下而上的方法，从本质上来说，具有灵活性，并且能够适应特殊系统的特征。"自下而上"的极端例子就是顾客实际控制公司活动的情况。例如，Ito-Yokado Co.，一家在日本经营7-11商店的公司，控制着产品组合、制造进度以及大多数重要供应商的货物交付。这一过程省略了一些批发环节。沃尔玛和它的很多供应商也有着相似的经历。

图表8-1展示的是一个综合战略控制模型。它说明了三种不同类型的控制：反馈控制、并行控制以及前馈控制。*反馈控制*为经理人员提供了关于组织活动的产出情况的信息。*并行控制*为经理人员提供了关于组织活动和进程的实时信息，以便在与计划不一致的偏差能够影响组织之前及时发现它们。并行控制还包括行为控制，诸如对官僚系统以及社会化过程的控制。*前馈控制*是基于对利益相关者的投入以及宏观环境的分析，帮助经理人

员预计在组织外部和内部环境中可能发生的变化。在这里我们将描述多种反馈控制、前馈控制、并行控制的方法以及它们的使用。

图表8-1　　　　　　　　　　　　　　**战略控制过程**

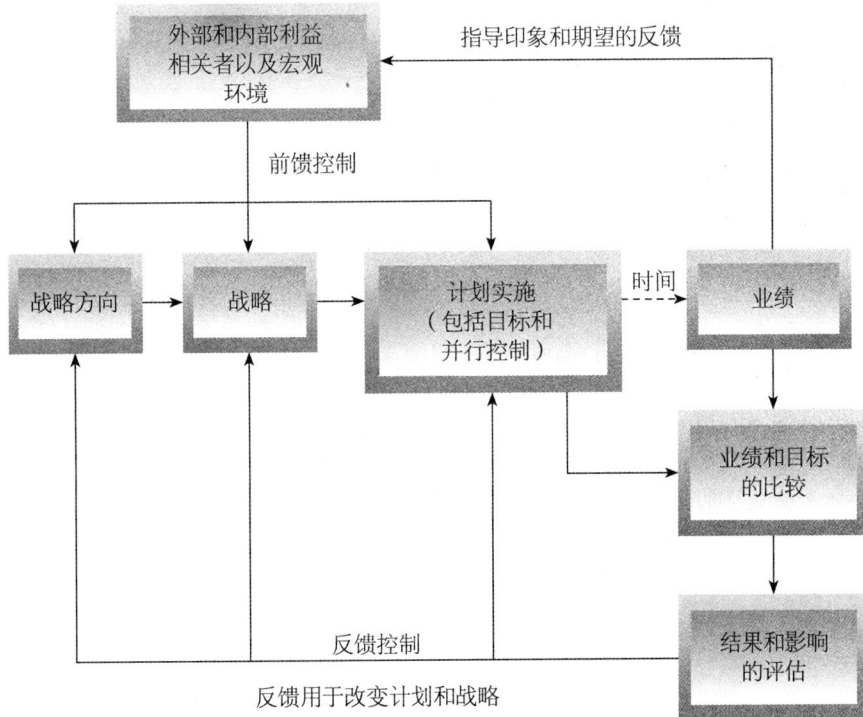

8.1.1　反馈控制

图表8-1展示了在战略管理过程实施的各个阶段，管理人员都应该在那些对组织战略成功以及组织目标实现来说的关键领域，建立组织活动的目标（例如，明确的目的或目标），还应该建立一个衡量业绩的时间框架。当一段时间过去后，应对业绩进行衡量并把它与已经建立的目标进行对照。如果对于某一要素，业绩与目标的差别是在规定的误差范围内，那么经理人员就可以认为，在现在的组织条件和环境条件下，关于该要素的期望目标是有可能实现的。但是，如果业绩与目标的差距超出了可以接受的误差范围，经理人员就必须努力评估产生这种结果和影响的原因了。

反馈控制系统在组织中发挥着一些重要功能。[11]第一，创立特定的目的或目标以确保经理人员在组织发展的不同阶段和区域都能够了解组织计划和战略，从而能够指导组织决策。第二，反馈控制系统将激励经理人员去追求组织利益而不是单纯的个人利益，因为他们知道他们对自己的行动结果负有责任。第三，反馈控制系统将在发现有些区域需要进一步注意时，帮助经理人员决定他们该在何时，并且如何对组织活动进行干预。

正如我们在前面的章节中所提到的一样，组织追求的战略必须指向组织战略方向的实现。有效的控制系统是帮助确保组织战略朝着正确方向前进的一种方法。图表8-2包括了建立一个有效控制系统的相关步骤，对这些步骤我们将会进行详细描述。[12]

图表8-2　　　　　　　　　　　　　　反馈控制系统的建立

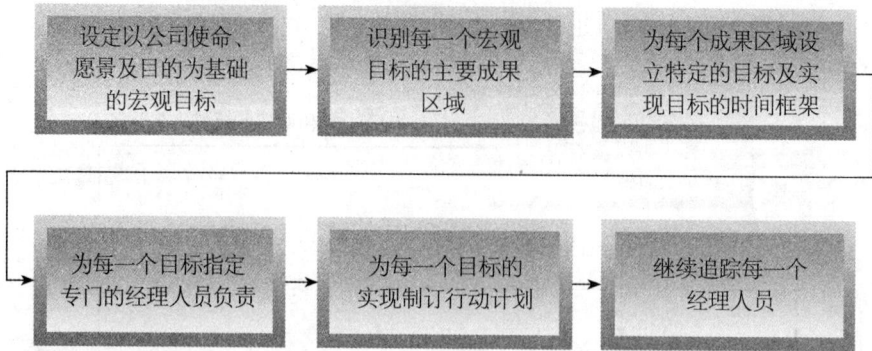

```
┌─────────────────┐     ┌─────────────────┐     ┌─────────────────┐
│ 设定以公司使命、 │ ──▶ │ 识别每一个宏观   │ ──▶ │ 为每个成果区域设 │
│ 愿景及目的为基础 │     │ 目标的主要成果   │     │ 立特定的目标及实 │
│ 的宏观目标       │     │ 区域             │     │ 现目标的时间框架 │──┐
└─────────────────┘     └─────────────────┘     └─────────────────┘  │
                                                                      │
┌─────────────────┐     ┌─────────────────┐     ┌─────────────────┐  │
│ 为每一个目标指定 │ ◀── │ 为每一个目标的   │ ◀── │ 继续追踪每一个   │  │
│ 专门的经理人员负责│     │ 实现制订行动计划 │     │ 经理人员         │◀─┘
└─────────────────┘     └─────────────────┘     └─────────────────┘
```

宏观目标的建立。驱动一个有效的控制系统的战略方向的主要元素有组织愿景、使命以及目的。正如在前面章节中描述的一样，愿景是清楚表达组织向何处发展，或者更恰当地说，是表示组织应该往何处发展的。使命包括对组织业务的定义，因此对于控制组织活动的范围非常有用。例如，一个组织可能需要决定对于提高其财务业绩方面来说，它的经营是否太多元化了或是还不够多元化，其目的是帮助组织明确它将打算为特殊的利益相关者（如客户、员工、股东或社会团体）做什么。综合来看，这些战略方向元素为控制组织进程提供了有力的工具。

从本质上来说，关键的问题是，"如果我们完成了我们的愿景、使命以及目的，将会对谁造成影响，以及将会怎样影响他们？"这一问题的答案将决定组织的宏观目标，也是反馈控制系统其他部分建立的基础。例如，宏观目标可能会带来更高的顾客满意度。另一个目标可能是为利益相关者取得更高的回报。对某些组织而言，高的员工满意度和社会团体的合作态度也可能成为目标。在这一阶段重要的是，宏观目标通常是组织战略方向的反馈。

制药业巨头默克公司是成功建立以使命和愿景为基础的控制系统的典范。默克公司使命的座右铭是"我们默克人说到做到，并以此作为自省的标准。"[13]公司进一步说明这个座右铭是对默克价值观的概述，并为公司发展指明了方向："为确保使命的实现，我们创造了工具和控制系统。这使得我们能够更好地塑造企业文化，并根据我们自身的原则更好地衡量自己。"[14]

关键的成果区域的识别。控制过程的下一步就是识别组织实现设定宏观目标的关键区域。例如，一个组织可能决定为实现更广泛的客户目标，例如满意度、安全感，以及忠诚度，必须将重点放在研发、制造、客户服务以及营销等方面。相关利益者目标的实现可能涉及财务功能、营销、研发以及合理的多元化程度的建立。第3章图表3-5给出了很多非金融成果领域的实例，用以说明有效的反馈控制是可发展的。

明确的目标以及时间框架的建立。控制过程的这一阶段要求精确识别在每个关键区域应该实现什么样的目标，从而保证宏观目标的实现。和宏观目标不同的是，这些目标为相关的期望结果提供特殊指导。时间框架的建立同样包括在内。有效的目标应该具有图表8-3所述的特征。非金融目标和金融目标都应在建立之列。

图表8-3	有效目标的特征

1.它们必须要足够高,这样才能具有激励性。如果目标定得比较低,员工们很快就能达到,他们就会在公司里花费大量时间去追逐个人利益。

2.它们必须是可实现的。如果员工们认为目标定得太高,他们就会泄气,这将降低他们的工作动力。

3.它们必须是明确的。目标必须建立在明确的区域,甚至是区域中的区域。换句话说,宏观目标应该被分解为更小的目标,然后让各部门或各运营单位对其负责。

4.它们必须是可度量的。当宏观目标或多或少成为组织意图的永久陈述的时候,目标才能够真正获得。一旦目标实现(或没有实现),经理人员就有责任去重新建立、去改变,或是抛弃它们。像是这样的一个目标,"组织将会是创新的",就是不可度量的。一个更好的目标应该是,"组织在下一财政年度中将取得五项新产品的专利权。"

5.组织中所有相关的经理人员和员工必须充分了解它们。如果员工对某个目标不理解,他们就会当成从来没有听到过一样。有效的目标传达对于目标的实现来说是必需的。

6.目标的制定应该包括员工的参与。如果相关的经理人员和员工都参与了目标的制定,他们将对目标更负责任。

7.业绩的反馈也是过程的一部分。当目标制定了一段时间,而后被遗忘的时候,组织成员立即就会明白它们是毫无意义的。

8.最后,必须给它们加上一个明确的时间表。对于任何好的战略计划而言,时间期限都是必备元素。

资　料　来　源　G.P.Latham and E.A.Locke,"Goal Setting—A Motivational Technique That works",Organizational Dynamics(Autumn 1979):68-80;M.D.Richards,Setting Strategic Goals and Objectives,2nd Ed.(St.Paul:West Publishing,1986);M.E.Tubbs,"Goal Setting—A Meta-Analytic Examination of Empirical Evidence,"Journal of Applied Psychology 3(1986):474-475.

责任的委派。如果行动是正确的,控制过程将会导致范围广泛的组织活动目标的实现。圆满完成所有事情的唯一方法就是指定专门的经理人员为组织内不同部门和活动的目标的实现而负责。假定目标制定的过程是广泛参与型的,对目标最终负责任的经理人员很可能在目标制定时就已经产生了。

制订行动计划。建立反馈控制系统的下一步是,为每一位分派到目标的经理人员制订一份行动计划。这份计划包括要使目标在指定日期内完成,每个经理人员和他的下属应该采取的行动步骤。这样就建立了更高层次的责任性,并且明确了各业务单元间的相互依赖程度。例如,洛克希德·马丁公司(Lockheed Martin)的一个大的业务部门制订了一份为期6个月的行动计划,大约有40页左右。每一个经理人员的目标都包括在计划中,目标完成的时间进度表也在其中。其他公司可能会在短时间内制订一项行动计划,且只包含几个简页。

问责制和审查。建立反馈控制系统的最后一步是封闭回路。为确保目标和行动能够按计划进行,全部的依存关系能够得以解释,必须定期监督和审查。[15]在一些产业中,公司每季度或每年执行一次审查过程,包括将书面报告和正式的意见书递交给管理团队。在节奏很快的产业中,管理者要求每周或每月更新,以确保过程基本按计划进展。

如果行动和产出未按计划进行,管理者必须确定这是为什么,以及应该采取何种行动以使其重返正确的轨道。例如,管理者可能要确定所需要的额外资源,明确时间表是否过于冒进,确认行动计划所隐含的基本假设是否已经改变。例如,若管理者确认假设已经发生了改变,行动计划就需要作重大调整。当公司计划推出新产品、进入新市场或开放新设施时，这就成为一种非常普遍的现象。竞争对手的行动、利率的变化和工期延迟均为不确定因素，它们会引发目标和行动计划的重置。

8.1.2　并行控制

就像在图表8-1中展示的一样，并行控制计划被看作是实施过程的一部分。并行控制与反馈控制非常相似，除了在时间范围上缩短为"实时"。例如，在飞机中航空设备里的警报系统就是要在飞机出现问题时及时地告诉飞行员。在飞行结束时，它并不反馈关于飞机故障次数的总报告。这类总反馈信息在设计新的航行系统时可能是非常重要的，但是在飞机飞行时，它对飞行员来说是没用的。在商务环境中，实时反馈在有些情况下是很有用的，如实时控制在服务交付环境中非常有用。

常见的一些并行控制类型是与生产和服务过程以及质量标准有关的。统计过程控制包括为特定的工作活动设定绩效标准。进行这些活动的员工监管他们自己的绩效和他们努力的"成果"。如果他们的工作脱离了规范，他们将在工作传递到其他人手中之前自行进行调整，就像一个汽车工人将"暂停生产线"从而阻止坏车进入下一个工作站。在那些情况下，实时控制工作鼓励工人自治以提高质量和效率。其他种类的并行控制是跟存货水平和订单承接有关的。例如，Amazon.com具有实时库存系统，从而方便其知道在库存低于一定水平时根据需要及时将新订单送到供应商手中。它们同时应用实时库存控制向顾客提供有关的信息，例如，何种货物将在何时送出，以及顾客什么时候能够收到货物等。

另一种并行控制是与行为控制相关的。在组织内，经理人员必须依赖员工来正确行使他们的职责，即使是在不存在管理的情况下。行为控制工作鼓励员工按照组织标准和程序去行动。[16]它们是在员工工作时进行"实时"控制的。官僚式控制是一种常见的行为控制。它包括指导着组织成员行为的规则、方针和程序。帮派式控制同样影响行为。它是指个人通过社会化过程来领会组织的价值观、能力以及组织期望的行为。对新员工来说，介绍会是社会化过程的一种形式。对现有员工来说，社会化过程的形式有集中培训、指导关系以及对组织愿景、使命、价值观和时事新闻等方面进行的正式交流。

8.1.3　前馈控制

正如我们在本章一开始所提到的那样，前馈控制系统是基于对利益相关者投入以及宏观环境的分析，帮助经理人员预计在组织外部和内部环境中可能发生的变化（如图表8-1所示）。从本质上说，这是一种监督系统。在大型企业内部，这种监督系统通常通过组织信息系统来管理。这种系统也被称作观测系统或商业竞争智能系统。[17]在这些系统中，有些十分全面，覆盖了公司内部外部的方方面面的发展趋势；有些则仅仅专注于某种特定的利益相关者，如跟踪购买趋势的系统。好的前馈控制系统是非常重要的，因为环境具有不连续性。这种不连续性是指社会、经济、技术以及政治环境中发生的主要的、意想不到的变化，而这些变化使得组织必须对战略方向、商业战略或对相关组织资源的收购计划作出调整。[18]即使是在稳定的环境中，在环境不连续性只有微小作用的地方（如商品的生产），前馈控制系统也是非常必要的，特别是对于允许组织朝着目标实现方向行动的学习过程。

战略方向和战略是建立在有关组织及外部环境，包括利益相关者的利益的前提的基础之上的。[19]这些前提是有关未来将会发生什么的假设。例如，组织在5年内扩充制造设备的打算可能是建立在利率基本保持不变的假设基础之上的。如果利率大幅度地发生了变化，它将会使得计划中的扩充变得毫无利润。同样，正如前面的章节中讨论过的，利益相关者的需要和期望可能发生改变——顾客可能希望所有的交易行为通过互联网进行，供应商可能遭遇能力不足，社会可能改变税率以及地区环境保护条例——这将导致经理人员去评估它们对已经实施的战略所造成的冲击。

这些情形证明了对前提控制的需要。*前提控制*是前馈控制的一种，包括对假设或前提的定期评估，这一评估将作为战略选择的基础。这种对假设的定期的重新评估是战略管理中重复进行的环境评估。前提控制帮助组织避免已经制定的战略和目标出现不再适合的情况。

与前馈控制和反馈控制都相关的学习过程形成了战略方向、战略、计划实施，甚至是目标自身改变的基础。最近的一项研究发现，除了传统的度量和监管功能，高层管理人员还运用控制系统去克服变化的阻力、传达新的战略议程、确保对新的战略行动的持续关注、使信仰变得正式化、为可接受的战略行为设定边界，以及激发对战略不确定性的讨论和辩论。[20]控制系统成为了"战略实施的工具"之一。[21]

到这一节为止，我们已经描述了控制方法的不同类型和围绕它们的各种问题。组织需要大量的不同层次的控制方法去确保组织及其组成部分是朝着正确的方向前进。然而，它们必须按照信息能够共享的方式进行组合。换句话说，从组织各部分获取的信息在需要的时候必须能够随时随地获取，才能加快组织的进程。下一部分讨论的是组织内部综合战略控制系统的发展。

8.1.4 综合战略控制系统

快速发展的信息技术使得控制系统的不断发展成为可能。信息系统能够有效地追踪大量的交易、运营结果以及外部数据，并且及时地把正确的报告提供给合适的人选。第 7 章中提到的企业资源计划（ERP）在整合来源不同的信息方面非常有效。[22]综合的战略控制系统应该包括反馈控制、前馈控制以及并行控制。为了提高组织学习的数量和质量，由控制系统所产生的信息应该是重要的、重复发生的过程，并且应该引起高层管理人员的重视。而且，组织不同层次的运营经理都应该经常地、定期地关注控制过程。从系统搜集的数据应该通过上司与下属面对面的会议进行讨论和解释。最后，控制过程的成功依赖于根本的数据、假定以及战略的持续挑战和争论。[23]

对跨国企业来说，考虑在何时设计战略控制系统还有一个维度，即民族文化。为了确保有效性，在设计控制系统时应该考虑民族文化的差异。[24]霍夫斯塔德（Hofstede）的研究指出，可以从五个维度上区别民族文化：

（1）权力差距。权力在社会或组织中不平等分配的程度。

（2）个人主义与集体主义。社会是关注个人的利益，还是关注集体的利益。

（3）男性化与女性化。社会对不同性别角色区别对待的程度。

（4）不确定性规避。社会对不确定性和模糊情景的容忍程度。

（5）儒家动力。决策的制定是着眼于长期还是短期。[25]

一般说来，为了使战略控制系统有效，它们应该反映所适用的民族文化。对全球企业来说，这可能意味着要为不同的国家和地区设计出不同的控制指标。就控制系统而言，涉及的民族文化维度（如图表8-4所示）。

图表8-4　　　　　　　　　民族文化和控制系统

民族文化维度	国家和地区示例	控制系统
（1）权力差距（高）	美国、英国、瑞典、挪威	关注决策成果
权力差距（低）	亚洲、中美洲和南美洲的国家	关注对计划的遵守
（2）个人主义	美国、澳大利亚、加拿大、英国	个人奖励
集体主义	哥伦比亚、巴基斯坦、葡萄牙	基于团队的奖励
（3）男性化	美国、日本、澳大利亚、英国	成就、英雄主义和重大成功是受到重视的
女性化	丹麦、瑞典、挪威	关系和生活质量是受到重视的
（4）不确定性规避	希腊、葡萄牙	社会期望控制管理风险
不确定性容忍	美国、丹麦、新加坡	很少基于规则
（5）长期导向	中国香港、韩国	关注销售增长和顾客满意度
短期导向		关注利润

资料来源　J.C.Lere and K.Porz, "Management Control System in a Global Economy," The CPA Journal 75（9）（September 2005）：62-64.

一个综合的战略控制系统应该为正在重复进行的方向、资源发展和管理以及管理优先权方面的调整提供反馈。当业绩下滑时，战略控制系统应该为业绩问题提供预警，但是不能将其完全排除。为了纠正已经严重偏离路线的组织，经理人员必须开始某种重构。重构正是我们下一个部分的主题。

8.2　战略重构

众所周知，没有战略或组织设计会不确定地起作用。如果某公司的战略非常成功，但就是这种成功会创造出变化，因为组织的销售量和组织规模将会扩大，从而要求不同的管理方法以及组织架构。然而，更为典型的情况是，顾客、竞争对手以及技术的相互作用创造出了变化的经营环境，这要求组织也要进行相应的改变。[26]本书中描述的重复进行的战略管理过程，采用了不断扫描内外部环境和重新评估战略及其实施情况的方法，就是因为管理是随着时间而不断变化的。例如，为回应日益激烈的全球市场竞争以及销售额的缩水，瑞典通讯公司爱立信进行了包括成本缩减和裁员在内的多年重构计划。[27]

典型的重构包含了对组织干得好的事情的再次强调，以及使组织新生和加强其竞争地位的多种策略。常见的重构策略包括在特殊能力的基础上归核化公司资产、收缩、杠杆收购，以及变革组织内部结构。在某些极端的例子中，如通用汽车公司（GM）将可能被迫按照《联邦破产法》的第11章考虑对公司进行重组或者出售。组织可以应用其中一种战略或是这些战略的组合进行重构。

8.2.1　归核化公司资产

归核化必须裁减掉那些与组织战略方向不一致的业务。这种形式的归核化常常被称为规模缩编。*规模缩编包括通过出售与组织核心竞争力和核心能力不相关的非核心业务而达到的多元化的缩减。*[28]

研究者发现，资产剥离，也就是反向收购，可以提高企业绩效，尤其是当在这种资产剥离作为计划周密的企业重构的一部分时。[29]一种类型的剥离就是出售，是将单个业务部门出售给其他公司，或者是在杠杆收购的情况下，出售给业务部门的经理。[30]例如，艾默生电气公司出售了它的电动机部门，因为从公司长远战略着眼，这个部门并不重要。珀金埃尔默公司（Perkinelmer）出手了航空航天部门，作为战略的一部分，该公司把重点重新放在健康科学和光电业务上。[31]

分拆是另一种剥离方式。一种形式的分拆是指发行给现在的股东一定比例的已剥离业务的股票。例如，如果一个股东拥有100股XYZ公司的股票，而该公司分拆出业务ABC，则该股东现在拥有100股XYZ公司的股票和100股独立公司ABC的股票。与其他剥离方式相比，分拆的主要优势在于股东仍然拥有对已剥离业务的保留所有权的选择权。例如，有线电视同时分拆了旗下的麦迪逊广场花园娱乐设施和AMC网络。[32]研究表明，企业对分拆或出售战略的选择取决于它们在过去曾使用过哪种战略。[33]

公开募股（IPO）同样可以用于对业务的分拆。例如，易趣网认为它的网络电话业务与其核心业务不符。同时，企业无法提出足够有吸引力的条件用以出售这个业务，这时，它们就可以发起一次公开募股。[34]然而，网络电话公司的独立时间并不长，2011年，微软将其收购。

8.2.2　收缩

收缩是一项复兴战略，通常包括这样一些策略，如裁员、关闭不盈利的工厂和不盈利业务外包、实施紧缩成本或质量控制、强调质量或效率的新政策。例如，诺基亚曾是世界手机业的龙头。2012年，由于需求的大幅降低，约有90%的市场份额丧失，诺基亚开始大规模实行复兴战略。公司裁掉了约1万名雇员，节约了约17亿美元的成本，这其中的大部分源自研发成本预算。此外，公司还出售了部分专利。分析家估计，这些专利的总价值约有60亿美元。[35]

裁员或规模缩编都是收缩战略的主要特征。从历史上看，许多企业已把小时工作为裁员的对象，但今天，中层管理者下岗的现象也越来越普遍。规模缩编对于减少开支的效果不理想，甚至有时会增加开支，离职补偿金是开支增加的原因之一。此外，很多组织在裁员的同时也达到了瘦身的目的。一项针对美国汽车工业的下岗的研究显示，大多数公司都遭遇了诸如质量下降、生产率降低、效率降低、信任失去、冲突增加以及士气低迷等这样的问题。其他针对"生存下来的"员工的研究显示，这些员工大多会有罪恶感，同时很担心这会影响组织生产率或是对组织的忠诚度。不用奇怪，股市对于大规模裁员的反应当然是不利的。研究表明，当规模缩小与重新设计组织结构策略和过程同时进行，而非单单裁员时，长期的财务业绩较高。[36]

8.2.3　按照《联邦破产法》第11章进行重组

陷入严重财务危机的组织可以主动地根据《联邦破产法》的第11章申请保护："第11章为组织提供了在联邦法庭的监管下解决其财务问题的诉讼程序，组织可以根据它起草解决问题的计划或安排。它主要是针对给予其足够时间，或是减轻部分的压力，就感觉自己有能力解决财务问题的那些债务人。"[37]《联邦破产法》第11章为债务人提供了暂时的保护，保护其免遭来自债权人的止赎权，同时给予企业旧合同进行再次协商的场所。最近，按照《联邦破产法》第11章进行重组的情况多发生于航空业、银行业和汽车行业。

运用《联邦破产法》第11章的一个主要不足就是，在申请之后，所有的实质性的管理决策都必须经过法庭的批准。这样，管理的判断力以及灵活性就都丧失了。此外，运用《联邦破产法》第11章也会损害企业声誉，使利益相关者对企业失去信心。一项针对自愿申请第11章保护的公司的调查显示，只有一半多一点的公司"获得了名义上的成功重组"，同时"它们之中2/3的公司在重组过程完成之后，仅保留了不到50%的公司资产"。[38]

8.2.4　杠杆收购

杠杆收购（leveraged buyouts，LBO）是指经理人员、员工、工会或者私人投资者对单个业务部门的私人购买。例如，墨西哥广播公司 Grupo Televisa SA 与美国私人股权投资者合伙购买了西班牙语广播公司（Univision Communications Inc.）25%的股份。[39]它们被称为杠杆主要是因为购买业务部门的资金大部分都是从财务中介（常常是以高于正常的利率）手中借来的。[40]正因为高杠杆，所以 LBOs 常常伴随着资产的出售来偿还债务。结果，经过杠杆收购的组织通常都会变得小而集中。当然，债务的增加也带来了拖欠风险的增加。

在20世纪70年代后期和80年代早期，杠杆收购由于能使失败的部门起死回生而享有盛誉。例如，Hart Ski，一度曾是 Beatrice 的子公司，在被其一个创始人的儿子进行杠杆收购后就重新焕发活力。同样，美国安全剃刀公司（Philip Morris）的一个不景气的部门，在经理人员和工会的联合收购下恢复了生机。这些杠杆收购不仅使得组织的股东受益，员工和当地社团也同样获益。[41]最近，杠杆收购在2004—2007年之间迎来了它的繁盛期，由银行及其他证券部门提供的抵押贷款大量增加。[42]

然而，一些研究者发现杠杆收购和并购一样，会抑制组织的创新及研发。[43]其他人发现进行杠杆收购的公司在销售量和员工人数方面的增长都相对缓慢，而且相对于留给公众的公司而言，收购公司倾向于剥夺大部分的非核心及核心业务。[44]由于深陷债务，在实行杠杆收购后的五年里，三明治连锁企业奎兹诺斯失去了30%的零售店。最终，公司不得不通知它的债权人，公司将违反部分贷款条款。[45]因此，很多商业人士开始思考杠杆收购是不是真的符合所有利益相关者的最佳利益。关闭工厂、重新定位以及员工裁减都是杠杆收购的常见结果。不用奇怪，关于失败的杠杆收购的报道也很普遍。成功的杠杆收购要求有正确的融资策略，并以合适的价格进行收购，同时还要具有杰出的管理才能和公平对待所有利益相关者。[46]

8.2.5　结构性重组

结构性重组，在第7章中已经进行过详细讨论，可以成为重构中的有效力量。因为组织的多元化，高层管理人员需要花费更多的时间去处理正确控制每项业务所必需的大量不同信息。他们控制的范围太大了，导致本来是功能性架构的组织会逐渐趋向产品/市场的分散化或是部门化的结构。最终的结果是，为数众多的经理人员各自负责很小的控制范围，而大量的精力被花费在弄清楚各自负责的业务区域上。

例如，自收购凯龙集团（Chiron）之后，诺华公司（Novartis）在组织结构上进行了一些改变，以适应许多新的活动。该公司创建了一个新的疫苗和诊断事业部，其中包括诺华公司的疫苗部门和收购而来的凯龙集团的诊断业务。凯龙集团的业务中涉及生物制药的部分被整合进诺华公司的制药事业部，处于初期阶段的研究部门被并入诺华公司的生物医学研究机构。[47] 研究发现，组织重构对释放由收购带来的全部协同性潜能来说，可能是必要的。[48]

组织通常将重组途径结合起来。例如，企业可能使用杠杆收购来收缩业务，以便成为一个更强大、业务更集中的企业。通用汽车的重组结合了《联邦破产法》第11章与收缩和变革组织结构，具体包括将绩效最低的部门和绩效较好的制造部门划分出去，成为独立的公司。[49]

8.3 应对经济周期

经济周期是一种常见现象。尽管政府行为可以影响经济低迷的程度以及随之而来的经济恢复的速度和规模，但它们永远不可能被完全消除。供求关系以及预期趋势和预期之外的冲击（如战争）意味着，经济有时发展良好，但同时也会有发展缓慢或倒退的阶段。

在经济快速增长期，消费者需求的增长会刺激生产者增加货物或服务的供应量。生产量的增长也将促进就业率的提高，同时，用高薪吸引更多工人的情况也可能发生。这样，生产者购买更多的原材料和供给。公司及员工收入增加，经济周期继续发展。在这一阶段，尽管有些企业经历战略失败，但需求的增长意味着它们将更容易获得成功。然而，当经济增长缓慢时，处于资源劣势、缺乏有效战略以及处于受经济周期影响严重的企业更容易遭受市场和财务压力。最弱的企业将遭受失败或被其他企业收购。大部分企业在遭遇经济周期时会至少对其部分战略作出调整。

关于经济周期仍然存在一些问题，如经济周期是否可以预测，以便企业对此作出相应计划。加利福尼亚大学欧文分校的一个研究小组研究了近200家公司在遭遇及走出经济衰退时所采取的战略。其中一个结论是"对经济周期的成功应对与对经济周期的预测能力并没有必然关系，能够产生影响的是企业能在经济周期的关键期和转折点比竞争对手更快作出反应的能力。"[50] 这些能力是指企业的经济周期导向，具体包括：

1. 经济周期素养：高层管理团队应关注宏观经济事件和经济周期运动。同时，高层管理团队也应了解这种运动对自身行业的影响。

2. 预测资源：企业应拥有足够的资源用以追踪对自身行业十分重要的经济指数。

3. 得力的组织结构：组织结构可以促进对重要信息的及时获取、处理和传播，并及时作出决策。

4. 对经济周期反应敏锐的管理原则：与应对经济周期的指导方针相关的因素包括市场和价格、生产和存货控制、人力资源管理，风险管理，资本支出项目和适时的收购与剥离。

5. 支持的组织文化：组织内各阶层的雇员都愿意接受为应对经济周期所进行的必要变革。[51]

重工业制造商卡特彼勒是对经济周期作出充分准备的成功范例之一。服务于卡特彼勒的经济学家非常擅长预测经济周期，事实上，股市对该公司放出的预测消息反应极为剧烈。作为其培训项目的一部分，卡特彼勒强制其管理者作出应对最糟情况的计划。例如，负责发展公司危机应对战略的总经理要求公司管理者作出应对极端困难情况的计划，如销售额下降80%。当最近的经济衰退发生时，卡特彼勒利用其作为契机，展现出是什么让卡特彼勒成为消费者眼中独一无二的公司。公司削减了业务的辐射范围，将主要投资用于具有战略性作用的重要领域。卡特彼勒的付出是值得的。在经济衰退最严重的一年，在道琼斯工业平均指数位居前30的公司中，卡特彼勒的股价绩效最高。[52]

在汽车产业，现代汽车同样利用最近的经济衰退取得了市场优势。公司利用消费者希望购买价格更加经济实惠的车辆的心理，增加了其在美国和欧洲的市场份额。[53]利用价值重视策略，沃尔玛取得了创纪录的销售额和收益。[54]研究表明，国际经营企业因其灵活性，通常能够更好地应对经济危机。[55]也有一些研究表明，在经济衰退期，企业通常能够通过收购获得更高的收益。这可能是由于一些股价受经济衰退影响严重的个体公司售价相对较低。而且，相对来说，收购的企业通常更容易实施重构战略，因为在这种情况下，人们通常不会拒绝改变。[56]

经济周期仅仅是未来所要面对的众多管理挑战中的一个。很难精确预测下一代的经理人会面临怎样的经营环境，但是，从最近的情况来判断，全球环境的复杂性和互联性可能增加，信息管理、交流和其他技术的优势会更明显。此外，企业的成功将更多地取决于专业化、机动性和多样化的劳动力储备等因素，企业的物理位置变得不再像过去那样重要。随着世界范围内教育水平、收入水平、资金使用权的提升，新的、强有力的竞争对手进入全球市场。不断发展的全球化趋势带来的是为了确保恰当的公司操作而大量增加的详细审查，这将最终促使全球范围内更高水平的社会责任感的形成。政府极有可能会通过规章或其他途径增强其对经济的控制力。

经理人员将面对更多领域的挑战——留住有价值的员工；创造和保持竞争优势；阻止新的进入者；服务于更高要求的客户；在快速变化的环境中选择技术投资和确定投资时间。同时，恐怖主义所带来的惊吓、新的疾病和战争所带来的新的威胁，对于那些能够妥善面对并处理这些问题的公司而言，也常常孕育着机会。经理人员面对的挑战将会是特别的——但永远不会减少。对商业领域来说，这是个非常激动人心的时代。我们希望本书中提到的这些工具、理论和技术能够帮助你在这个新的、欣欣向荣的世纪成为一个高效的领导者。

要点总结

以下是我们在本章中讨论的一些要点：

1.战略控制是由不同的系统所构成的，这些系统帮助经理人员按照组织目标的方向推动组织前进，并且确保组织前进以及组织成员的行为和这些目标是一致的。

2.组织不能仅仅依靠以会计手段为基础的、自上而下的控制，因为根据一些控制专家的意见，以会计手段为基础的方法是延迟的、概括的，甚至会误导有关的经理人员的计划和控制决定。此外，过多地依赖以会计手段为基础的财务方法将会造成经理人员的短视。

3.反馈控制为经理人员提供有关组织活动结果的信息，这些将成为与已建立的目标进行对照的基础。

4.并行控制将为经理人员提供有关管理绩效的实时信息（如步骤控制），或是对员工行为进行实时的影响（如官僚式控制和帮派式控制）。

5.前馈控制是基于对利益相关者投入以及宏观环境的分析，帮助经理人员预计在组织外部和内部环境中可能发生的变化。

6.与所有类型的控制都相关的学习过程形成了战略方向、战略、计划实施，甚至目标自身改变的基础。

7.由于业绩问题或来自利益相关者的压力，很多公司现在都在进行重构。在本章中描述的重构技术包括归核化公司资产、收缩、按照《联邦破产法》第11章进行重组、杠杆收购以及改变组织结构。这些方法也能够综合起来使用。

8.在遭遇经济周期时，大多数企业会至少对公司战略进行部分调整。对经济周期的成功管理与企业的经济周期导向相关，这意味着企业拥有高水平的经济周期素养、高效的预测资源、得力的组织结构、对经济周期敏感度高的管理原则和支持性的组织文化。

注释

1. "What You Didn't Know about General Motors," General Motors Heritage Center, http://history.gmheritagecenter.com/wiki/index.php/What_You_Didn% 27t_Know_About_General_Motors（July 25, 2012）; General Motors Company: Company Profile（London: Datamonitor, June 14, 2011）: 7-14; T.Braithwaite, "Government Motors Fades Away with IPO," Financial Times（November 20, 2010）: 11.

2. P.Lorange, M.F.Scott Morton, and S.Ghoshal, Strategic Control（St.Paul: West Publishing Company, 1986）: 10.

3. Y.Li, L.Li, Y.Liu, and L.Wang, "Linking Management Control System with Product Development and Process Decisions to Cope with Environmental Uncertainty," International Journal of Production Research 43（2005）: 2577-2591; R.E.Hoskisson and M.A.Hitt, "Strategic Control and Relative R&D Investment in Large Multiproduct Firm," Strategic Management Journal 6（1988）: 605-622.

4. H.T.Johnson and R.S.Kaplan, Relevance Lost Boston: Harvard Business School Press（March, 1987）.1.

5. D.E.W.Marginson, "Management Control Systems and Their Effects on Strategy Formation at Middle - Management Levels: Evidence from a U.K.Organization," Strategic Management Journal 23（2002）: 1019-1031.

6. L.Stephens and R.G.Schwartz, "The Chilling Effect of Sarbanes - Oxley: Myth or Reality?" The CPA Journal 76（6）（June 2006）: 14-19.

7. C.Li, GF.Peters, V.J.Richardson, and M.Weidenmier Watson, "The Consequences of Information Technology Control Weaknesses on Management Information Systems: The Case of Sarbanes-Oxley Internal Control Reports," MIS Quarterly 36（2012）: 179-204; M.Osheroff, "SOX as Opportunity," Strategic Finance（April, 2006）: 19-20.

8. R.Angel and H.Rampersad. "Improving People Performance: The CFO's New Frontier," Financial Executive 21（8）（October 2005）: 45-48; D.R.Campbell, M.

Campbell, and G.W.Adams, "Adding Significant Value with Internal Controls," The CPA Journal 76 (6) (June 2006): 20-25.

9. M.Turner, "UN Review Finds Procurement 'Abuse,'" The Financial Times (January 21, 2006): 1.

10. T.Ahrens and C.S.Chapman, "Accounting for Flexibility and Efficiency: A Field Study of Management Control Systems in a Restaurant Chain," Contemporary Accounting Research 21 (2004): 271-301.

11. P.A.Phillipa, "The Balanced Scorecared and Strategic Control: A Hotel Case Study Analysis," Service Industries Journal 27 (2007): 731-746; M.Goold and J.J.Quinn, "The Paradox of Strategic Controls," Strategic Management Journal 11 (1990): 43-57.

12. This discussion and our model are most heavily influenced by the work of R.E. Freeman, Strategic Management: A Stakeholder Approach (Boston: Pittman, 1984), and Robert S.Kaplan and David P.Norton, "Putting the Balanced Scoreboard to Work," Harvard Business Review (September/ October, 1993): 134-147.R.E.Freeman: Strategic Management: A Stakeholder Approach (Boston: Pittman, 1984).

13. "Mission Statement," http: //www.merckgroup.com/en/compamy/ mission_ statement_ values_strategy/Mission_Statement.html (July 27, 2012).

14. "A Stable Foundation: Merck Group Mission Statement, Values, Strategy" http: // www.merckgroup.com/en/company/mission_statement_values_strategy/mission_statement_ values_strategy.html (April18, 2012).Reprinted by permission.

15. J.Taylor Morris, F.Grippo, and N.Barsky, "A New Era of Accountability?" Strategic Finance 93 (2012): 42-45; A.A.Amirkhanyan, "What Is the Effect of Performance Measurement on Perceived Accountability Effectiveness in State and Local Government Contracts?" Public Performance Measurement Review 35 (2011): 303-339.

16. J.D.John, and D.S.Baker, "Control and Participation at the Service Encounter: A Cultral Value-Based Perspective," International Journal of Business and Social Science 2 (2) (2011): 7-14.

17. A.J.Karim, "The Value of Competitive Business Intelligence Systems," International Journal of Business and Social Science 2 (2011): 196.

18. D.Chrusciel, "Environmental Scan: Influence on Strategic Direction," Journal of Facilities Management 9 (2011): 7-15; Lorange, Scott Morton, and Ghoshal, Strategic Control: 2-8.

19. G.D.Pires, J.Stanton, and P.Rita, "The Internet, Consumer Environment and Marketing Strategies," European Journal of Marketing 40 (2006): 936-949.

20. R.Simons, "How New Top Managers Use Control Systems As Levers of Strategic Renewal," Strategic Management Journal 15 (1994): 169-189.

21. R.Simons, "Strategic Orientation and Management Attention to Control Systems," Strategic Management Journal 12 (1991): 49-62.

22. S.Chou and Y.Chang, "The Implementation Factors That Influence the ERP

Benefits," Decision Support Systems 46 (2008): 149-157; E.W.T.Ngai, C.C.H.Law, and F.K.T.Wat, "Examinng the Critical Success Factors in the Adoption of Enterprise Resource Planning," Computers in Insustry 59 (2008): 548-564.

23. Simons, "Strategic Orientation and Management Attention to Control Systems,": 50.

24. J.C.Lere and K.Portz, "Management Control Systems in a Global Economy," The CPA Journal 75 (9) (September 2005): 62-64.

25. G.Hofstede, Culture's Consequences (Beverly Hills, CA: Sage, 1980); G. Hofstede, "National Cultures in Four Dimensions," International Studies of Management and Organization 13 (1983): 46-74.; G.Hofstede, Cultures and Organizations: Software of the Mind (New York: McGraw Hill, 1991).

26. R.A.D'Aveni, G.B.Dagnino, and K.G.Smith, "The Age of Temporary Advantage," Strategic Management Journal 31 (2010): 1371-1385.

27. G.Sandstorm, "Earnings: Ericsson Cutting 1, 500 More Jobs," Wall Street Journal (January 26, 2010): B4.

28. R.E.Hoskisson and M.A.Hitt, Downscoping: How to Tame the Diversified Firm (New York: Oxford University Press, 1994): 3.

29. D.Lee and R.Madhavan, "Divestiture and Firm Performance: A Meta-analysis," Journal of Management 36 (2010): 1345-1371; C.Markides, "Consequences of Corporate Refocusing: Ex Ante Evidence," Academy of Management Journal 35 (1992): 398-412.

30. D.D.Bergh, R.A.Johnson, and R.Dewitt, "Restructuring Through Spin-Off or Sell-Off: Transforming Information Asymmetries into Financial Gain," Strategic Management Journal 29 (2008): 133-148.

31. B.Tita and B.Sechler, "Heyday Over, Diverse Firms Survive by Refocusing," Wall Street Journal (January 13, 2011): A2; "Perkin Elmer Announced December 6 That It Had Completed the Sale of Its Aerospace Business to Eaton Corporation," Pharmaceutical Discovery (November-December, 2005): 14.

32. M.Murphy, "Barnes & Noble Hires Spinoff Veteran," Wall Street Journal (March 13, 2012): B5.

33. D.D.Bergh and E.N.Lim, "Learning How to Restructure: Absorptive Capacity and Impovisational Views of Restructuring Actions and Performance," Strategic Management Journal 29 (2008): 593-616.

34. G.A.Fowler, "EBay to Unload Skype in IPO, Citing Poor Fit," Wall Street Journal (April 15, 2009): B1.

35. A.Troianovski and S.Grundberg, "Nokia's Bad Call on Smartphones," Wall Street Journal (July 19, 2012): A1.

36. E.G.Love and N.Nohria, "Reducing Slack: The Performance Consequences of Downsizing by Large Industrial Firms, 1977-1993," Strategic Management Journal 26 (2005): 1087-1108; W.McKinley, C.M.Sanchez, and A.G.Schick, "Organizational Downsizing: Constraining, Cloning, Learning," Academy of Management Executive 9 (3)

（August, 1995）：32；K.S.Cameron, S.J.Freeman, and A.K.Mishra, "Best Practices in White‐Collar Downsizing: Managing Contradictions," Academy of Management Executive （August 1991）：57‐73.D.L.Worrell, W.N.Davidson III, and V.M.Sharma, "Layoff Announcements and Stock‐holder Wealth," Academy of Management Journal 34 （1991）：662‐678.J.Brockner, S.Grover, T.Reed, R.DeWitt, and M.O'Malley, "Survivors' Reactions to Layoffs: We Get by with a Little Help from Our Friends," Administrative Science Quarterly 32 （1987）：526‐541.

37. D.M.Flynn and M.Farid, "The Intentional Use of Chapter XI: Lingering versus Immediate Filing," Strategic Management Journal 12 （1991）：63‐64.

38. W.N.Moulton, "Bankruptcy as a Deliberate Strategy: Theoretical Considerations and Empirical Evidence," Strategic Management Journal 14 （1993）：130.

39. D.Luhnow and J.Lyons, "Televisa to Join U.S.Group That Will Vie for Univision," The Wall Street Journal （April 27, 2006）：A3.

40. P.Colla, F.Ippolito, and H.F.Wagner, "Leverage and Pricing of Debt in LBOs," Journal of Corporate Finance 18 （2012）：124‐137.

41. K.M.Davidson, "Another Look at LBOs," Journal of Business Strategies （January/February, 1988）：44‐47.

42. A.Shivdasani and Y.Wang, "Did Structured Credit Fuel the LBO Boom?" Journal of Finance 66 （2011）：1291‐1328.

43. W.F.Long and D.J.Ravenscraft, "LBOs, Debt, and R&D Intensity," Strategic Management Journal 14 （1993）：119‐135；S.A.Zahra and M.Fescina, "Will Leveraged Buyouts Kill U.S.Corporate Research and Development?" Academy of Management Executive （November 1991）：7‐21.

44. M.F.Wiersema and J.P.Liebeskind, "The Effects of Leveraged Buyouts on Corporate Growth and Diversification in Large Firms," Strategic Management Journal 16 （1995）：447‐460.

45. J.Jargon and M.Spector, "LBO, Recession Singe Quiznos," Wall Street Journal （July 21, 2012）：B1.

46. M.Schwarz and E.A.Weinstein, "So You Want to Do a Leveraged Buyout," Journal of Business Strategies （January/February, 1989）：10‐15.

47. P.Van Arnum, "Novartis Creates New Vaccines Division Following Close of Chiron Deal," Pharmaceutical Technology （June 2006）：20.

48. H.G.Barkema and M.Schijven, "Toward Unlocking the Full Potential of Acquisitions: The Role of Organizational Restructuring," Academy of Management Journal 51 （2008）：696‐722.

49. J.McCracken and M.Spector, "Remnants of 'Old GM' to Linger," Wall Street Journal （June 1, 2009）：A15.

50. P.Navarro, "The Well‐Timed Strategy: Managing the Business Cycle," California Management Review 48 （Fall 2005）：72‐73.

51. Navarro, "The Well‐Timed Strategy."

52. G.Colvin，"Caterpillar Is Absolutely Crushing It，" Fortune （May 23，2011）:

53. M.Dalton，"Korean Cars Speed to Europe，" Wall Street Journal （July 17，2012）: A9；"Hyundai's Surprising Success，" The Economist （March 7，2009）: 71.

54. "Five-Year Financial Summary，" 2012 Annual Report，http://www.walmartstores. com/sites/annual-report/2012/financials.aspx （July 27，2012）.

55. S.H.Lee and M.Makhija，"Flexibility in Internationalization: Is It Valuable During an Economic Crisis?" Strategic Management Journal 30 （2009）: 537−555.

56. N.Pangarkar and J.R.Lie，"The Impact of Market Cycle on the Performance of Singapore Acquirers，" Strategic Management Journal 25 （2004）: 1209−1216.

如何准备战略分析

构造环境分析
- ▶ 产业分析
- ▶ 外部利益相关者和宏观环境
- ▶ 影响需求和成本结构的要素
- ▶ 产业面临的战略议题

构造组织分析
- ▶ 对内部环境的评估
- ▶ 识别资源和能力
- ▶ 战略和商业模式评估
- ▶ 识别竞争优势的源泉

形成战略计划
- ▶ 战略方向和主要战略
- ▶ 机遇和建议的评估
- ▶ 执行和控制

学生注意

　　战略管理是一个重复进行的过程，是设计用来在多变的环境中帮助企业定位，从而获得竞争优势的。从战略上管理一个组织，经理人员必须了解和重视组织主要利益相关者的要求、组织所在的产业环境，以及公司在其利益相关者及产业中的相对位置。这些知识将帮助经理人员改正劣势、克服威胁、充分利用优势和机会，并且最终以使股东满意的方式，制定组织目标和指导资源分配。

　　你可以在案例分析中练习使用战略管理技术。在某种程度上来说，案例分析是经理们进行真实的战略决策过程的镜像。案例的作者们都试图捕获尽可能多的信息。典型的做法是，广泛采访公司的经理人员和员工，并从公共来源中收集信息，如年报和商业杂志。很多案例都包括对产业和竞争对手，以及组织不同侧面的广泛描述。如果你的导师认为合适的话，你也可以通过你自己的图书馆检索补充这些信息。

　　案例分析通常都是以公司的简介作为开头，这一介绍为余下的案例分析设定了背景。简介的内容一般是对公司特征的简单介绍，包括公司的杰出品质、过去成功和失败的经历，以及产品或服务，对公司所在的产业也要进行识别。

　　案例分析的下一部分可能是环境分析或内部分析。机会被定义为在外部或任务环境中存在的允许公司利用组织优势、克服组织劣势或消除环境威胁的条件。因而，在能够识别组织的所有机会之前，外部环境分析和内部组织分析都是必要的。我们选择先进行环境分析是因为这一分析设定了了解公司战略和资源的背景范围。但是，倒转分析的顺序并非是不正确的，一些战略管理的学者们甚至提倡这样的方法。

环境分析是对外部环境的考察，包括外部利益相关者、竞争态势以及宏观环境。系统的外部环境分析将帮助你认识产业潜在的增长点和利润以及决定产业生存和成功的关键因素。

紧接在环境分析之后的是组织分析，是被设计用来评估组织的战略方向、事业部和公司层战略、组织资源、组织能力，以及和组织内外部利益相关者之间的关系，从而决定公司所展现出来的优势、劣势、弱点以及竞争优势的源泉等。这些决定因素必须是在组织外部环境的背景下，从而使得全部范围内的机会和威胁能够被识别出来。

1.1　构造环境分析

对外部环境的分析包括产业分析和对主要外部利益相关者的考查以及宏观环境分析。分析的结果将会被总结出来，重点在于识别产业增长点和潜在利润以及产业生存和成功的关键因素。有些组织涉及的产业不止一个，因而，公司涉及的每一个产业都需要进行单独的产业分析。

产业分析

环境分析应该从产业分析开始。产业分析的第一步是提供对产业和在产业中占支配地位的竞争力量的基本描述。

1. 产品或服务是什么？其服务的主要功能是什么？销售渠道是什么？

2. 以产品单元和美元衡量的产业规模有多大？其成长速度有多快？产品是否是差异化的？产业退出是否存在障碍？是否存在很高的固定成本？在已经存在的竞争对手中有一些决定竞争优势的力量。

3. 谁是最主要的竞争对手？他们的市场份额如何？换句话说，市场是统一的还是细分的？

4. 谁是产业的主要顾客？他们是否是有势力的？是什么给了他们势力？

5. 谁是产业的主要供应商？他们是否是有势力的？是什么给了他们势力？

6. 是否存在重大进入障碍？障碍是什么？它们在保护已经存在的竞争对手、提高其利润方面是否是有效的？

7. 产业的产品和服务是否存在任何类似的替代者？它们是否给这一产品制造了价格压力？

8. 竞争对手所采用的基本战略是什么？它们是否是成功的？

9. 产业的全球范围有多大？它们是否在不止一个国家取得了明显的竞争优势？

10. 产业是否是受管制的？管制对产业竞争力的影响如何？

外部利益相关者和宏观环境

一个完整的环境分析同样也包括对外部利益相关者和宏观环境的评估。在产业分析中已经对最有能力的竞争者、供应商和顾客进行了识别。在这一部分的分析中，需要识别的是其他重要利益相关者并判断其对决定性产业的影响力（参见第2章）。如果有任何一个外部利益相关者是意味着威胁或机会的，也要对其进行识别。这部分分析的一个可能结果是外部利益相关者集团的优先建立，这种优先取决于利益相关者集团所拥有的权力，以及这种权力对完成组织目标的影响程度。具有高度优先权的利益相关者在战略计划的制订中将会受到更多关注。

宏观环境也应该被评估。四个最重要的因素是现在的社会力量、全球经济力量、全球政治力量和技术创新。记住只有它们和被讨论的产业相关时，才会对这些力量进行评估。在宏观环境中存在的力量可能意味着威胁，也可能提供机会。

对存在的产业进行描述之后，现在去捕获能够引起产业变化和需要新战略方法的基础机制是很重要的。实现这一目标的有效方法是将影响产业变化的要素分成两类：一类是创造和影响产业需求的；另一类是创造和影响产业成本结构与潜在利润的。这一部分的分析结论将会帮助你判定产业是否是"具吸引力的"（有成长型的和盈利型的），是否值得进一步投资（如时间、金钱、资源）。它同样也会帮助你识别公司中通过努力能够创造出竞争优势的领域。

影响需求和成本结构的要素

有很多的产业要素和利益相关者行动能够创造和影响对产品与服务的市场需求。一些要素是公司宏观环境中的一部分，如经济运行状态。其他要素是任务环境中的一部分，大部分是与两种利益相关者集团的行为相关的：顾客和竞争对手。如果创造需求的基本要素正在改变，则需求方式可能发生改变。例如，对洗衣机的需求是对家务构成和替代的一种功能的需求。为了预测其未来需求，你必须研究从事家务人员的人数和年龄分布、他们所使用的洗衣机的耐用性及经济条件。

能够创造和影响需求以及促使产业繁荣成长的一些产业要素和利益相关者行动包括：

1. 产品提供的服务功能。
2. 产品的生命周期阶段（例如，已经经历的市场渗透程度）。
3. 经济趋势，包括收入水平和经济周期（如衰退、繁荣）。
4. 人口趋势（社会趋势分析的一部分），如人口和年龄。
5. 其他的社会/文化趋势，包括时尚和普遍持有的价值观和信仰。
6. 政治趋势，包括保护贸易立法，如贸易壁垒。
7. 技术趋势，包括新应用、新市场和使价格更具竞争力的成本节省。
8. 由产业中的企业所发展的计划，例如，新产品介绍、新的市场计划、新的分销渠道以及新的服务功能。
9. 高的品牌认知度，包括国内和世界范围内的。
10. 刺激需求的价格行动。

分析过创造和影响需求的要素后，你应该能够得出一些关于公司和产业的成长前景的结论。但是因为你永远不能精确地确定一种随时间变化的趋势的变化时间表和最终的结果，所以有种技术可能会有助于对其他需求的估计。例如，如果经济的健康运行是某种产品需求的主要驱动力，你可以用下面的形式来分析经济复兴的上行和下行趋势：如果经济在6个月之内复苏，对产品的产业需求将可能是6年内最高的，如果经济还没有实质性地复苏，那么需求将维持在去年的水平上。

对产业成长前景的决定性因素进行分析之后，你将希望找出产业成本结构和潜在利润的决定性因素。对于需求而言，在产业内创造和影响成本/利润结构的要素及利益相关者的行动有很多。这些要素如下：

1.*产品生命周期阶段*。在生命周期的早期，公司大量投资于产品发展、分销渠道发展、新工厂和设备，以及员工培训。在后面的阶段，投资是逐步增加的。

2.*资本强度*。对固定成本的大量投资，如工厂和设备，将使得公司对于需求的浮动非常敏感——需要高水平的产能利用，来弥补或"摊薄"固定成本。而那些固定成本相对低而可变成本相对高的产业在需求发生变化时，能够更容易地控制成本。

3.*规模经济*。大规模的制造商可以获得比小规模的制造商更低的单位制造成本，因为在某些情况下，低的单位基础制造成本、对设备的更有效利用以及对间接劳动力和管理的更有效使用可以获得低成本。如果制造商的规模大到需要额外的设备和管理，规模经济就将不复存在了。

4.*学习/经验影响*。随着鼓励和回报学习的环境及其循环，员工们会随着时间的推移，变得更有创造力。

5.*顾客、供应商、竞争对手、替代者和进入障碍的力量*。有势力的顾客、供应商、竞争对手、替代者和低的进入门槛将侵蚀潜在利润。这些力量是迈克尔·波特五项竞争力量的一部分，在第2章中已经进行过详细讨论。

6.*其他利益相关者的影响*。这些因素可能包括强势的外国政府、合资企业的合作伙伴、有势力的工会、强有力的债权人等。

7.*可能降低成本的技术变化*。技术创新将使公司投资于新设备、新产品以及新方法，从而改变固定成本和可变成本之间的投资平衡。

在对影响成本结构和利润的要素以及利益相关者行为进行系统全面的分析之后，你应该能够对产业的潜在利润作出结论了。完成基本的环境分析后，下一步是对产业面临的主要战略问题进行更为详细的分析。

产业面临的战略议题

一个完整的环境分析提供了识别组织所在的产业中的重要因素和力量所需的信息，同样也包括组织的信息。这些要素和力量可被分为以下几类：

1.*产业的驱动力*，之所以重要是因为它是创造产业基础变化的动力，如东欧的解体和计算机网络通信技术。当然，每一个产业都有其独特的驱动力。

2.*威胁*，被定义为值得注意的趋势或是威胁增长前景、潜在利润和传统经营业务方式的变化。

3.*机会*，是提供增长和盈利新机会的重要的趋势、变化或理念。

4.*生存的要求*，被定义为所有公司在产业内生存所必须拥有的资源和能力。在医药业的一个例子是"纯洁的产品"。这些要素并不带来额外的价格。它们是成功必备的，但不足以导致成功。

5.*成功的关键要素*，是渴望在产业中取得成功的公司一般应该拥有的。在医药业的例子是研制具有疗效的产品的能力。这一能力将导致高的业绩。

完成对外部环境的分析之后，你将准备进行详细的组织内部分析。

1.2　构造组织分析

　　了解产业的发展趋势、成长前景、潜在利润和关键的战略问题可以帮助评判一个组织的战略和评估其优势及劣势。例如，对于某个产业来说是优势的特征，对于另一个产业来说可能是普通的特征甚至可能是劣势。一个好的组织分析应该是从对组织内部的总的评估开始的。

对内部环境的评估

　　以下的问题对于评估组织内部环境来说是非常有用的：

　　1.什么是公司的战略方向，包括公司使命、愿景、目标、价值观？如果其中一些要素被包括在一项正式的使命陈述中，要共享它们。

　　2.战略方向是怎样随着时间而发生变化的？以何种方式？这样的变革与组织的能力和战略计划的方向是否一致？

　　3.谁是主要的内部利益相关者？尤其是哪些是主要经理人以及他们的背景如何？他们的优势和劣势分别是什么？他们的管理方式是权威式的还是参与式的？他们是否在合适的位置上？他们的行为是被什么驱动的？

　　4.谁是组织的所有者，是具有董事会的公共贸易公司吗？如果有董事会，并且你知道董事会有哪些成员的话，董事会的构成是否合理？是否有某个人或某个组织对董事会具有控制性权力？是否有证据显示存在代理问题？所有者是否积极以及他们的价值怎样？

　　5.公司的运营特点是怎样的，包括其销售额、资产，以及员工人数、年龄分布和地理分布（包括国际化运营）？

　　6.员工是否受过高级训练？如果存在工会，他们和工会的关系如何？

　　7.你是怎样形容组织的文化的？是否是一个高绩效的文化？是否支持公司的战略？

　　很多导师还要求进行财务分析去识别财务优势和劣势、进行业绩评估和识别执行战略所需的财务资源。一项财务分析应该包括与组织竞争所在的产业及主要竞争对手的财务数据和财务比率的对照（横断面），同时包括对多年来的趋势比率分析（纵断面）。一些常用的财务比率在第3章中已经有过详细介绍。

　　如果分析得较肤浅，比率就不是提供信息而是有可能产生误导了。例如，比较同一产业内两家公司的资产收益率（return-on-assets），比率高的公司可能是用较少的投资获得较高的报酬或较少的资产贬值。两家公司在股权收益率（return-on-equity）上有所不同可能是因为不同的债务—股权融资政策，而并不是因为真实的业绩。当放在大型组织的范围内考虑和精确解释时，这些分析就有可能不能揭示出优势、劣势或大型组织病的症状。

识别资源和能力

　　前面对于内部环境的分析为关键资源和能力的识别提供了一个很好的起点。例如，突出的资源和能力可能来源于（1）卓越的管理，（2）高技能的员工，（3）杰出的董事会，（4）高绩效的文化，（5）优秀的财务资源，或是（6）合适的国际化程度和类型。然而，这些潜在的竞争优势的源泉很少表现在组织的表面。

　　你还应该评估组织基本的价值链活动，从而去识别资源和能力。这些活动包括组织的（7）供应链管理，（8）内部运营管理，（9）分销与定位管理，（10）营销管理，以及（11）售后合同管理，包括其他一些支持性活动如（12）研发，（13）消费者调查，（14）财务管理\会计，以及（15）信息技术，（16）人力资源管理，（17）法律支持，（18）战略计划过程。第3章详细描述了如何使用价值链的方法。

此外，一个组织可能还具有（19）良好的声誉，（20）知名的商标，（21）专利和秘诀，（22）与一个或多个外部利益相关者具有强而有价值的联系（如联盟、合资、契约、合作）。所有这些潜在的资源和能力（以及很多其他方面）都在这本书中讨论过。它们形成了你识别竞争优势源泉的起点，并且利用它们将会有助于你发现竞争优势的源泉。每一个公司都会具有自己独一无二的列表。

战略和商业模式评估

内部分析的下一步就是描述和评判组织过去的战略和商业模式。在评判过去的战略和商业模式时，你需要对它进行详细的描述，并讨论它是否已经取得成功，然后评估它是否和组织的产业环境、资源以及能力相匹配。

1.公司过去的战略类型是怎样的（公司层、事业部、职能型、国际化）？公司过去的商业模式是怎样的，公司以怎样的方式为顾客创造价值、吸引顾客付钱并将其转化为利润？

2.公司过去选定的战略和商业模式是否成功？公司现在的经营状况怎样？

3.对于每一种战略和商业模式，怎样解释成功或失败？（运用你的环境分析和组织分析来支持你的观点）

很多导师要求学生在同时采用定性和定量（财务）方法的基础上，对组织是否成功进行评估。财务标准在财务分析过程中形成，所以你只需要参考这些财务标准就可以了。一些常见的定性标准包括产品或服务质量、生产率、对产业变化的反应度、创新、声誉，以及一些表明关键利益相关者（如员工、顾客、经理人员、监管机构、社会）满意度的其他方法。

识别竞争优势的源泉

你现在就可以用内部和外部分析的结果来加强你的优势和劣势的列表，同时也可以补充和修正机会与威胁的列表。在第1章中，优势被定义为能够导致一种竞争优势的公司资源和能力。另一方面，劣势被描述为公司所不具备的、造成竞争劣势的资源和能力。随后，在组织分析中被识别出来的资源和能力必须与在环境分析中发现的要素进行比较。下一段将具体描述这一过程应该怎样完成。

如果有潜力导致竞争优势，资源和能力将成为优势。这一情况将发生在（1）它们是有价值的，意思是说它们能够使公司从外部环境中挖掘机会或消除威胁，以及（2）它们是独特的，意思是说只有少数公司掌握这一资源或能力。应用这些标准，就可以列出组织的优势了。当组织意识到它们的价值并有可加以合理利用时，优势就成为竞争优势的来源之一。如果优势同时是很难被模仿的，那么它将导致持续的竞争优势，从而更加突出这些优势。劣势也应该列出。根据你的环境分析，有些资源和能力公司不具备，这将会导致一种竞争劣势。

机会就是外部环境中存在的、允许公司利用组织优势克服组织劣势或消除环境威胁的条件。随后，组织分析既然已经完成了，你应该重新评估你所列出的机会，从而判断其是否真的适用于你的组织。你同样也应该评估威胁以确认其是否真的适用于公司。威胁是存在于外部和任务环境中的条件，是阻碍组织竞争力发展或使利益相关者不满意的要素。

在此时，你可能会想在机会列表上再加上一些潜在联系和联盟，这些是公司和外部利益相关者之间可能产生的。例如，如果你公司的强项在于生产，而弱项在于国外营销，你就有可能抓住机会，以与一家强有力的营销企业建立合资企业的方式进入新的国外市场。另一个例子可能涉及通过与竞争对手建立联盟的形式去影响监管机构，从而消除来自政府新规制的威胁。

1.3　形成战略计划

对环境和组织的分析将会帮助你去（1）对产业的成长前景和潜在利润或其他对公司而言重要趋势作出预测，（2）评估公司过去的战略和战略方向，以及（3）列出公司的优势、劣势、机会以及威胁。下一步就是给出关于公司可能在未来执行的战略的建议。

战略方向和主要战略

你的战略建议很可能是通过聚焦于公司的战略方向和主要战略开始的。如果你早就认为公司战略已经不像以前那样成功了，那么应该采取怎样的调整措施？公司是否应该通过聚焦于某一个细分市场而取得更多的成功？或者是，如果公司过去采取目标聚焦战略，现在扩大目标市场是否合适？如果公司过去采取成本领先战略，那么改用差异化战略会不会效果更好？如果差异化看上去不是那么奏效，采用成本领先战略会不会更好？或者，最优成本战略是否将会是最适合的？

最后，你应该检验公司的战略（集中、垂直一体化、相关或不相关多元化）。经过你的环境分析之后，你认为公司战略是否仍然适合？你的支柱产业的发展是否停滞不前？是否是过度规制的？竞争是否会影响盈利能力？你是否应该考虑投资于其他产业？如果是这样的话，它们的定义特征是什么？核心竞争力和核心能力应该应用在其他什么地方？应该发掘怎样的与公司战略相关的机遇？

你有可能想要把组织的战略方向和主要战略放在一边，尤其是在组织最近取得了成功的情况下。不管你是否改变了方向和战略，至少到目前为止你已经建立了你所认为的战略方向和主要战略。这一方向和公司层、事业部战略为组织战略的很好调整提供了指导。你从这一点出发所提出的每条建议都必须与组织的战略方向和主要战略相吻合。现在，该是进一步挖掘战略机遇的时候了。

机遇和建议的评估

如果将战略方向和公司层、事业部战略当成指导，就应该对战略机遇进行进一步评估。这些其他的选择是从先前的分析中产生的。它们包括：

1.*允许公司利用组织优势的机遇。*这些机遇可能涉及其他的选择，例如，提升目前产品和服务、新产品或新服务、对现有市场中的现有产品和服务的新应用、开发新的国内或国外市场、到能够发挥优势的地方进行多元化、与具有互补优势的公司创立合资企业等。这些仅是少量的例子。

2.*公司克服组织劣势的机遇。*组织的劣势是否和你在产业分析中描述的那些生存的基本领域有关？组织的劣势是否与成功的主要因素有关？公司能够通过一些方式来克服自身的劣势，例如，向合资伙伴学习、在组织力量弱的领域与强势企业建立新的战略联盟，或是通过研发、更好的控制、有效的计划等从内部解决问题。当然，这也只是少量的例子。

3.公司消除环境威胁的机遇。这通常涉及战略联盟的创立，从而抵消某一强有力的利益相关者的影响，如政府规制、强大的工会、有力的竞争对手，或具有影响力的特殊利益集团。公司必须通过与强有力的利益相关者或其他的利益相关者建立战略联盟来平衡这一力量。公司也常常为了有助于应对宏观环境中出现的威胁而结盟。

对机遇的评估不仅意味着在先前环境分析和组织分析的基础上简单接受它们，同样还要求在诸如下面的要素的基础上评估它们：

1.*成本/收益分析*。追求机遇的财务收益会比其财务成本高吗？

2.*伦理分析*。追求的这一战略与组织的企业战略是否一致？是否会对组织的声誉造成负面影响？

3.*对其他优势的保护*。对这一机遇的追求是否会减少或减弱其他的优势？例如，是否会对商标造成损坏？是否会弱化一个有利的财务状况？

4.*执行能力*。战略执行起来是容易还是困难？换句话说，组织的战略是否和组织的能力、架构、系统、流程以及文化相"匹配"？

5.*利益相关者分析*。这一战略将会如何影响主要的利益相关者？谁有可能支持战略？他们是否具有高的优先权？谁有可能反对？他们是否具有高的优先权？他们支持或反对的战略分歧是什么？

6.*将来的定位*。当产业和宏观环境经历其意料之中的变化时，战略是否仍然可行？战略是否为生存或竞争成功提供了基础？

这一分析的结果应该成为建议或组织应该追求的建议。很多的评估工具将使评估过程变得简单，例如，支付矩阵就提供了几种基于标准化选择中的一种评估方法（参见附表1）。然而，这些工具永远不能代替对其他选择本身的深度分析。换句话说，即使采用了数字化的记分系统，也应该在具体的战略分析的基础上对这些数字进行解释。

你的导师可能不会要求你在一套标准集合的基础上去进行一项正式的对几种选择的分析，但是，你仍然应该对组织理应采取的、为了保持其竞争力或变得有竞争力以及使利益相关者满意的变化给出建议。

附表1　　　　　　　　　　　**评估机遇的支付矩阵方法**

标　准				
	标准1	标准2	标准3	合计
机遇1	−2	1	2	1
机遇2	2	1	−1	2
机遇3	1	2	1	4

注意：在这个矩阵中，−2意味着基于标准，机遇非常小；−1意味着小；0意味着机遇不确定；1意味着机遇大；2意味着机遇很大。

执行和控制

建议通常都应该伴随着一份执行计划和基本的控制。下面是在案例分析这一部分中应该注意的主要问题。第7条和第8条是与控制有关的。

1.如何建议才能够更加强调在分析中识别出来的问题呢？

2.主要的内部和外部利益相关者在执行建议中的作用和责任是什么，希望他们怎样回应？应该采取怎样的措施顺利度过过渡期或避免利益相关者不满意的情况出现？

3.组织是否拥有充足的资源（资金、人力、技术）执行这些建议？如果没有，组织应该怎样去发展或者获取这些资源？

4.组织是否具有合适的系统、结构以及方法去执行建议？如果没有，组织应该怎样创造合适的系统、结构以及方法去进行？

5.什么是执行建议的合适的时间范围？在一个月、六个月、一年的时间范围内，哪些是组织及其经理人员应该马上去做的？

6.什么是组织在执行建议中可能遇到的障碍（如融资、技工短缺）？组织如何克服这些障碍呢？

7.一旦建议开始执行，组织能够预期的理想结果或变化是什么？如果建议取得成功，组织要怎样才能知道？换句话说，跟你的建议有关的目标是什么？

8.你作出的关于外部环境的一些主要假设是什么？在这些因素中，哪种跟预期不同将会要求你对建议作出调整？

在执行部分以后，你可能想要更新你的观众（你的导师或其他同学）所关注的、自从案例开始编写以来公司所采取的行动。如果需要更新案例，应该紧紧围绕着适合你的案例分析的核心行动。如果你要进行更新，记住即使公司做过的看上去已经成功了的，也不一定是最优解。

1.4　学生注意

附录中的材料代表了我们教授案例分析的方式。由于分析案例没有一个标准的方法，你的导师教授的案例分析的方法就有可能跟我们的方法不同。同样，案例也可以以多种形式对待，包括课堂讨论（在上课之前需要准备好所有需要讨论的问题）、写论文、正式的表述，以及课堂辩论。在读过这篇附录之后，要和你的导师协商明确的指导和要求。